PARÓQUIA, COMUNIDADES E PASTORAL URBANA

COLEÇÃO ECCLESIA XXI

Amor e discernimento: experiência e razão no horizonte pneumatológico das Igrejas – Ana Maria Tepedino

Fora dos pobres não há salvação: pequenos ensaios utópicos-proféticos – Jon Sobrino

Igreja: comunidade para o Reino – John Fuellenbach

Movimentos do espírito – João Décio Passos (org.)

O futuro do cristianismo – Stanistas Breton

Os ortodoxos – Enrico Morini

Para compreender como surgiu a Igreja – Juan Antonio Estrada

Paróquia, comunidades e pastoral urbana – Antonio José de Almeida

Antonio José de Almeida

PARÓQUIA, COMUNIDADES E PASTORAL URBANA

Dados Internacionais de Catalogação na Publicação (CIP)
(Câmara Brasileira do Livro, SP, Brasil)

Almeida, Antonio José de
   Paróquia, comunidades e pastoral urbana / Antonio José de Almeida. 1.
ed. — São Paulo : Paulinas, 2009. — (Coleção Ecclesia 21)

   ISBN 978-85-356-2503-5

   1. Comunidade – Aspectos religiosos – Igreja Católica   2. Comunidades
eclesiais de base   3. Evangelização   4. Missão da Igreja   5. Missões   6.
Paróquias   7. Teologia pastoral   I. Título.   II. Série.

09-07848   CDD-253

Índice para catálogo sistemático:
1. Missão pastoral : Paróquia : Cristianismo   253

Direção-geral:	*Flávia Reginatto*
Conselho Editorial:	*Dr. Afonso M. L. Soares*
	Dr. Antonio Francisco Lelo
	Luzia M. de Oliveira Sena
	Dra. Maria Alexandre de Oliveira
	Dr. Matthias Grenzer
	Dra. Vera Ivanise Bombonatto
Editores responsáveis:	*Vera Ivanise Bombonatto*
	Afonso M. L. Soares
Copidesque:	*Anoar Jarbas Provenzi*
Coordenação de revisão:	*Marina Mendonça*
Revisão:	*Marina Siqueira*
Direção de arte:	*Irma Cipriani*
Gerente de produção:	*Felício Calegaro Neto*
Capa e diagramação:	*Telma Custódio*

Nenhuma parte desta obra poderá ser reproduzida ou transmitida
por qualquer forma e/ou quaisquer meios (eletrônico ou mecânico,
incluindo fotocópia e gravação) ou arquivada em qualquer sistema ou
banco de dados sem permissão escrita da Editora. Direitos reservados.

Paulinas

Rua Dona Inácia Uchoa, 62
04110-020 – São Paulo – SP (Brasil)
Tel.: (11) 2125-3549 – Fax: (11) 2125-3548
http://www.paulinas.org.br – editora@paulinas.com.br
Telemarketing e SAC: 0800-7010081

© Pia Sociedade Filhas de São Paulo – São Paulo, 2009

ABREVIATURAS

AA	*Apostolicam actuositatem*
AG	*Ad gentes*
CT	*Catechesi tradendae*
CD	*Christus Dominus*
ChrL	*Christifideles laici*
DAp	*Documento de Aparecida*
DCE	Deus caritas est
DGAP	*Diretrizes Gerais para a Ação Pastoral*
DH	*Denzinger-Hünermann*
DI	*Discurso Inaugural de S.S. Bento XVI na V Conferência Geral do Episcopado Latino-Americano*
DP	*Documento de Puebla*
EN	*Evangelii nuntiandi*
GE	*Gravissimum educationis*
LG	*Lumen gentium*
NMI	*Novo millenio ineunte*
PDV	*Pastores dabo vobis*
PO	*Presbyterorum ordinis*
TA	*Texto da Assembleia (de Aparecida)*
UR	*Unitatis redintegratio*
VC	*Vita consecrata*

APRESENTAÇÃO DA COLEÇÃO

A Igreja chega ao século XXI ainda sob o influxo de um período de transição, intensificado a partir dos anos 1960, com o Concílio Vaticano II. Desde então, uma eclesiologia renovadora tem deixado marcas na própria vida eclesial, mas ainda há muito a ser feito.

O período que antecedeu o Concílio foi de grande crise. Havia medo de assumir descontinuidades, rupturas, inovações, conflitos, emergência de novas teologias e superação de velhas tradições. Na aurora deste século, multiplicaram-se os desafios, mas também os temores.

Ecclesia XXI oferece-se como tribuna para os ensaios a que a reflexão eclesiológica não pode se furtar, caso pretenda ser farol e companhia de viagem no caminho que as novas gerações de discípulos do Nazareno deverão seguir e nos novos areópagos que cruzarão. Para tanto, esta nova coleção pretende considerar a realidade e a missão da Igreja de vários ângulos, a saber, espiritual, bíblico, dogmático, histórico, ético e pastoral.

Os olhares multifacetados impõem-se, pois a nova realidade não mais comporta uniformismos. De modo especial, temos verificado no Brasil uma notável reapropriação das camadas populares de elementos subjacentes à sua cultura. Os portões foram escancarados após a perda da estrutura rural que sustentava a religiosidade popular católica. Contemporaneamente, foi intensificado o processo de "descriminalização" de muitas expressões culturais populares.

A repercussão que têm hoje religiões e espiritualidades palatáveis à "new age", bem como o crescente sucesso do neopenteocostalismo (evangélico e católico) sugerem seu forte apelo à necessidade popular do maravilhoso. Órfão dessa qualidade, outrora tão comum ao catolicismo rural – rico em elementos de origem africana, indígena e também lusitana – o povo cristão vai a seu encalço para além dos limites da paróquia tradicional – aí incluídas também as CEBs.

Alguns autores pretendem explicar o quadro alegando que tais tendências religiosas não têm uma grande bagagem de conteúdos mentais que promovam a pessoa mediante novos conhecimentos – como, por exemplo, faz a Bíblia. Apenas oferecem, com oportunismo, um novo espaço à sensibilidade e à afetividade que supre a dimensão lúdica do catolicismo festivo. Mas não se trata apenas disso, a saber: Bíblia = conteúdos mentais = conhecimento. O simbólico, a comunidade e o processo de iniciação devem ser considerados como parte integrante do processo do conhecimento. Mas o fato é que nem todos os sedentos por essa espiritualidade do maravilhoso estão dispostos a enfrentar um longo e exigente caminho iniciático.

Por fim, essa autêntica "feira mística" representa uma notável ruptura de dois elementos decididamente caros à Igreja: a palavra (Bíblia) e os sacramentos. Todavia, isso não requer – como fazem, em geral, os movimentos religiosos pentecostais – um distanciamento institucional. O católico que busca tais espiritualidades não se sente no dever de abandonar a Igreja e procura manter as duas pertenças, vendo-as como complementares na resposta a suas necessidades religiosas.

Alternativas de sabor espiritualista e/ou "new age" atraem sempre mais o apelo religioso das pessoas. Os ritos católicos de integração da biografia individual já vêm sendo repetidos sem muita clareza e convicção, deixando progressivamente o espaço a outras ofertas religiosas. Para alguns, tal tendência poderá reduzir ou eliminar a ambiguidade da prática religiosa das pessoas.

De outra parte, não se deve esquecer de que tanto as Igrejas pentecostais quanto a "new age" levam vantagem nas estruturas acentuadamente aliviadas do peso hierárquico-piramidal, com a consequente homogeneização das classes. Daí resulta a crescente aproximação entre membros e lideranças. Some-se a isso a efetiva rede assistencial que tais organizações têm em mãos, e que fazem estrepitoso sucesso em meio aos milhões de doentes, abandonados pelos órgãos públicos (ir-)responsáveis.

O final do século XX também viu a vitória – pírrica, segundo alguns críticos – da secularização e da modernidade, sempre mais sentidas em ambientes outrora hermeticamente católicos. Os grandes fluxos migratórios em direção aos polos industriais do sul e a recrudescente penetração do paradigma burguês nos sertões e florestas tiraram da Igreja Católica seu secular berço-reservatório de cristãos. A sociedade patriarcal a poupou, durante um longo período, da preocupação de obter dos fiéis uma resposta cristã adulta, fruto de convicção pessoal e independente do ambiente. Mas esse tempo acabou.

Nesse inédito contexto de pluralismo religioso em que vivemos hoje, com a consequente necessidade de ampliar o diálogo entre as religiões, há várias perguntas incontornáveis. E esta coleção de *Paulinas Editora* pretende encará-las. Por exemplo, como deverá ser enfocada hoje a convicção católica, reafirmada no II Concílio Ecumênico do Vaticano, da "necessária função salvífica da Igreja" (LG, n. 14)? Uma maior atenção teológica à maneira como Deus quis revelar-se a todos, somada à devida deferência pelas culturas autóctones, não deveria levar a Igreja Católica a repensar alguns modelos eclesiológicos seculares? O que significa, na prática, respeitar o ritmo e os tempos de nossos povos? Não é concebível que haja maneiras distintas, ao longo da história, de acolher a oferta gratuita de Deus? Quem, como e a qual preço, deve assumir *hic et nunc* a tarefa da (nova) evangelização?

O âmago dessa discussão encontra-se nos fundamentos da identidade cristã e na possibilidade mesma de aceder a tal fé. Já se vislumbram as primícias de uma nova teologia da revelação, mais apta a incluir em seus circuitos outros trajetos possíveis da autocomunicação divina na história. Com isso, os teólogos já ousam inferir possíveis consequências de tal perspectiva em vista da possibilidade da inculturação da fé cristã nas realidades locais. *Ecclesia XXI* quer acompanhar as reflexões mais sugestivas a propósito.

Um desafio prometeico, pois, como diz Pe. Comblin,[1] o discurso sobre a inculturação é "o ponto de encontro de todas as ambiguidades". Alguns imaginam uma situação em que a Igreja – à maneira dos Santos Cirilo

---

[1]   Cf. COMBLIN, J. As aporias da inculturação (I). *REB*, 223, pp. 664-684.

e Metódio, fundadores da Igreja entre os povos eslavos – entregaria aos povos uma cultura já pronta. Outros, mais progressistas, veem a inculturação como promotora da diversidade cultural.

Seja como for, qual seria a verdadeira função da Igreja nessas situações de pluralismo de ofertas religiosas? Quais atitudes esperam-se dos cristãos em tais contextos? Fazer o bem ao povo equivale a convertê-lo (em sua totalidade) a um cristianismo mais ortodoxo? Em suma, salvação-libertação do povo de Deus é sinônimo de madura adesão das pessoas a esta comunidade chamada Igreja?

Ao longo da história, a concepção da Igreja sobre si mesma sofreu, de modo talvez imperceptível em boa parte do tempo, uma determinante mudança de paradigma. De um grupo social constituído em função de uma tarefa – pregar o Evangelho, sendo dele um sinal –, esta se rendeu, mais tarde, à idéia de constituir uma comunidade fundada na participação de um privilégio.

Daqui até o casamento com o conceito de religião universal foi apenas um passo que, consequentemente, fez a Igreja estruturar-se como distribuidora de um privilégio essencial: os meios especiais para alguém entrar em relação com Deus e obter dele especiais prerrogativas. Um privilégio que, a todo custo, se devia estender ao maior número possível de seres humanos. O esforço para atingir tal meta fez dessa instituição religiosa, nas palavras de E. Hoornaert, "mestra imbatível em lidar com a religião do povo". E isso apesar da "exagerada eclesialização da idéia cristã", levada adiante no pós-Trento.

Em meio à atual e dramática realidade latino-americana, e diante da inevitável opção, profética e exclusiva, pelos pobres e oprimidos, o problema volta à tona, embora em outra perspectiva. A Conferência Episcopal de Medellín, que procura traduzir na América Latina os novos ventos soprados pelo II Concílio Ecumênico do Vaticano, tornou tal escolha improcrastinável, colocando a hierarquia e os agentes de pastoral numa encruzilhada. Que fazer: radicalizar a nova (teologia) pastoral da missão ou permanecer fiéis àquela, já clássica, do privilégio (embora meio desnorteada pelo tornado conciliar)?

Não obstante a alvorada conciliar, a fundamental preocupação missionária da Igreja continua sendo, conforme a *Evangelium nuntiandi*, "como levar ao homem moderno [e ao não moderno] a mensagem cristã" (EN, n. 3). Todavia, quanto tempo e quais atitudes são desejáveis para que tal evangelização não se processe "de maneira decorativa, como um verniz superficial, mas de modo vital, em profundidade e até as raízes" (EN, n. 20)?

Quantos séculos serão necessários? Quais as *conditiones sine quibus non* para que as pessoas apreendam, se assim o desejarem, a real novidade cristã? E que fazer enquanto isso? Dar um voto de confiança a suas intenções mais genuínas e pressupor que sua prática habitual já seja de fato cristã e eclesial, embora à maneira popular? Ou não seria mais ortodoxo aliviar as Igrejas cristãs de todas as opções vitais e práticas rituais (tidas como) ambíguas? Contudo, uma vez escolhida a segunda opção, quem estaria habilitado a (e teria legitimidade para) separar o ambíguo do autêntico?

Como vemos, não são poucos os problemas que se descortinam para uma Igreja que pretenda adentrar o novo século fiel ao espírito de Jesus, aberta ao diálogo, coerente em seu testemunho do Reino e solícita na comunhão com Deus e com o próximo. Em 21 textos, cuidadosamente selecionados dentre as mais diversas perspectivas, *Ecclesia XXI* oferece seu espaço como pequena contribuição aos enormes desafios a que nenhum cristão poderá se omitir nas próximas décadas.

Afonso Maria Ligorio Soares
Livre-docente em Teologia pela PUC-SP

PREFÁCIO

A rápida e sucessiva transformação sociocultural que experimentamos nas últimas décadas vem ocasionando crises e questionamentos em diversas instituições da sociedade, como família, escola, profissão e também Igreja. Daí a necessidade de buscar não somente nova linguagem que seja pertinente para as novas gerações mas também novas estruturas que respondam aos desafios postos pelas mudanças em curso. A Igreja, enquanto instituição divina e humana, exige uma acurada e crítica reflexão quando se trata de *atualizá-la* para que possa melhor realizar sua missão de levar a salvação de Jesus Cristo a seus contemporâneos. Enquanto resulta da vontade de Deus, apresenta verdades de fé e componentes institucionais que devem ser respeitados, caso não queira perder sua própria identidade. Por outro lado, enquanto comunidade humana de fé, naturalmente fará uso de linguagens e de estruturas que lhe são acessíveis para proclamar suas verdades e organizar sua vida comunitária. Com outras palavras, apresentará um discurso salvífico e uma configuração eclesial contextualizada e histórica.

O Concílio Vaticano II representou uma importante etapa neste processo de atualização que só terminará no final da história. O diálogo com a sociedade teve por finalidade uma atualização da missão pastoral da Igreja. Muitos de seus preciosos textos ainda estão para serem devidamente valorizados e aplicados. Outros demandam complementações devido às mudanças socioculturais ocorridas nos anos posteriores. A eclesiologia presente na *Lumen gentium* acaba, todavia, por devolver a todos os batizados a mesma condição fundamental de membros da Igreja e, por conseguinte, também participantes ativos em sua missão evangelizadora. Esse fato não deixará de influir na própria configuração da comunidade eclesial como realmente aconteceu nos anos posteriores ao Concílio.

A aplicação do "espírito conciliar" às Igrejas da América Latina em Medellín, Puebla e Aparecida, através do diálogo com a realidade local e da consequente atualização de sua linguagem, de sua pastoral e de suas estruturas, continuou o processo aberto pelo Concílio, proporcionando uma configuração típica à Igreja Latino-Americana. Nem todos os desafios, contudo, encontraram uma resposta satisfatória, seja no Vaticano II, seja nas Assembléias Episcopais Latino-Americanas. Entre eles encontra-se a questão da *estrutura paroquial*.

Todos sentimos a inadequação das paróquias face à realidade das grandes cidades; todos experimentamos como é restrito seu raio de ação e quão impotente ela se mostra para constituir uma autêntica comunidade humana, apesar dos esforços, por vezes heróicos, de muitos párocos, em parte devido à enorme massa de pessoas que devem pastorear.

O valor deste livro reside na coragem de enfrentar este problema. Seu autor apresenta todas as condições para se sair bem deste desafio. Desde muitos anos, dedicado a estudos de eclesiologia, especialista na questão dos ministérios na Igreja, conhecedor da teologia do laicato, sempre demonstrou seriedade e competência em suas publicações. Além disso, sua atividade paroquial completa seus conhecimentos teológicos, dando-lhes uma conotação pastoral, fruto de sua experiência de vida.

Há livros que possuem um valor ímpar porque, ao apresentarem um amplo panorama da questão estudada, nos poupam muitas outras leituras. Lendo-os, sentimo-nos logo atualizados com os desafios, as soluções, as questões ainda abertas. Naturalmente tais livros exigem muito de quem os escreve, seja pela diversidade de perspectivas e leituras que deve conhecer, seja pela vasta bibliografia que deve elencar. O tema da paróquia é aqui estudado de forma *abrangente* com uma importante introdução histórica que segue o nascimento e as sucessivas metamorfoses sofridas pela instituição paroquial até nossos dias. Segue-se uma reflexão de cunho sociológico, herdeira de importantes e questionadores estudos anteriores. Para facilitar a compreensão do leitor, o autor oferece um capítulo no qual caracteriza as paróquias segundo modelos, embora ideais e nunca perfeitamente encontrados na realidade. A contribuição da Sociologia Religiosa ajudou a irromper na Igreja uma luta entre os partidários da renovação paroquial e os que lhes resistiam. Depois deste capítulo, o autor oferece o ensinamento do Magistério eclesiástico nesta questão: Vaticano II, Puebla, Aparecida.

A partir dali, a obra adquire um cunho mais pastoral. Primeiramente, apontando os desafios provindos das pessoas, dos grupos e da sociedade em nossos dias. Em seguida, oferecendo pistas e orientações para uma renovação das paróquias, baseada, sobretudo, no *Documento de Aparecida*. Aí as mudanças devem acontecer não somente nas estruturas mas também na mentalidade dos agentes pastorais. Parte valiosa da obra que recolhe o que foi amadurecendo nos capítulos anteriores.

Enfim, um livro oportuno, realista, bem documentado, que leva a sério a complexidade do tema e não cai na tentação de oferecer alguma solução mágica para resolvê-lo. Só podemos recomendá-lo a seus futuros leitores.

MARIO DE FRANÇA MIRANDA
Professor de Teologia na PUC-Rio

Introdução

A evangelização da cidade tem desafiado e preocupado a Igreja, sobretudo nas últimas décadas. Ao mesmo tempo em que sente, como Jonas, o apelo do Senhor a evangelizar a cidade (cf. Jn 1,1-2), a Igreja se vê diante de dificuldades aparentemente insuperáveis. Dificuldade de entender a cidade; de encontrar, motivar e preparar pessoas para evangelizá-la; de adequar sua atuação às culturas, estruturas e dinâmicas próprias da cidade; de elaborar uma proposta nova, corajosa e coerente de evangelização do mundo urbano; e principalmente de visualizar caminhos que a levem ao coração da cidade e ao coração dos homens e das mulheres que formam a cidade. A Igreja, que nasceu na cidade e empreendeu seu mais ousado projeto evangelizador nas metrópoles do Império Romano, terá que reaprender a viver e a ser significativa na cidade.

Um dos maiores desafios institucionais para a pastoral urbana – os pastoralistas têm crescentemente se dado conta disso – são as paróquias. As paróquias, com efeito, nasceram no mundo rural antigo e eram perfeitamente adequadas àquele padrão de ocupação do espaço e de organização social. Mais tarde, porém, quando essa estrutura – e sua correspondente cultura – foi transplantada para a cidade, fez-se violência à Igreja e à cidade. O preço foi alto, e o estamos pagando até hoje; aliás, hoje mais do que nunca.

É justamente por isso que começaremos, com todo o respeito e não menor franqueza, pela análise e pelo questionamento da paróquia. "A divisão [da Igreja local] em dioceses e em paróquias é tão antiga que parece, a muitos, natural. Vimos formarem-se 'teologias da paróquia' ou 'da diocese'. Não nos damos conta de que 'o sistema canônico atual é o resultado de adaptação histórica a uma situação transitória, a da alta Idade Média feudal e rural'. Acontece que, nesse milênio e meio, a situação mudou, e o sistema sobreviveu. Hoje, é apenas anacronismo;

anacronismo que mantém, por outro lado, na pastoral, certo ruralismo difícil de vencer."[1] Questionamento tão radical convive, porém, no variegado ambiente eclesial, com avaliações que beiram à idealização da paróquia, apresentando-a quase como panaceia pastoral.[2]

A complexidade e abrangência da questão exigem que seja abordada sob diferentes pontos de vista. A verdade raramente é pura, e nunca simples! Por isso, depois de repassarmos, ainda que rápida e sucintamente, a história da paróquia, faremos breve incursão na Sociologia Religiosa; tentaremos desenhar os principais modelos de paróquia; analisaremos as propostas históricas de renovação paroquial; contemplaremos seus elementos ideais e, a partir daí, o horizonte de sua transformação, onde se inserem também, de alguma forma, as propostas de Aparecida, para, finalmente, tomarmos consciência dos atuais desafios da pastoral urbana e tentarmos levantar algumas propostas de ação.

Nunca imaginei que, um dia, devesse escrever sobre pastoral urbana. Nasci e cresci na roça, mas, depois, a vida me fez morar em várias cidades. Fui pároco por quase trinta anos, em cidades pequenas e em cidades um pouco maiores, nunca em cidade grande.

Mesmo assim, comecei a pensar em pastoral urbana por motivos "profissionais": convites de algumas dioceses que, não sei por que, achavam que eu entendia do assunto; alguns seminários da CNBB sobre pastoral urbana, em Belo Horizonte; alguns convites para falar sobre o tema em encontros de leigos e presbíteros, inclusive em Assembleias do Povo de Deus e em encontros nacionais promovidos pela Comissão Nacional de Presbíteros; no início de 2008, um curso com o clero de Campinas (SP); depois disso, uma palestra no Conselho Permanente da CNBB, em Brasília, no início do ano. Participantes destes dois últimos eventos

---

[1]   COMBLIN, *Teologia da cidade*, p. 188.

[2]   O Papa Paulo VI, por exemplo, um papa moderno (o "primeiro papa moderno", segundo alguns), foi um apaixonado defensor da paróquia: "A paróquia continua ainda hoje uma fórmula superlativa de vida comunitária moderníssima, polivalente, psicossociológica, fácil e heroica ao mesmo tempo. Ela é ainda hoje um órgão indispensável de primária importância nas estruturas vitais da Igreja" (CHIAPPETTA, *Temi pastorali nel magistero di Paolo VI*, v. 1, cap. 4, p. 260; cf. pp. 255, 258).

insistiram tanto que eu ampliasse e aprofundasse a reflexão inicial, que me senti forçado a fazê-lo. Saiu o livro que você, meu caro leitor, minha querida leitora, tem nas mãos. Se puder levá-lo à cabeça e ao coração, graças a Deus!

Queira Deus que esta pesquisa sobre pastoral urbana, que agora ofereço a um público mais amplo, possa ajudar a Igreja no Brasil neste campo tão desafiador, difícil e urgente.

1. A trajetória histórica da paróquia

Não é possível conhecer a paróquia sem situá-la na história. A identidade da paróquia ao longo dos séculos não é um fato óbvio, mas um dado que devemos constantemente levar à consciência, através da fadiga do conceito. Na verdade, não existe nenhuma identidade em si; a identidade é sempre relacional. Se a paróquia quer ser ela mesma através dos séculos, seus membros, ainda que de forma e em medida diferenciada, precisam se debruçar sobre seu passado para compreender seu presente e projetar realisticamente seu futuro.

Muito embora a história da paróquia, para grande parte das publicações sobre o tema, apareça como uma espécie de "história de uma morte anunciada",[1] convém, no início de uma reflexão sobre pastoral urbana, revisitar, que seja brevemente, os principais momentos dessa instituição, que ainda é, talvez para a maioria das pessoas, "o referencial principal da sua experiência eclesial e religiosa".[2]

Não temos, evidentemente, a pretensão de fazer uma – ainda que sucinta – história da paróquia. Outros já a escreveram com grande riqueza de informações, precisão e método. Vale a pena consultar tais obras para conhecer, em extensão e profundidade, uma instituição que atravessa os séculos e, de algum modo, compendia e simboliza o cristianismo socialmente organizado.[3]

Nosso olhar histórico sobre a paróquia será, portanto, necessariamente seletivo, na medida em que o limitaremos a certos aspectos e renuncia-

---

[1]   LANZA, *La nube e il fuoco*, p. 9.

[2]   Ibid.: "Quer se queira, quer não, a paróquia continua a ser ponto de referência importante para o povo cristão, e até para os não praticantes" (CT, n. 67).

[3]   Cf. BO, *La parrocchia tra passato e futuro*, pp. 190-198; *Storia della parrocchia*; v. 1: secoli IV-V. I secoli delle origini; v. 2: secoli VI-XI. I secoli dell'infanzia; COMBLIN, *Teologia da cidade*, pp. 187ss.

remos a uma investigação extensa e exaustiva; embora materialmente parta do passado, formalmente arranca do presente, a partir de cujas condições o passado é colhido e em cujo contexto é filtrado e interpretado; independentemente dos resultados, será conduzido pela fé, capaz de ver o invisível, e pela esperança, que é a certeza das coisas que ainda não existem. Aos três ritmos do tempo, corresponderão a identificação do *início* da paróquia e o acompanhamento de seu desenvolvimento, feito de *continuidade* e *descontinuidade* (passado), sua situação atual, com seus *desafios e possibilidades* (presente) e a percepção das *esperanças* que sobre ela se depositam e que tanto podem se concretizar como se frustrar (futuro).

Olhar historicamente para uma realidade eclesial é um exercício a um tempo de fé e de razão. Os fatos que tecem a urdidura e a trama da história da Igreja se nos apresentam mesclados de Evangelho e de antievangelho, de santidade e pecado, de grandeza e mesquinharia, como somos nós, a massa dos cristãos e cristãs, certamente não perdida, uma vez que a graça vitoriosa de Cristo atua eficazmente nos indivíduos e no conjunto dos crentes, mas *casta meretrix*, na paradoxal expressão de Santo Ambrósio, *simul sancta et peccatrix*, como queria Lutero, *sancta et semper reformanda*, segundo a mais prudente *Lumen gentium*. Se não para outra coisa, a história serve para distinguir, num primeiro momento, "realidade" e "pretensão", de modo que, no momento seguinte, as unamos de novo, em nós e no "nós" da Igreja, com a humildade de quem tem consciência de carregar em vasos de barro o tesouro da graça, e com a paciência do lavrador, que joga a semente por todo o terreno, certo de que ela é boa e vai encontrar terreno bom, fecundando-o e germinando e crescendo e dando muito fruto, pois carrega em si seu próprio vigor.

1.1. O termo: raízes bíblicas

O termo "paróquia" é de origem grega, onde encontramos o verbo *paroikêin*, o substantivo *paroikía*, como também a palavra *pároikos*, usada tanto como substantivo quanto como adjetivo.

Paroikêin tem vários significados. Em primeiro lugar, significa "viver junto a" ou "habitar nas proximidades". Pode, contudo, indicar também a situação de alguém que não tem residência fixa: "ser estrangeiro", "habitar como peregrino em qualquer parte". É neste sentido que os dois de Emaús perguntam a Jesus, que acabara de entrar na conversa deles: "Tu és o único forasteiro (*paroikêis*, em grego) em Jerusalém que ignora os fatos que nela ocorreram nestes dias?" (Lc 24,18). Tem também o sentido de "vir de país estrangeiro", ou "transferir residência para fixar-se em terra estrangeira": "Foi pela fé que [Abraão] residiu como estrangeiro na terra prometida, morando em tendas com Isaac e Jacó" (Hb 11,9).

O substantivo *paroikía* pode ser traduzido por "morada (demora, detença, habitação) em terra alheia, estrangeira", como em situação de exílio: "O Deus deste povo, o Deus de Israel, escolheu nossos pais e exaltou o povo em seu exílio na terra do Egito" (At 13,17).

O adjetivo *pároikos* equivale a "vizinho", "próximo", "que habita junto a", "que está situado junto a". Usado como substantivo, *pároikos* é quem vive em terra estrangeira como hóspede ou como peregrino; nesta linha, pode significar simplesmente "peregrino", "hóspede", "forasteiro": "E falou-lhes Deus que a sua descendência seria peregrina em terra estrangeira [...]. A estas palavras, Moisés fugiu e foi viver como forasteiro na terra de Madiã" (At 7,6.29). Ainda que os cristãos sejam peregrinos na terra, pois sua verdadeira pátria é o céu (cf. 1Pd 2,11), os gentios convertidos à fé cristã não são, na Igreja, meros hóspedes sem direito à cidadania; ao contrário, "já não sois estrangeiros (*ksénoi*) e adventícios (*pároikoi*), mas concidadãos dos santos e membros da família de Deus" (Ef 2,19).

Na verdade, é preciso distinguir duas situações: a de quem transita como peregrino ou estrangeiro junto a determinado povo (*ho parepídemos*) (Hb 11,13; 1Pd 2,11; cf. Gn 47,9; Sl 38,13) e a de quem tem verdadeiro domicílio em terra estrangeira (*ho pároikos*). O primeiro (*ho parepídemos*) tem uma situação menos estável que o segundo (*ho pároikos*), pois enquanto o primeiro está apenas de passagem por algum lugar, o segundo tem verdadeiro domicílio em terra estrangeira; o estrangeiro (*ho ksénos*), naturalmente, tem menos direito que o domiciliado em outra terra que não a sua (*ho pároikos*).[4]

É neste contexto que se deve procurar entender o sentido do termo *paroikía* – que aparece mais de dez vezes no Antigo Testamento, e duas no Novo – aplicado ao Povo de Deus. Este povo vive no estrangeiro sem direito de cidadania; o Povo de Deus da nova e eterna aliança, a Igreja de Deus e de Cristo, é *paroikía*.[5]

O escrito do Novo Testamento que melhor desenvolve este tema é a Primeira Carta de Pedro. Esta carta se dirige a cristãos chamados de "estrangeiros" e que se encontram "dispersos" (1,1). O mesmo se diz em 2,11: "Amados, vocês são peregrinos e forasteiros". E aconselha-os a portarem-se com "temor durante o tempo em que se acham fora da pátria" (1,17). Em que sentido eles são chamados de "estrangeiros", "peregrinos", "forasteiros"? No sentido de Hb 11,13-16, onde se estabelece uma contraposição entre céu – a verdadeira pátria – e terra – lugar de peregrinação para a verdadeira pátria? Ou como elementos de uma descrição sociológica das comunidades destinatárias da carta? Segundo a pesquisa recente, a Primeira Carta de Pedro nos fala da condição de não cidadãos dos cristãos naquela sociedade e, consequentemente, de sua pobreza. Quando esses cristãos são chamados de "estrangeiros" e forasteiros, temos informações concretas sobre o seu lugar na sociedade. Ainda mais, levando-se em conta que os termos, no original, correspondiam a termos correntes para denominar os "não cidadãos".[6]

Mas todos os membros das comunidades destinatárias da Primeira Carta de Pedro eram estrangeiros? "Provavelmente *grande parcela* da comunidade era dessa descrição (sic) social e caracteriza toda a comunidade como tal. Também assim deviam ser vistos pelos de fora da comunidade."[7]

---

[4]   "A expressão para peregrinos (em grego: *pároikoi*) literalmente traduzida quer dizer 'estrangeiros residentes'. Essa expressão era usada para descrever estrangeiros que tinham adquirido o direito de residência, mas que ainda não desfrutavam do direito da cidadania. Podiam morar e trabalhar em um país, mas não tinham direitos plenos" (SOUZA NOGUEIRA, *O Evangelho dos sem-teto*, p. 22), embora, do ponto de vista econômico, mesmo explorados, pudessem ser considerados "a espinha dorsal da economia" do Império Romano.

[5]   Cf. SCHMIDT, Pároikos, paroikía, paroikêin, pp. 840-852.

[6]   Cf. SOUZA NOGUEIRA, *O Evangelho dos sem-teto*, p. 21.

[7]   Ibid., p. 22.

A realidade dessas comunidades, porém, não é lida apenas sociologicamente mas também teologicamente: a sua condição concreta é refletida a partir da tradição bíblica. O termo "estrangeiros" é usado, no Novo Testamento, quando este se refere ao êxodo: "A descendência de Abraão será forasteira em terra estranha" (At 7,6); Moisés foi "estrangeiro" na terra de Madiã (cf. At 7,29). Aqui, condição social e vocação espiritual se articulam: "O Deus deste povo, o Deus de Israel, escolheu nossos antepassados e multiplicou o povo durante seu exílio na terra do Egito" (At 13,17). A Primeira Carta de Pedro fala, nesse sentido, de uma escolha, que é referida à presciência de Deus: "Pedro, apóstolo de Jesus Cristo, aos que vivem dispersos como estrangeiros no Ponto, Galácia, Capadócia, Ásia e Bitínia. Vocês foram escolhidos, de acordo com a presciência de Deus Pai" (1Pd 1,1).

A condição de "estrangeiro" do Povo de Deus, tanto no êxodo como no exílio, é lida como vocação, inserida no mais amplo desígnio divino de salvação. O Povo de Deus, reunido por Cristo, realiza um novo êxodo; o Povo de Deus enviado por Cristo revive o exílio. Temos, assim, um duplo movimento: um movimento centrípeto (a reunião em Cristo); um movimento centrífugo (a missão de Cristo); uma sístole (feita de intimidade e comunhão) e uma diástole (a dispersão como missão). Essa dualidade de comunhão e missão reapresentam-se quando o Povo de Deus é visto como "templo espiritual e sacerdócio santo" – "Chegai-vos a ele [Cristo], a pedra viva, rejeitada, é verdade, pelos homens, mas diante de Deus eleita e preciosa. Do mesmo modo, também vós, como pedras vivas, constituí-vos em edifício espiritual, dedicai-vos a um sacerdócio santo, a fim de oferecerdes sacrifícios espirituais aceitáveis a Deus por Jesus Cristo [...], uma raça eleita, um sacerdócio real, uma nação santa, o povo de sua particular propriedade" (1Pd 2,4-5.9a) – e, em íntima conexão com sua identidade profunda, apresentado em sua destinação missionária: "A fim de que proclameis as excelências daquele que vos chamou das trevas para a sua luz maravilhosa, vós que outrora não éreis povo, mas agora sois o Povo de Deus; que não tínheis alcançado misericórdia, mas agora alcançastes misericórdia" (1Pd 2,9b-10). Intimidade com Cristo, comunhão com Deus e com os irmãos, missão de Cristo e dispersão no mundo são os passos ideais de um mesmo dinamismo, que tem sua fonte última (presciência) no Pai e seu desaguadouro (missão) nos povos.[8] A missão envolve uma "e-missão" (do *e* latino, que indica procedência); e a missão não pode não ser "i-missão" (do *in* latino, com acusativo, sinalizando destinação, e, com ablativo, localização).[9]

Esses dados e seus matizes não podiam não ressoar, sobretudo, para os cristãos provenientes do judaísmo – que, em Roma também, eram a maioria nos primeiros tempos da formação da Igreja, "estrangeira" na capital do Império[10] – no uso da palavra *paroikía* indicando a Igreja, a comunidade cristã. A mesma ressonância também está presente nalguns escritos extracanônicos do cristianismo primitivo, onde "assembleia eucarística", "*paroikía*" e "Igreja cristã" se identificam, ainda que com conotações diferentes. *Paroikía* é um dos termos à disposição para designar a comunidade cristã. Nessa altura, *paroikía* não é ainda uma forma ou uma delimitação da Igreja, mas pura e simplesmente a Igreja toda vivendo como "estrangeira" (nos sentidos anteriormente vistos), como realidade outra – diferente, de contraste e alternativa – num mundo que não é o seu.

Creio que um filão interessante pudesse ser explorado a partir dessa afirmação da Igreja como "comunidade (sociedade) de contraste". O que era não só pretensão e desejo na Igreja dos inícios, mas sangue pulsando em suas veias, sangue derramado por fidelidade ao Senhor e ao Evangelho, infelizmente caiu no esquecimento: "Há séculos, as Igrejas cristãs quase não conhecem mais o sentimento do 'contraste' para com a sociedade [...]; os cristãos [...] não estão mais conscientes [...] de que a Igreja, como um todo, deveria ser uma espécie alternativa de sociedade".[11] Em Mt 5,3-16, a cidade luminosa situada sobre o monte é a "cifra" da Igreja "enquanto sociedade de contraste, a qual, exatamente porque *sociedade de contraste*, transforma o mundo. Perdendo seu caráter de contraste, seu sal torna-se

---

[8] O Povo de Deus não é um povo "entre" os povos, mas um povo "nos" povos: na primeira expressão, ele seria um povo (ainda que diferenciado) entre tantos; na segunda, um povo que se encarna e ao mesmo tempo transcende os povos em que se faz presente.

[9] Cf. SARTORI; MOLARI; FABRIS, *Credo la Chiesa*.

[10] Cf. JEFFERS, *Conflito em Roma*; HADAS-LEBEL, *Flávio Josefo, o judeu de Roma*.

[11] LOHFINK, *Como Jesus queria as comunidades?*, p. 172.

insosso, e se ela pouco a pouco apagar sua luz [...], perde o seu sentido".[12] Quando Paulo exorta os cristãos de Roma a não se conformarem com este mundo, mas a transformar-se, renovando sua mente (cf. Rm 12,2), "não se trata apenas de mudança das atitudes interiores ou de uma motivação nova e, muito menos ainda, apenas do indivíduo. A renovação da mente está ligada à transformação escatológica, que iniciou uma *nova criação* no meio do mundo, onde a Igreja se entende como âmbito da soberania de Jesus. Essa nova criação não atinge apenas o espírito da Igreja, mas também seu corpo, sua configuração – hoje devemos dizer quase forçosamente – suas estruturas. Rm 12,2 diz, portanto: a estrutura e o espírito das comunidades não se devem acomodar à estrutura e ao espírito da sociedade restante".[13]

Essa perspectiva torna-se dramaticamente atual diante de um mundo que se aproxima cada vez mais "do ponto de sua autodestruição definitiva e, manifestamente, não tem a força de questionar ou abandonar seu modelo de construir a sociedade, baseada em poder e desconfiança. Exatamente esta necessidade terrível deveria, finalmente, forçar os cristãos a mostrarem ao mundo que é possível, por parte de Deus, uma forma de sociedade totalmente nova. Isso, no entanto, não se pode tornar plausível pelo ensino, mas só pela práxis".[14] A paróquia, que – ensina-nos sua etimologia – é estrangeira, diferente, outra em relação à sociedade, seria capaz de se abrir à sua identidade profunda de "comunidade de contraste" e tornar-se, ainda que em pequenos grupos (algo como o *pusillus grex* de Lc 12,32!), questionamento do mundo e proposição de um estilo evangélico de vida?

1.2. A gênese, a evolução e os desdobramentos

O processo que conduzirá à "paróquia", no sentido de uma conformação da comunidade eclesial delimitada social e territorialmente, não é linear nem simples. Narrar ou descrever essa trajetória é trabalho ei-

---

[12] Ibid., p. 96.
[13] Ibid., p. 176.
[14] Ibid., p. 183.

vado de riscos e armadilhas, aos quais um não especialista dificilmente escapa. Não obstante, numa ainda que sumária "história" da paróquia, é obrigatório tentar uma reconstrução. Não o faremos minuciosa e exaustivamente – o que é desaconselhável às condições e desnecessário aos objetivos de nossa reflexão sobre a paróquia –, mas sim identificando seus momentos "salientes", os "saltos de qualidade", seus contornos próprios e peculiares (por vezes, específicos) em cada período. Embora a apresentação tenha um feitio "genético", o corte, na verdade, é antes "regressivo", isto é, nos colocaremos idealmente no "ponto de chegada" (o nascimento da paróquia) para, a partir dessa posição, refazermos, tentativamente, o caminho percorrido desde – valendo-nos de uma categoria darwiniana – da espécie *domus Ecclesiae* (o "ponto de partida") até a espécie "paróquia", graças a uma série de "variações acidentais", que, acumulando-se, provocaram, necessariamente, verdadeiros "saltos qualitativos", no sentido de passagem de uma "espécie" a outra, não no sentido de uma "evolução" para melhor.

1.2.1. Igrejas da casa e casas da Igreja

No início, havia as "Igrejas da casa" ou "Igrejas domésticas" (*domus Ecclesiae*). O responsável principal pela implantação das "Igrejas da casa" foi *Paulo*, com seu projeto de um *cristianismo "universalista"* e ao mesmo tempo *doméstico*.[15]

A grande contribuição de Paulo para o cristianismo primitivo foi o desenvolvimento coerente e peculiar da fé cristã como um *projeto universalista*. O universalismo supõe ruptura com toda identidade étnica: para tornar-se cristão, não é preciso tornar-se, antes, judeu. Não se trata simplesmente de aceitar os judeus que se aproximam da comunidade, mas sim de ir positivamente aos pagãos, anunciando Jesus como Filho de Deus e convidando-os a se reunirem em comunidades cristãs.

---

[15] "Os primeiros bispos missionários na Gália desenvolviam sua missão indo de 'cidade em cidade' *(civitates)*, adotando, sob este aspecto, a política empregada por Paulo: tornar visível a Igreja de Deus numa cidade mediante a implantação de uma comunidade" (MAERTENS, *Los grupos pequeños y el futuro de la Iglesia*, p. 63).

A radicalidade do projeto missionário de Paulo, que lhe provocou tensões e conflitos muito grandes, convive, porém, com *a preocupação constante de não se desvincular das outras Igrejas*, sobretudo da Igreja-mãe de Jerusalém (cf. Gl 1,17a.18.19; 2,1 etc.). Paulo não aceita os tabus sectários e étnicos, mas ao mesmo tempo considera essencial manter os vínculos com os judeu-cristãos de Jerusalém, o que lhe garante também raízes antigas, que vêm do Antigo Testamento, da "santa raiz" (Rm 11,17s) do povo da primeira Aliança.

A estratégia paulina teve êxito porque *respondia às necessidades sociais e soube se adequar às possibilidades históricas do momento*. Paulo reformulou e refuncionalizou radicalmente o movimento de Jesus num novo contexto social, onde havia demandas e possibilidades sociais diferentes das presentes na Palestina do tempo de Jesus.

Naquele momento histórico, uma *civilização urbana* se estendia por toda a bacia do Mediterrâneo. As cidades, como forma de organização da convivência humana, implicavam uma autêntica revolução social e cultural. A estratégia de Paulo passa, pois, pela fundação de comunidades nas cidades que são capitais de província ou nós importantes de comunicação.

O movimento urbano de Paulo introduz-se na organização social emergente e modifica profundamente – em continuidade descontínua – aquele outro movimento que havia começado entre os ambientes rurais da Galileia, realizando aquela estupenda transição que Rafael Aguirre denomina "de o movimento de Jesus à Igreja cristã".[16]

Paulo impulsiona *um cristianismo helenista*, porque as cidades eram o grande instrumento de difusão da cultura helenística: dirige-se às populações de língua grega, que era a língua franca das cidades; não penetra nas zonas rurais, onde teria dificuldades de comunicação; está convencido de que as Igrejas urbanas irradiarão o Evangelho em seu círculo de influência.

Enquanto o movimento de Jesus era fundamentalmente itinerante e desinstalado, a estratégia de Paulo promovia *um cristianismo sedentário*, baseado em comunidades locais, que dispunham de diversos ministé-

---

[16] AGUIRRE, *Del movimiento de Jesús a la Iglesia cristiana*; cf. Id., *Ensayo sobre los orígenes del cristianismo*.

rios próprios, de modo a não depender dos missionários de passagem; preocupa-se, de um lado, com o fortalecimento das comunidades recém--fundadas e, do outro, com a expansão da missão, abrindo novas frentes; não parava muito tempo numa comunidade, mantendo, porém, com todas, relações estreitas (através de visitas pessoais, do envio de delegados e/ou de cartas), confia na capacidade das Igrejas de subsistirem e de regularem sua vida com ampla liberdade.

Enquanto o movimento de Jesus é mais homogêneo quanto à sua composição social, o de Paulo é *socialmente heterogêneo*: nele convivem pessoas de várias condições (escravos, libertos e livres; pobres e pessoas de recurso; pessoas sem influência e pessoas influentes).[17] As comunidades paulinas refletem a diversidade social própria das cidades. Das Igrejas domésticas, participavam pessoas de situação social muito diferente. Essa heterogeneidade das primitivas comunidades foi uma autêntica novidade, produto da capacidade de inovação histórica da genuína fé. Procurava-se viver o espírito cristão no interior das comunidades, promovendo relações humanas novas e uma forma muito peculiar de fraternidade entre seus membros.

A pluralidade cultural e a heterogeneidade das comunidades fundadas por Paulo – elemento essencial de sua estratégia universalista – constituíam uma verdadeira inovação histórica também fora da Palestina, pois os *collegia* ou associações voluntárias no mundo greco-romano, bem como outros grupos religiosos, costumavam ser socialmente homogêneos do ponto de vista étnico, social e cultural.

Paulo faz da *casa* – estrutura básica da sociedade em que o cristianismo paulino nasceu e se desenvolveu – *a estrutura-base das Igrejas por ele fundadas*. A relação do cristianismo paulino com o mundo passa, portanto, concretamente e antes de tudo, pela atitude que se deve adotar

---

[17] Em Corinto, por exemplo, fazem parte da comunidade Erasto, tesoureiro da cidade (cf. Rm 16,23); Crispo, ex-chefe da sinagoga (cf. At 18,8; 1Cor 1,14); Gaio, proprietário de uma casa na qual era possível reunir toda a Igreja (cf. Rm 16,23; 1Cor 1,14); Priscila e Áquila, fabricantes de tendas (cf. At 18,2-28; Rm 16,3; 1Cor 16,19); Lídia, que comercializava púrpura entre a Grécia e a Ásia Menor (cf. At 16,12-15; At 16,15.40); Filêmon, que tinha ao menos um escravo (cf. Fm 1.2.19.22) etc.

em relação à casa, uma vez que este (o mundo, a sociedade, a *politéia*) era entendido sob o modelo da casa e como sua extensão.

A questão decisiva, aliás, para o cristianismo paulino não era, em primeiro plano, o mundo e as realidades históricas. A relação com o mundo se dava através da atitude para com a casa. A casa, porém, justamente por ser a estrutura básica da sociedade, está necessariamente ligada com a totalidade da sociedade (a *politéia*). Paulo quer que a fé cristã seja vivida no seio da estrutura social básica dessas sociedades, assumindo-a como base da comunidade cristã e imbuindo-a de um novo espírito, gerador de novas e até revolucionárias atitudes, sem, todavia, a desfazer, enquanto possível, em virtude da adesão à fé. No mundo greco-romano, os cidadãos dispunham, de fato, de dois tipos interdependentes (ao menos interligados) de socialização: participavam da vida pública da cidade em que viviam (*politéia*) e da casa em que tinham nascido ou na qual viviam (*oikonomía*); tinham um papel tanto na *pólis* como no *ôikos*. Alguns – escravos, dependentes, mulheres – não podiam participar plenamente dessas duas formas, o que gerava insatisfação, levando à criação de inúmeras e variadas associações voluntárias (*koinoníai ou tisíai*).

O novo espírito é dado pela experiência do encontro pessoal com Cristo, ou seja, a fé em todos os seus níveis e dimensões (*mística*); pela vivência de uma relação interpessoal nova, no mínimo, entre o missionário e o crente, estrutura mínima da comunidade eclesial (*agregação e pertença a uma comunidade*); pela acolhida existencial e prática de um universo de valores herdados da prática e da pregação de Jesus e do seu movimento histórico (*ética*); pela ritualização de momentos marcantes das relações entre o transcendente salvífico e a história (*celebração, culto, liturgia*).

Gostaria, aqui, de chamar a atenção – ainda que telegraficamente e sem muita sistematicidade – para alguns desses elementos que definem a *novidade da experiência cristã*:

a) a Igreja vivida e compreendida como Povo de Deus;
b) a presença transformadora do Espírito;
c) a abolição das barreiras sociais;
d) a práxis da reciprocidade (expressões *allellon*: "uns aos outros");

e) o amor fraterno, ao próximo, aos inimigos;

f) a renúncia ao domínio;

g) a Igreja como sociedade de contraste: outrora agora; homens velhos/ nova criatura; estar no mundo/não ser do mundo; "já"/"ainda não";

h) a não conformidade com este mundo;

i) o sinal para as nações (movimento centrípeto *versus* movimento centrífugo; missão *versus* atração).[18]

Aqui, temos um dado importante: o *paradoxo* de a mensagem cristã se inserir numa estrutura social preexistente, cultural e socialmente definida, e, ao mesmo tempo, superar essa estrutura, pela assunção – a partir da fé, no seu sentido pleno, e da necessária graça vitoriosa de Cristo – dos valores vividos e propostos por Jesus.

O primeiro espaço para as reuniões específicas das comunidades cristãs foi a casa (aqui no sentido de habitação), e o primeiro núcleo das Igrejas domésticas foi a casa-família (no sentido amplo que então tinha a palavra), o que propiciava a aquisição, por parte dos primeiros cristãos, da consciência de sua identidade e de sua diferença com o judaísmo (cf. At 2,46). Além de as reuniões serem simples, as casas tornavam possível a vida comunitária, de um lado, e serviam de plataforma missionária, lugar de acolhida dos pregadores itinerantes e de apoio econômico ao movimento nascente, do outro.

O cristianismo foi, assim, firmando-se e afirmando-se socialmente não num espaço sagrado, mas em comunidades pequenas (30-40 pessoas) e em relação estreita com a estrutura social básica, que era a "casa" (habitação e grupo social). Era normal – mas nem sempre foi assim – que a conversão do chefe (ou da chefe) da família (*oikodespótes* em grego; *paterfamilias* em latim) fosse acompanhada da conversão de todo o grupo familiar. Em sua estratégia missionária, Paulo procurava levar à conversão, o mais cedo possível, em cada localidade, um chefe de família, que colocasse à disposição uma casa adequada para os encontros da comunidade e que serviria igualmente como plataforma missionária.

---

[18] Cf. LOHFINK, *Como Jesus queria as comunidades?*, pp. 169-183.

As mulheres tinham um papel relevante nas Igrejas domésticas.[19] Pelas cartas de Paulo, conhecemos Ninfas, que, com Filêmon e Arquipo, era líder de uma Igreja em sua casa (cf. Cl 4,15); Priscila e seu marido, Áquila,[20] que foram chefes de uma Igreja em Éfeso (cf. 1Cor 16,19) e, depois, em Roma (cf. Rm 16,3.5); Lídia, a primeira convertida em Filipos, em cuja casa se reunia uma Igreja (cf. At 16,15); Evódia e Síntique, também de Filipos (cf. Fl 4,2-3); Maria, Trifena, Trifosa e Pérside, que "têm trabalhado muito no Senhor" (Rm 16,6.12); a mãe de Rufo (cf. Rm 16,13); Júnia[21] (cf. Rm 16,7); os casais Filólogo e Júlia, Nereu e sua "irmã" (cf. 1Cor 9,5), provavelmente um casal missionário (cf. Rm 16,15), todos cristãos e cristãs de Roma; no porto de Cencreia (11 km a sudoeste de Corinto), Febe, que é *diákonos* naquela Igreja. As mulheres, portanto, "participam ativamente no movimento cristão, no mesmo nível que os homens, e exercem funções missionárias, de ensino e de liderança das comunidades".[22] No movimento missionário cristão, encontramos, pois, "muitas mulheres, e mulheres muito ativas. Aparecem, às vezes, colaborando em pé de igualdade com Paulo, ensinando, como missionárias itinerantes, são chamadas de apóstolo, diácono, protetora ou dirigente. Nesta fase, encontramos mulheres em todos os ministérios e responsabilidades eclesiais mencionados".[23]

Era natural que *quem acolhesse a Igreja* em sua casa (Filêmon, Febe, Priscila e Áquila, Estéfanas) se tornasse seu *líder*. É mesmo possível que, a partir desses líderes naturais das Igrejas domésticas, tenham surgido os *epískopoi* (cf. Fl 1,1).[24] Não se tratava, porém, de um processo simples,

---

[19] "Em época paleocristã, a casa desempenhou a função central de lugar de reunião e estrutura de apoio, indispensável no trabalho missionário; isso favoreceu, sem dúvida, o acesso das mulheres às funções de liderança no interior das comunidades paulinas, pelo fato de que, em certo sentido, isso podia ser interpretado como uma extensão da sua atividade em âmbito doméstico" (ESTEVEZ LÓPEZ, Leadership femminile nelle comunità dell'Asia Minore, p. 251).

[20] Priscila e Áquila (que aparecem em Corinto, Éfeso e Roma) são mencionados sete vezes no Novo Testamento (cf. At 18,2.18.26; Rm 16,3.5; 1Cor 16,19; 2Tm 4,19).

[21] O texto de Paulo diz: "Saudai Andrônico e Júnia, meus parentes e companheiros de prisão, *apóstolos* (sic!) exímios que me precederam na fé em Cristo" (Rm 16,7).

[22] AGUIRRE, *Del movimiento de Jesús a la Iglesia cristiana*, p. 205.

[23] Ibid., p. 207.

[24] Cf. HAINZ, *Ekklesía*, p. 202.

pois, sobretudo, a presença de cristãos de boa condição financeira foi fundamental para existência da Igreja, mas gerava tensões e conflitos: eles pretendiam desfrutar, na Igreja, da mesma consideração dada a pessoas de sua posição nas associações religiosas pagãs; mas, na comunidade cristã, não podia ser assim.[25]

Embora o cristianismo primitivo se diferencie, por um lado, claramente das religiões públicas ou estatais, que legitimavam o Império e a ordem estabelecida, e, por outro, se apóie fortemente nas casas, e tenha muitas semelhanças com as associações voluntárias (que, às vezes, tinham também uma base doméstica), ele se distingue também delas: seu vínculo com a casa é maior e ao mesmo tempo transcende os limites locais (como as associações judaicas, porém, sem a limitação étnica): as Igrejas estão em comunhão entre si, e todas têm consciência de serem a única Igreja.

As comunidades cristãs respondiam, de fato, a três características muito sentidas naquele tempo: o caráter voluntário, de modo que qualquer um podia participar; a base doméstica, o que propiciava relações interpessoais e um embasamento sobre uma estrutura social muito sólida; a aspiração a uma fraternidade universal. As comunidades paulinas respondem – e aqui confluem e convergem o gênio do cristianismo e a genialidade de Paulo! – a essas três demandas.[26]

As Igrejas domésticas exprimem um valor cristão fundamental: a existência, como estrutura-base da Igreja, de comunidades nas quais seja possível a relação interpessoal, a comunhão da fé e a participação efetiva de seus membros. Para tanto, "é necessário assentá-las de forma viável e contando com as estruturas sociais existentes. Uma Igreja sólida como instituição, mas vazia de vida comunitária real, não combina com a inspiração fundamental do Novo Testamento. Essas comunidades, porém, têm que evitar o exclusivismo e o fechamento em si mesmas. Neste caso, podem degenerar em guetos, em comunidades personalistas e em fontes de discórdia, como [...] aconteceu em Corinto. Também não basta uma

---

[25] Cf. COUNTRYMAN, *The Rich Christian in the Church on the Early Empire*, pp. 149-182.
[26] Cf. BANKS, *Paul's Idea of Community*, pp. 13-51.

universalidade intencional, mas é necessária a participação e o intercâmbio efetivo com unidades mais amplas da vida eclesial".[27]

Em suma, a intuição mais válida das Igrejas domésticas do cristianismo primitivo pode-se resumir em dois pontos:

a) *A opção por fazer do cristianismo uma realidade socialmente viável*: opção pela encarnação e pela aceitação de estruturas sociais existentes, porque a comunidade não pode subsistir por muito tempo do puro voluntarismo de seus membros. Essa opção implica, entretanto, a necessidade de *discernir constantemente*, em cada momento histórico, as estruturas que se assumem para configurar e exprimir através delas a dimensão comunitária da fé, distinguindo entre estruturas que decorrem necessariamente da autocompreensão da Igreja (p. ex., a palavra revelada, a fé em Jesus, o discipulado, o grupo dos Doze, os sacramentos, os carismas etc.) e estruturas relativas e provisórias da sociedade (p. ex., a casa, a vizinhança, as relações de afinidade, as escolas, os hospitais, os partidos políticos, ou outra formação social).

b) *As Igrejas domésticas paulinas expressam a opção por fazer da comunidade concreta, com relações pessoais reais, o lugar onde se vive a fé, e, por conseguinte, a estrutura de base da Igreja.* Mas atenção! "O que teologicamente está em jogo, nas Igrejas domésticas, antes de tudo, não é a sacralização de uma estrutura social – a casa-família –, mas sim a busca de uma possibilidade social para que se estabeleçam os vínculos de fraternidade e vida nova que exprimam a fé em Jesus Cristo. Esse valor teológico terá que dirigir o discernimento sobre a realidade atual"[28] que possa expressá-lo.

O próprio Paulo, no final de sua vida, liderou, em Roma, uma Igreja da casa, que se reunia em casa alugada (cf. At 28,30). No século II, entre tantas que se instalaram na cidade, uma Igreja se reunia em residência particular de um cristão na Via Latina; a Igreja de Justino se encontrava

---

[27] AGUIRRE, *Del movimiento de Jesús a la Iglesia cristiana*, p. 107.

[28] Ibid., p. 109.

num alojamento alugado perto dos Banhos de Mirtino;[29] outros cristãos da mesma época se reuniam em casas particulares.[30] Calcula-se, com fundamento em testemunhos vários, sobretudo arqueológicos, que, em Roma, no século II, houvesse 25 Igrejas da casa, transformadas, mais tarde, em "títulos" (em latim, *tituli*).

1.2.2. Títulos urbanos em Roma

De acordo com informações posteriores aos escritos do Novo Testamento, as Igrejas domésticas, em Roma, seriam, portanto, 25, e teriam sido, ainda no século II, transformadas em outros tantos *títulos*. Os *títulos* são, portanto, pré-constantinianos e sucedem as "Igrejas da casa".

Chamavam-se *tituli* pelo fato de o nome do proprietário da casa (onde a Igreja se reunia) estar gravado sobre uma pedra lavrada ou uma tabuleta no alto da porta de entrada.[31] *Titulus* era justamente essa pedra ou essa tabuleta, que indicava quem era o proprietário, o "titular" daquele edifício. Até o século IV, com efeito, as construções que abrigavam as assembleias cristãs – não podendo a Igreja ser proprietária – eram propriedades de cristãos individuais. Nem podia ser diferente, uma vez que o cristianismo não era reconhecido como "religião lícita", atributo exclusivo dos cultos pagãos (nem todos) e da religião imperial.

Mais tarde, entre os séculos V e VI, o nome do antigo proprietário do edifício em que os cristãos se reuniam foi substituído pelo nome de um mártir ou de um santo particularmente caro à comunidade que se reunia naquele local.[32]

Os "títulos" eram, pois, "Igrejas domésticas, como as de Rm 16, que se tornaram – com algumas 'variações acidentais' – centros regionais (na cidade de Roma) e, depois de Constantino, basílicas".[33] Sabe-se, outrossim, que, nos três primeiros séculos do cristianismo, não houve propriamente

---

[29] Cf. BASTIAENSEN (ed.), Atti di Giustino, p. 55.
[30] Cf. JUSTINO, *Diálogo com Trifão* 47.2.
[31] Cf. DI BERARDINO (ed.), *Dizionario patristico e di antichità cristiane*, v. 2, col. 3.466-3.467.
[32] Cf. BIHLMEYER; TUECHLE, *Storia della Chiesa*, v. 1, p. 137.
[33] JEFFERS, *Conflito em Roma*, p. 68.

locais destinados exclusivamente ao culto e, consequentemente, com um desenho arquitetônico específico. Exceções seriam, na África, as basílicas de Abthugni e de Cirta, registradas na documentação relativa à perseguição de Diocleciano (303) e, anterior a ela, na fronteira romana do Eufrates, a famosa igreja de Dura-Europos: "O único edifício claramente atribuível a uma comunidade cristã e datável com certeza, dado que a cidade foi destruída no ano 256 pelos persas sassânidas [reinantes entre 224 e 652 – N.A.] é a 'casa dos cristãos' de Dura-Europos na fronteira romana do Eufrates: uma grande sala sem forma específica servia para as reuniões, mas se reconhece também um batistério, com uma piscina coberta por um baldaquim e uma decoração mural simbólica".[34]

No século II, portanto, quando ainda eram residências particulares, os *tituli* eram usados para vários fins, também para o culto cristão, como na época de Paulo.

À medida, porém, que crescia o número de cristãos, e a vigilância sobre eles, de tempos em tempos, diminuía, casas privadas – sobretudo, em Roma, ainda que não oficialmente – foram se tornando, por doação ou herança, "posse" da Igreja. A Igreja foi, então, aos poucos, transformando essas propriedades anteriormente de cristãos individuais em centros de atividade pastoral, polos administrativos, depósitos e locais de distribuição de víveres e roupas aos cristãos necessitados, lugares de culto.[35]

Um cronista do século IV, de fato, informa que o Papa Anacleto (século I) ordenou 25 presbíteros, aos quais o Papa Evaristo (século II) confiou 25 Igrejas titulares (*títulos*) de Roma; o Papa Dionísio (século III) teria cedido os *títulos* aos presbíteros como residências (eventualmente com outros ministros cristãos), enquanto o Papa Marcelo († 304) transformou os *títulos* em centros de administração eclesiástica.[36]

A evolução poderia ser assim compendiada: "Nos séculos I e II, os cristãos se reuniam em congregações domésticas pequenas e essencial-

---

[34] N. DUVAL, Edificio di culto. In: DI BERARDINO (ed.), *Dizionario patristico e di antichità cristiane*, v. 1, col. 1.068.

[35] Cf. Ibid.

[36] Cf. DUCHESNE, *Le Liber Pontificalis*, v. 1, pp. 122, 126, 157, 164.

mente autônomas. Como no judaísmo romano, existia pouca ou nenhuma organização central. Cada Igreja doméstica decidia se se reunia em segredo total ou se se declararia associação voluntária. O modelo da sinagoga, bem como o modelo de associação e a lista de Rm 16, sugere que cada congregação fosse governada por diversos líderes. As congregações adotavam, muito provavelmente, o nome do cristão em cuja casa se reuniam. Novas Igrejas domésticas surgiam espontaneamente de acordo com a necessidade, e outras periodicamente desapareciam [...]. Quando o cristianismo romano adquiriu a forma de uma organização central, começou a controlar a operação das Igrejas domésticas locais usadas como centros administrativos [...]. Os *tituli* romanos preservam os locais de várias Igrejas domésticas do século II, algumas delas podendo datar até do século I".[37]

Sobre os *títulos* – que, no século VI, foram dedicados a um santo – foram construídas, a partir do século IV, basílicas, a mais célebre das quais a de São Clemente. O conceito de "igreja titular" deve ter surgido, no máximo, no início do século III, ainda quando a Igreja, não sendo *religião lícita*, não podia ter, como já mencionamos, propriedades em seu nome.

As *domus Ecclesiae* (aqui, no sentido de casas-igreja, quer dizer, casas em que a Igreja se reunia) – mais tarde os *títulos* – eram, portanto, várias, não seguiam em tudo necessariamente o mesmo modelo, nem devem ter tido, nos primeiros séculos, uma administração central, mas formavam uma única Igreja, a Igreja de Deus que está em Roma (cf. Rm 1,7), a Igreja local de Roma, a única *paroikía* da cidade de Roma,[38] à frente da qual, nos três primeiros séculos, esteve um presbítero, que, a partir da segunda metade do século III, documentadamente recebe o título de bispo.[39]

---

[37] JEFFERS, *Conflito em Roma*, p. 69.

[38] "As primeiras comunidades cristãs foram fundadas nas cidades. Chamavam-se 'paróquias' (*paroikíai*), quer dizer, comunidades de forasteiros (cf. Hb 11,13-16); seus chefes eram os bispos. Nas cidades maiores, porém, com o passar do tempo, as comunidades se dividiram em várias igrejas" (BIHLMEYER; TUECHLE, *Storia della Chiesa*, v. 1, p. 137).

[39] O primeiro a ostentar este título deve ter sido o Papa Vítor I (189-198), que também é o primeiro a exercer claramente um ministério universal, provocado pela questão, colocada pelos quartodecimanos, da data da celebração da Páscoa (cf. B. STUDER, Vittore I papa. In: DI BERARDINO [ed.], *Dizionario patristico e di antichità cristiane*, v. 2, col. 3.608).

A unicidade da "paróquia" (*paroikía* = "Igreja local"), em cada cidade, portanto, convivia, quanto maior fosse a cidade e quanto mais numerosos fossem os cristãos, com "vários lugares de reuniões de cristãos e várias comunidades concretas. Exceto nas cidades pequenas, nunca se realizou a imagem de todos os cristãos reunidos na assembleia eucarística ao redor do bispo, ao menos de maneira habitual".[40]

Aliás, embora nossa reflexão tenha se concentrado na Igreja de Roma, sobre a qual existe maior volume de informações, Igrejas (urbanas) presididas por bispos existem também em outras cidades. Na Itália: Nápoles, desde o século I; Ravena, desde o século III; 16 "dioceses", no final do século III, às quais se acrescem 55 no século IV, e outras 155, no século V, de forma que, no início do século VI, a Itália atingia o número de 258 "dioceses".[41] Na Gália (atual França e regiões adjacentes, incluindo partes da Bélgica, da Alemanha etc.): Lião, desde 175; no século III (Arles, Vienne, Reims, Trier, Bourges, Bordeaux, Tours, Sens, Paris, Metz); no século IV (Toulouse, Narbonne) (antes de Constantino); dezenas de sedes episcopais, além de Valence e Nîmes, na região de Vienne e de Narbonne (sob o Imperador Constantino); umas 15 na mesma região, no fim do século; inúmeras no século V.[42]

A partir, sobretudo, do século IV, porém, surgem, nas maiores cidades, comunidades eclesiais urbanas com maior autonomia em relação ao único bispo, e comunidades eclesiais rurais, em número expressivo e com até mais autonomia que as suas congêneres urbanas, ainda que sempre dependentes do único bispo urbano.

Em resumo, pode-se dizer que, na Igreja antiga, o bispo, rodeado por seu presbitério e auxiliado por um grupo de diáconos, era o responsável maior por toda a Igreja local, que ele presidia sob todos os aspectos. A partir do século IV, entretanto, devido ao grande número de cristãos na cidade – às vezes, uma metrópole, como Roma –, a comunidade cristã não cabia numa só igreja para a celebração eucarística, que era única e

---

[40] COMBLIN, *Teologia da cidade*, p. 201.

[41] Cf. DANIÉLOU; MARROU, *Nuova storia della Chiesa*.

[42] Ch. PIETRI, Gallia. In: DI BERARDINO (ed.), *Dizionario patristico e di antichità cristiane*, v. 2, col. 1.419-1.425.

geralmente dominical. Criaram-se, então, a partir das antigas "casas-igrejas", diversos lugares de reunião, serviço e articulação – os chamados *títulos*[43] –, que, em outra fase e institucionalmente modificados, vão dar origem às paróquias.[44] Diz, categoricamente, Saxer, depois de percorrer os vários significados do termo "título" na Antiguidade, que, "na linguagem eclesiástica romana, enfim, o título é uma igreja paroquial (sic) da cidade, em que o serviço religioso era garantido por um ou mais sacerdotes".[45] Os presbíteros encarregados dessas Igrejas titulares, que acabaram tendo sua própria liturgia, faziam parte do mesmo presbitério presidido pelo bispo de Roma, ou seja, o papa. Para simbolizar a unidade da Igreja romana em torno do seu bispo, criou-se, de um lado, o rito do *fermentum*, e, de outro, a prática de o bispo de Roma percorrer as igrejas titulares – chamadas, neste caso, "estações" – em determinados dias do ano litúrgico. Além disso, fora dos muros da cidade, foram surgindo outras comunidades, entregues ao pastoreio de um grupo de presbíteros ou, ao menos, de um presbítero. Essas comunidades permaneciam vinculadas à Igreja episcopal, porém gozavam de maior independência em relação a ela, tinham administração própria e seus próprios lugares de culto.

Com o edito de Milão (de fato, uma carta), assinado pelo Imperador Constantino (313), a Igreja passou de religião ilícita para religião lícita, ou seja, reconhecida publicamente e livre para exercer suas atividades. Pouco mais de meio século depois, o Imperador Teodósio, com o edito

---

[43] "No século II, muitos dos vinte *tituli* pré-constantinianos, ao lado de outras casas desconhecidas, eram abrigos de Igrejas domésticas. A maioria era composta de casas de cristãos individuais. O contínuo remodelamento de quase todos os *tituli*, a partir do fim do século II, fornece evidências de que a Igreja romana começou a assumir a propriedade de casas individuais [e de cemitérios, antes propriedades particulares de cristãos, N.A.] nessa época. Em praticamente todos os casos, o proprietário cristão doava a propriedade à Igreja. Essa é a origem da Igreja romana enquanto entidade financeira" (JEFFERS, *Conflito em Roma*, p. 255).

[44] "É verdade, de fato, que, já no tempo do Papa Cornélio, o cuidado dos *tituli* de Roma era confiado a presbíteros (KIRSCH, J. P. *Die Römische Titelkirchen in Altertum*. Paderborn: 1918. pp. 135, 191ss); é verdade que, no mesmo século III, na Gália Narbonense, se encontram oratórios e igrejas rurais nas quais os presbíteros celebravam as funções sagradas (IMBART DE LA TOUR. *Les paroisses rurales dans l'ancienne France du IV au VI siècle*. Paris: 1900. p. 5); todavia, não é possível demonstrar que, antes do século IV, houvesse comunidades confiadas 'estavelmente' a um presbítero (DE SMEDT, Ch. L'organisation des églises chrétiennes au IIIe siècle. *Revue de questions historiques* [1891], p. 398" (BO, *Storia della parrocchia*, v. 1, p. 68, n. 18).

[45] V. SAXER, Titolo (Titulus). In: DI BERARDINO (ed.), *Dizionario patristico e di antichità cristiane*, v. 2, col. 3.463.

de Tessalônica (381), declarou a Igreja cristã religião de Estado. Com isso, a Igreja cristã passa a ocupar, na estrutura do Império, o lugar antes ocupado pela religião pública pagã. Essa nova situação vai se refletir na arquitetura das igrejas, ou seja, nos templos cristãos. Desde o século IV, com efeito, nas cidades maiores, em Roma, sobretudo, às pequenas casas-igrejas, já transformadas em igrejas titulares, sucedem as grandes basílicas, imitando o estilo dos prédios públicos imperiais. O templo vai aos poucos perdendo sua referência ao povo que ali se congrega ("igreja", que, originariamente, é o povo convocado e reunido em assembleia, significa, ao mesmo tempo, o "povo" e o "templo") para se tornar cada vez mais "casa do Senhor" e lugar do tabernáculo. As assembleias cristãs, por sua vez, tornam-se cada vez mais massivas e anônimas. O antigo equilíbrio entre "Igreja da casa" (comunidade espiritual-social) e "casa da Igreja" ou simplesmente "casa-igreja" (pequeno espaço físico onde a comunidade se reunia), em certa medida abalado pela introdução dos "títulos" (que, às vezes, eram ainda as casas-igrejas dos inícios, mas, geralmente, outros espaços: a sede de uma associação funerária, um armazém desativado, um cômodo amplo desocupado de uma casa etc.), será praticamente dissolvido pela introdução das "paróquias territoriais", em que os limites entre comunidade eclesial e sociedade civil começam a desaparecer, e a identificação entre "paróquia" e "igreja paroquial" (no sentido de templo) começa a emergir.

1.2.3. O nascimento da paróquia

A partir do século IV, portanto, a organização da Igreja passa por importante transformação, surgindo, de um lado, a "diocese" e, do outro, a "paróquia". A primeira aparece como uma dilatação da comunidade eclesial urbana; a segunda, como uma miniatura – prevalentemente rural – da antiga comunidade eclesial urbana única. A Igreja, que, até o século IV, tinha uma estrutura nitidamente episcopal e urbana, começa a organizar comunidades em torno de um grupo de presbíteros, de um presbítero sozinho, ou de um diácono: sua fisionomia episcopal e urbana começa a ganhar traços crescentemente presbiterais e rurais.

Favorecido pelo reconhecimento da "liberdade da Igreja" (313), o cristianismo experimenta um crescimento imponente, que se estende até o final do século V. Esse fenômeno provoca um repensamento das estruturas organizativas da Igreja. O referencial, nem sempre consciente ou explícito, será o sistema organizativo do Império Romano, de tipo territorial.

A difusão do cristianismo, a partir do século IV, levada a efeito sistematicamente por célebres[46] e não tão célebres missionários, nas amplas zonas rurais do Império, consteladas de *vici*, *pagi*, *castra*, *villae* ou *fundi*, suscitava a questão do atendimento pastoral dos novos núcleos de fiéis que iam surgindo. O módulo organizativo urbano "uma cidade, um bispo, uma eucaristia" não dava mais conta da nova realidade. Era preciso encontrar uma estrutura eclesial própria para a zona rural.

Apresentavam-se teoricamente duas alternativas de solução. Ou repetir, em cada nova comunidade, o modelo ministerial "bispo, colégio de presbíteros, diáconos", que vigorava nas cidades, ou restaurar o modelo da Igreja subapostólica, distinguindo, no bispo, a função de sucessor dos apóstolos, de um lado, e a de presidente de um presbitério, do outro, para constituir, assim, um colégio presbiteral dentro dessa nova comunidade, presidida por um "bispo-presidente" com a supervisão de um "sucessor dos apóstolos" itinerante coordenando toda uma região.

Na prática, porém, se impôs uma terceira solução: o bispo permaneceu na cidade (embora, em alguns lugares, tenham sido instalados bispos, num vilarejo, com jurisdição sobre as comunidades de uma região mais ampla), enquanto aos presbíteros e, às vezes, aos diáconos foi entregue o pastoreio das novas comunidades. Em alguns lugares do Ocidente e por muito pouco tempo, houve também "corepíscopos" (bispos rurais),[47] mas este sistema só vingou – mas também não por muito tempo – no Oriente.

Esse novo modelo foi sancionado por alguns concílios regionais, onde os bispos, além de outras questões, passaram a refletir sobre os problemas

---

[46] Na Itália: Cromácio de Aquileia, Zenão de Verona, Gaudêncio de Bréscia, Bassiano de Lodi, Ambrósio de Milão, Eusébio de Vercelli, Grato de Aosta, Máximo de Turim etc.; nas Gálias: São Martinho de Tours, Brício, Paulino de Nola, Victrício de Rouen etc.

[47] *Corepískopos* (palavra grega composta de *epískopos* ["bispo"] e *chóra* ["campo", "zona rural"] é uma instituição que surge, no Oriente, no final do século III (cf. Concílio de Ancira [314], cân. 13) e, a partir do século V, entra em decadência, até ser totalmente extinta.

organizativos e pastorais suscitados pelas novas comunidades rurais. O Concílio de Antioquia estabelece que, entre as funções do bispo, está a de "ocupar-se das zonas rurais que circundam a cidade episcopal, ordenando para elas presbíteros e diáconos com maturidade e ponderação" (cân. 9), e que, entre as funções dos "corepíscopos", está a de "ordenar leitores, subdiáconos e exorcistas" só para as comunidades rurais. O Concílio de Sérdica (343/344) decreta que, para as cidades e vilarejos onde "seja suficiente um único presbítero", não sejam instalados bispos "para que não se desvalorize a dignidade episcopal" (cân. 6). A "Coletânea de Laodiceia" manda que sejam substituídos os "corepíscopos" por presbíteros visitadores ("periodeutas").

A recepção desses concílios, sobretudo o de Sérdica, foi muito difícil e demorada no Oriente; no Ocidente, foi menos difícil, mas também lenta e gradual. Concílios posteriores tentaram desobstruir o caminho. Na África romana, por exemplo, um Concílio de Cartago (386-390) estabeleceu que, se um distrito rural estava sem bispo, que ficasse sem bispo (cân. 5), a menos, vai acrescentar outro Concílio de Cartago (407), que decidisse diversamente um concílio plenário da província, juntamente com o primaz da região e o bispo em cuja área se encontrava a comunidade em questão.

No século IV, portanto, assiste-se ao deslanchar gradual, mas constante, de uma nova forma de organização eclesial – que tem como base o território –, que vai receber, mais tarde, o nome de "paróquia". Os documentos fundamentais que registram o seu nascimento são dois: o cânon 77 do Concílio de Elvira (300-306) e o cânon 21 do Concílio de Arles (314). Elvira diz: "Se um diácono que governa uma plebe *(regens plebem)* batiza sem [a permissão do] bispo e [do] presbítero, o bispo deve completar [o rito] com a bênção ['confirmação']". Arles prescreve: "A respeito dos presbíteros e diáconos que costumam abandonar os lugares *(loca)* para os quais foram ordenados e se transferem para outros lugares, aprouve [ao sínodo decidir] que eles sirvam nos lugares para os quais foram nomeados. Se, tendo abandonado o próprio lugar, se transferem para outro lugar, sejam depostos". Esses dois cânones revelam, com suficiente clareza, a existência de comunidades distantes da sede episcopal nas quais residem estavelmente – para o cuidado pastoral dos cristãos – presbíteros e diáconos com funções ainda limitadas e imprecisas, mas assumidas por eles como próprias.

Pode-se, portanto, afirmar, apoiados em documentos escritos, epigráficos e arqueológicos, que "a fundação das paróquias rurais, iniciada no século IV, se desenvolveu, depois, com um ritmo regular e bastante acelerado, durante todo o século V".[48]

Nas Gálias, por exemplo, nesse trabalho de evangelização das imensas áreas rurais, destaca-se São Martinho de Tours (316/317-397). Durante 25 anos, ele leva adiante, contra o paganismo rural,[49] uma evangelização da região do médio Loire, tendo como plataformas a cidade de Tours e o mosteiro de Marmoutier. Missionário e taumaturgo, Martinho tem uma papel considerável na cristianização da sociedade gálico-romana das cidades e, sobretudo, dos campos. Sua incrível ação missionária se estende até a Normandia e a Aquitânia, a Tréveris e Vienne, passando por Chartres e Paris.[50]

Ainda nas Gálias – para termos, em grandes linhas, uma amostra do processo de criação e extensão do instituto paroquial nas zonas rurais –, a trajetória foi substancialmente a seguinte:

a) a fundação das paróquias é obra dos bispos;[51]
b) os fiéis participam da fundação das paróquias, contribuindo, pelo menos, com as despesas de construção das igrejas;
c) a fundação das paróquias acontece gradual e, de modo geral, muito lentamente;
d) filial da Igreja episcopal, a Igreja paroquial se apresenta como uma "redução" (miniatura) da Igreja-mãe, sendo seu templo chamado *ecclesia* ou *basilica*, como as igrejas dos bispos;

---

[48] BO, *Storia della parrocchia*, v. 1, p. 46.

[49] Cf. DIANICH, *Chiesa in missione*, pp. 80ss.

[50] Cf. J. FONTAINE, Martino di Tours. In: DI BERARDINO (ed.), *Dizionario patristico e de antichità cristiane*, v. 2, col. 2.132-2.133.

[51] Tanto a criação das paróquias pelo bispo urbano quanto a dependência das paróquias em relação a ele não são mera questão administrativa, ou pragmática divisão de poderes, mas refletem um dado teológico importante: o bispo é o autêntico responsável também pelos fiéis que vivem nas extensas zonas rurais.

e) o clero responsável pelas paróquias – particularmente os presbíteros – recebe o nome de *sacerdos secundi ordinis* ("sacerdote da segunda ordem"), mas goza das mesmas prerrogativas do *summus sacerdos* ("sumo sacerdote"), isto é, do bispo, em tudo o que diz respeito ao poder de ordem, com exceção das ordenações;

f) originariamente, a paróquia não tinha confins muito precisos e, consequentemente, o território da diocese não era dividido, como hoje, entre várias paróquias;

g) as paróquias são estreitamente ligadas ao bispo, que as tem por *ecclesiae suae* e as visita regularmente.[52]

A opção de instalar um bispo nas *civitates*, mas não nos *castra, pagi, vici, villa*e, *fundi*,[53] mesmo quando essas localidades crescem numericamente, está muito provavelmente relacionada com a sua posição no ordenamento territorial civil: "É talvez [...], também com base na particular situação sociopolítico-administrativa existente, negado aos grupos cristãos que vão se formando tanto nos *vici* quanto nos *pagi* o direito a uma autonomia religiosa: essas comunidades não autônomas sob o aspecto político-administrativo não podem ser autônomas sob o aspecto religioso".[54]

Isso não quer dizer que certos *vici* ou *pagi* não tenham se tornado sedes de bispado, sobretudo no sul da Itália[55] e na África romana.[56]

---

[52] Cf. BO, *Storia della parrocchia*, v. 1, pp. 51-55.

[53] Sob o aspecto lexicográfico, a palavra *castrum* tanto indica uma fortaleza militar, um castelo, quanto uma localidade, um vilarejo rural; *pagus* seria uma aldeia, distrito ou povoação; *vicus*, um conjunto de casas, uma aldeia, vila ou burgo; *villa* seria uma grande propriedade rural; a palavra *fundus* indica propriedade, terreno rural, fazenda (compreendendo casa e terreno). Todos esses termos têm uma conotação rural.

[54] BO, *Storia della parrocchia*, v. 1, p. 46.

[55] Pelo que tudo indica, seguiu-se aí (como também na África romana) o critério usado nos arredores de Roma – uma comunidade, um bispo; mas, desde o fim do século IV e inícios do século V, procurou-se inverter ou, ao menos, remediar essa situação.

[56] "Antes da morte de Santo Agostinho († 430), as províncias eclesiásticas da África romana contavam com mais de quatrocentas sedes episcopais. Somente uma parte delas eram cidades; as outras eram pequenos castelos ou pequenos centros das populações rurais. A autoridade desses bispos de vilarejos, seja do ponto de vista do conferimento das ordens eclesiásticas, seja do assento nos concílios, seja no que respeita a outras funções episcopais, é totalmente igual à dos bispos das cidades, pois são independentes no governo da sua comunidade" (BO, *Storia della parrocchia*, v. 1, p. 55).

Mas não era a regra. Por outro lado, com a introdução das paróquias, o crescimento numérico das sedes episcopais foi-se estabilizando naquelas áreas da Europa ocidental (Itália, Gálias, Espanha) e África romana, onde o cristianismo se estabelecera primeiro, e, depois do século V, surgem poucas novas sedes, algumas antigas desaparecem ou são reorganizadas.

Certas *villae* dos grandes proprietários recebem um *oratorium* ainda na época romana.[57] Algumas, sobretudo quando propriedades do bispo ou da Igreja, tornaram-se também centros paroquiais. Mas isso também é excepcional. A regra geral é que a igreja paroquial esteja localizada num *castrum* ou num *vicus*.

A evangelização dos campos e a progressiva conversão dos bárbaros (processo só concluído no século IX), que, a partir do princípio *cuius rei eius est et religio* ("a religião é de quem é a região") – ainda não formulado explicitamente –, são batizados em massa,[58] irão ter algumas consequências notáveis: atropela-se o catecumenato (chega um momento em que o batismo de crianças suplantará o de adultos); entra em crise o sistema penitencial (a penitência única, entendida como segundo batismo, é substituída, desde o século VI, pela penitência reiterável, bem menos rigorosa); a espontaneidade litúrgica dos primeiros séculos dá lugar à codificação e, a partir de século VIII, à centralização; e, à medida que diminui o dinamismo missionário, aumenta a preocupação sacral e sacramental.

A pertença do indivíduo à Igreja vai deixando de ser uma questão de decisão pessoal. *Christiani non nascuntur, fiunt* ("cristão não se nasce,

---

[57] "Ao lado da fundação das paróquias rurais, ficou claro, muito cedo, que a criação de igrejas nos *vici* não podia satisfazer as exigências religiosas do mundo agrícola. Em algumas regiões onde os *vici* eram muito distantes entre si, a maior parte da população vivia dispersa nos latifúndios e, para muita gente, a igreja da cidade ou do *vicus* era muito distante. Pode-se facilmente demonstrar como era difícil para os neoconvertidos assistir regularmente aos ritos religiosos da comunidade. Esses problemas foram resolvidos localmente, no interior da paróquia, com a criação dos *oratoria privata* (grande parte dos quais se tornaram em seguida paróquias), mas, devido à sua origem (foram construídos pelos *potentes* ou pelos *domini* para uso e benefício pessoal e dos próprios colonos), provocaram não poucas fricções e tensões no tecido eclesial no que toca à sua referência ao bispo diocesano" (BO, *Storia della parrocchia*, v. 1, p. 47).

[58] Em Edessa (cf. EUSÉBIO, *Historia Ecclesiastica*, II, I, 7); na Geórgia (cf. RUFINO, *Historia Ecclesiastica*, I, 10); na Armênia (cf. SOZÔMENO, *Historia Ecclesiastica*, II, 8); na Gália (cf. GREGÓRIO DE TOURS, *Historia Francorum*, II, 29-31; AVITO DE VIENNE, *Epistola ad Chlodoveum*); na Inglaterra (cf. BEDA, O VENERÁVEL, *Historia Ecclesiastica*, I, 25-26; GREGÓRIO MAGNO, *Epistola VIII*, 29; *XI*, 36) etc.

cristão se torna"), dizia Tertuliano, nos albores do século II; alguns séculos depois, na Cristandade – que começa a ser gestada ainda no século IV, com a assunção do cristianismo como religião oficial (381) – nasce-se numa família cristã, numa cidade cristã, numa cultura cristã, numa sociedade cristã. A pertença à Igreja não é mais fruto da atividade missionária – à qual se responde ou com a fé ou com a descrença, mas sempre com uma opção pessoal – e de um bem articulado catecumenato, mas de nascimento: nasce-se na Igreja como se nasce numa família, numa cidade, num país. O formato eclesial básico não é mais o da pequena Igreja – fraterna, próxima, familiar –, mas sim o do conglomerado social. Na Cristandade, não haverá como distinguir entre espaço civil e espaço cristão: de um lado, os âmbitos eclesiais são assumidos pela sociedade civil; do outro, as instituições sociais são eclesializadas. A passagem da *domus Ecclesiae* à *Ecclesia paroecialis*, de massas, estará consumada.

Com a ideia de circunscrição, adotada da administração romana (e reforçada pelo sistema feudal), introduz-se, no conceito de paróquia – antes, pessoal e comunitária –, o de territorialidade. Com os novos templos, cada vez maiores para poder atender a uma pastoral de massas, serão também introduzidas uma nova oratória, uma ritualização solene, a sacramentalização *in extremis* (o batismo antes do uso da razão, e a extrema-unção depois de haver perdido seu uso), a administração beneficial, um enfraquecimento da ação missionária, a impessoalidade no relacionamento entre pároco e fiéis e entre os próprios fiéis.

1.3. As "igrejas próprias" e o feudalismo

É muito significativo que a Igreja antiga tenha sempre se oposto à vontade dos grandes proprietários rurais (*potentes*, em latim) de terem, em suas propriedades (*villae*, em latim), um sacerdote para o serviço religioso da família e dos empregados. "Só se lhes permitiu", diz Comblin, "ter *oratoria* e não *ecclesiae*. A Igreja está constituída não para o serviço dos indivíduos, mas para abarcar a vida da cidade ou de outra povoação menos importante. Os oratórios se multiplicaram, mas sempre se obrigaram os fiéis a participarem das atividades de sua paróquia em circunstâncias determinadas, por exemplo, nas grandes festas."[59]

As coisas começam a mudar – e, assim, a paróquia entra numa nova fase da sua história – quando, a partir do século V, os bispos passam a conceder, habitualmente, aos senhores das *villae*, os sacerdotes que eles pedem, sob a condição de mantê-los. O sacerdote acaba se tornando um empregado *(servus)* de um senhor *(dominus)* e, isolado do presbitério local urbano, perde toda perspectiva missionária e comunial.

A conversão dos bárbaros, que se estenderá por séculos, e a introdução do direito germânico incrementaram as "igrejas próprias" (*Eigenkirchen*, em alemão), construídas pelos reis ou pelos senhores feudais, que as consideravam sua exclusiva propriedade.

Essas igrejas pessoais (ou próprias), sobrepondo-se às paróquias rurais, erigidas pelos bispos, serão, sobretudo, a partir do século VII, o embrião da sucessiva inovação feudal: "Surgem os *oratoria villarum*, isto é, as igrejas privadas ou pessoais, construídas nas propriedades dos grandes senhores e que gozavam de relativa autonomia em relação ao bispo. Nasce o direito de patronato, que encontrará seu máximo desenvolvimento na época feudal".[60]

Na época dos carolíngios (do século VII ao século IX), ao unirem-se, então, as igrejas próprias (mais conhecidas pela palavra alemã *Eigenkirchen*)[61] aos grandes domínios feudais, a paróquia sofre importante transformação. Senhores feudais, reis e imperadores se reservaram o direito de erigir paróquias.

As reformas introduzidas por Carlos Magno estenderão este tipo de serviço sacerdotal, ligado à estrutura feudal, a todo o Império: "Para

---

[59] COMBLIN, *Teologia da cidade*, p. 206.

[60] BRAMBILLA, *La parrocchia oggi e domani*, p. 22.

[61] A diferença entre a prática do feudalismo e a da Igreja antiga é manifesta: a Igreja antiga se opôs sempre "à vontade dos grandes proprietários, os *potentes*, de ter um sacerdote em suas *villae* para o serviço de sua família e de seu pessoal. Só se lhes permitiu ter *oratoria* e não *ecclesiae*. A Igreja está constituída não para o serviço dos indivíduos, mas para abarcar a vida da cidade ou de outra povoação menos importante. Os oratórios se multiplicaram, mas sempre se obrigaram os fiéis a participarem das atividades de sua paróquia em circunstâncias determinadas, por exemplo, nas grandes festas" (COMBLIN, *Teologia da cidade*, p. 206).

reforçar a coesão de seu império, ele divide o território em 'dioceses' e em 'paróquias', obrigando os bispos e os presbíteros a uma residência local". Não só. Apóia-se na hierarquia para "reforçar a estabilidade da sua administração, concedendo aos bispos insígnias imperiais e outorgando-lhes prerrogativas de senhores feudais". Qual a consequência? A principal é que, a partir daí, os bispos consideram seus sacerdotes como vassalos, substituindo a intercolegialidade primitiva por uma obediência de tipo vertical. Dessa forma, a comunidade local, que tinha sido essencialmente o lugar de uma experiência de comunhão e de missão, se transforma progressivamente num território sobre o qual se exercem diferentes "poderes". A ordenação perde o caráter de participação na missão do bispo e se torna um "envio", paradoxalmente não missionário, mas para a tarefa precisa de "celebrar a eucaristia e administrar os sacramentos num território determinado".[62]

Quando, a partir do século X, a urbanização começa a tomar corpo, os burgos e as cidades adotam a divisão em "paróquias territoriais", reproduzindo, nas cidades, as divisões próprias das zonas rurais. A inadequação deste sistema à realidade urbana (que é um todo, onde a ocupação do território e as relações entre as pessoas têm uma dinâmica diferente das áreas rurais) faz com que muitos fiéis, em vez de frequentarem a paróquia do seu território, procurem as comunidades dos monges ou dos missionários, gerando querelas intermináveis, que têm a ver mais com o direito feudal do que com estruturas essenciais da missão da Igreja.

As igrejas próprias – quer dizer, propriedades dos senhores em cujos domínios eram erigidas e por quem o sacerdote era sustentado – deram origem, na verdade, entre os séculos IX e XI, àquilo que, enquanto desenho institucional, são as nossas paróquias atuais.

Nessa época, o instituto paroquial se enrijece; o fenômeno das igrejas próprias se agrava e ganha expressão no instituto do "benefício",[63]

---

[62] MAERTENS, *Los grupos pequeños y el futuro de la Iglesia*, p. 65.

[63] Assim define "benefício" *(beneficium)* o Código de 1917: "Beneficium ecclesiasticum est ens iuridicum a competente ecclesiastica auctoritate in perpetuum constitutum seu erectum, constans officio sacro et iure percipiendi reditus ex dote officio adnexos" (cân. 1409). Traduzindo: "Benefício eclesiástico é um ente jurídico constituído ou erigido para sempre pela competente

delimitado territorialmente. Esse modelo é o resultante, de um lado, do crescimento da praxe das igrejas pessoais, e, do outro, transformando-o profundamente, da mentalidade que sustenta o feudalismo e nele se exprime.

O direito de patronato, muitas vezes, na prática, se transformava num real direito de nomeação do pároco e – como se isso não bastasse – de intervenção na vida da paróquia. Neste esquema, é claro que a relação da paróquia e do pároco com o bispo se enfraquece, enquanto se fortifica a relação com o senhor feudal, um leigo,[64] o *dominus* da igreja própria.

Assiste-se a tentativas de reformar esta situação, mas elas não surtem os efeitos desejados, uma vez que não conseguem desmontar nem a mentalidade nem o ordenamento feudal que dialeticamente a sustentam. No máximo, conseguem limitar o superpoder feudal, reduzindo sua interferência na vida eclesial.[65]

Um novo "modelo" pastoral emerge, portanto, dessa nova concepção de paróquia: "A relação entre pároco e fiéis assenta-se sobre os recíprocos direitos-deveres, identificados a partir do território. O cuidado das almas é entendido como prestação de serviços religiosos, que dependem da pertença geográfica. Ademais, a referência do pároco ao 'benefício', se lhe garante autonomia de ministério, pode fazer correr o risco de entender a missão pastoral como prestação devida com base no ofício ocupado. Os efeitos induzidos por esse estado de coisas são facilmente intuíveis. Apesar das tentativas de reforma da época carolíngia, a pastoral paroquial decai: a catequese quase não existe, a pregação é esporádica, a decadência da

---

autoridade eclesiástica, constando do ofício sagrado e do direito de perceber as rendas anexas por dote ao ofício". O comentador explica: "O benefício eclesiástico é uma *pessoa moral* não colegiada. Consta de quatro elementos: dois *externos*, a saber: a ereção pela autoridade eclesiástica competente (cf. cân. 1414) e a perpetuidade que lhe corresponde em virtude de sua qualidade de pessoa moral (cf. cân. 102), e outros dois *internos*, que são o ofício sagrado ou ofício eclesiástico em sentido estrito (cf. cân. 145), e o direito a perceber as rendas que o dote do benefício produz [...]; o *direito de perceber as rendas*, que, por outro nome, se chamam prebendas, é o que especifica o benefício, uma vez que também se dão ofícios eclesiásticos sem este direito, como vimos nos cân. 147 e seguintes" (AA.VV., *Código de Derecho Canónico y legislación complementaria*, p. 533).

[64] Cf. KNOWLES; OBOLENSKY, *Nova História da Igreja*, pp. 58ss.

[65] Cf. ibid., pp. 179ss.

paróquia é grave, até mesmo pela grande fragilidade econômica devida à conflituosidade feudal, que faz sentir a sua influência sobre o tecido paroquial das zonas rurais".[66]

Desde então, o pároco passou a ter duas funções principais: administrar o benefício em razão da justiça e atender à *cura animarum* em virtude do dever. Pouco a pouco foram se estabelecendo as obrigações e os direitos paroquiais. Os fiéis, mais que uma comunidade (Igreja antiga) ou mais que ligados a uma comunidade (início da Idade Média), estão ligados a um pároco (paróquia é "coisa de padre!"), investido do direito e do dever da "sacramentalização" e da administração.

Para completar o processo, nos séculos XII e XIII, impõe-se aos fiéis – para se garantir um mínimo religioso institucional num contexto de vazio existencial – uma série de obrigações: os preceitos dominical e pascal, o pagamento dos dízimos e primícias, o batismo *quam primum*, os funerais em "campo santo" (paroquial), outros mandamentos da Igreja e o rompimento do fiel com heresias ligadas à bruxaria, à magia e à feitiçaria.

1.4. A partir da extraordinária fecundidade do século XII

É sabido que, nos séculos XI-XII, a Europa passou por mudanças profundas em sua economia, o que teve reflexos em várias outras áreas da atividade humana, inclusive na teologia e na praxe pastoral.[67] Em torno do século XII, que assinala uma daquelas viradas epocais que só raramente a história registra, constata-se um fato fundamental: ingressa no cenário da história um povo novo, mais dinâmico, com exigências próprias e intuições originais – a burguesia. O incremento demográfico, a introdução de novas técnicas, o desenvolvimento da agricultura, o aumento da produção, o crescimento do comércio, o despertar das cidades, a explosão do fenômeno associativo, a evolução da cultura e da arte – uma aceleração que vai da economia à religião – dão vida a um contexto social

---

[66] BRAMBILLA, *La parrocchia oggi e domani*, p. 23.
[67] Cf. CHENU, *La teologia nel XII secolo*, especialmente pp. 23-58.

mais dinâmico e aberto. Com a criação das primeiras universidades, no século XII (1088: Bolonha; 1122: Pádua; 1180: Paris; 1218: Salamanca; 1249: Cambridge etc.), tanto professores quanto alunos dispõem de um espaço mais amplo para sua formação cultural e passam a ter não só uma influência notável sobre a legislação, mas também uma participação mais efetiva nas lutas ideológicas e religiosas, reservadas antes quase exclusivamente aos religiosos e clérigos.

Neste contexto, dois fatos novos sacodem o panorama civil e religioso: a Reforma Gregoriana, sobretudo com o Papa Gregório VII (1073-1085), e as comunas, com as novas ordens religiosas, que associam mendicância e pregação. Ao final da luta pelas investiduras – um dos principais, se não o principal, elementos estruturais da Reforma Gregoriana –, atenua-se a pretensão de o poder leigo tomar conta da vida pastoral da Igreja e de seus bens. Não se consegue, no entanto, desbancar o direito do patronato: direito de conservação dos bens eclesiásticos e direito de apresentação do pároco.[68]

Graças às novas condições socioeconômicas e ao despertar espiritual trazido pelos novos movimentos religiosos, a paróquia ganha maior relevância: um renovado fervor de vida religiosa, um maior prestígio social, uma expansão para além da mera *cura animarum*. A criação de escolas, ainda raras e elitizadas, hospitais, orfanatos, instituições de assistência aos peregrinos e aos pobres, e a atividade das múltiplas e variadas irmandades mostram a vivacidade e o dinamismo desse período.

As ordens mendicantes – dominicanos, franciscanos e outros – fazem um trabalho capilar de evangelização, o que não deixa de gerar polêmicas e dificuldades de relacionamento com a pastoral das Igrejas locais, particularmente com as paróquias.

Aliás, a partir do século IX, as paróquias urbanas haviam passado por profunda transformação, o que leva alguns a falarem de "nascimento" das paróquias urbanas. Não que, nos séculos anteriores, não existissem paróquias nas cidades. Existiam, sim, mas eram muito dependentes do bispo e pouco da configuração territorial. A pastoral, nas cidades, até o

---

[68] Cf. COMBLIN, A paróquia ontem, hoje e amanhã, p. 7.

século IX, a despeito do aumento das Igrejas, estava muito concentrada no bispo e no seu presbitério, e, não obstante o culto ter sido descentralizado, o peso do critério territorial para as demais expressões da vida eclesial não era tão grande. Agora, porém, "a influência do direito germânico, a decadência da disciplina do clero, o aumento da população levaram a uma multiplicação das paróquias [nas cidades], geralmente, sem um plano orgânico. Resultaram, daí, situações muito variadas: os confins territoriais são estabelecidos com clareza; a autonomia das paróquias urbanas, às vezes, é limitada; a manutenção pode depender das famílias ou das confrarias de corporações".[69]

O modelo paroquial medieval, na verdade, é marcado pela *Weltanschauung* (visão de mundo) medieval, que funde e confunde sociedade civil e sociedade eclesial. É necessária muita vigilância – e quem a tem quando se está mergulhado no aqui e no agora do espaço e do tempo? – para que a paróquia não sofra os influxos negativos da sociedade civil – e, naturalmente, se enriqueça com seus valores – deixando-se condicionar pelas mudanças e novas conformações das condições civis da vida individual e coletiva.

O resultado, nada alvissareiro, é que, beirando o fim da Idade Média, nos séculos XIV e XV, fenômenos sociais e culturais complexos conduziram a uma lenta, mas inexorável, involução das paróquias e dioceses. Era o resultado do mais vasto fenômeno da decadência eclesial e da incapacidade – salvo exceções tanto mais brilhantes quanto mais localizadas[70] – de reforma *in capite et in membris* ("na cabeça [na hierarquia, sobretudo, no papado] e nos membros [no conjunto da Igreja]"), em favor das quais tantas vozes se levantavam em todos os lados. Num extremo, basta lembrar o Exílio de Avinhão; no outro, o falido Concílio Lateranense V (1512), sintomaticamente celebrado quando, na Alemanha, os ingredientes da Reforma Protestante estavam já colocados, faltando apenas o estopim que provocaria sua explosão, o que foi dado pela pregação das indulgências, promovida por Alberto de Brandenburg, para pagar ao

---

[69]   BRAMBILLA, *La parrocchia oggi e domani*, p. 24.
[70]   Cf. JEDIN, *Riforma cattolica o Controriforma?*; MARCOCCHI, *La Riforma Cattolica*.

papa (interessado na construção da Basílica de São Pedro, em Roma) a concessão dos arcebispados de Mogúncia e Magdeburgo, e o histórico protesto de Lutero (31 de outubro de 1517), com a afixação das suas 95 teses sobre as indulgências na porta da igreja de Wittenberg.[71]

O catolicismo que chegou ao Brasil, a partir do século XVI – até esta data, o "Brasil" não existia –, era heterogêneo. Nele, conviviam o catolicismo popular medieval e as estruturas eclesiásticas forjadas ao longo do primeiro milênio; o evangelismo radical das ordens mendicantes, ao lado dos antigos vícios de clérigos e leigos, que nem os mendicantes nem a Reforma Católica anterior a Trento[72] conseguiram extirpar; o catolicismo pós-tridentino (que não aportará entre nós senão nas últimas décadas do Seiscentos), disputando espaço com o catolicismo da Restauração do século XVI, que se manteve intacto por todo o período colonial. Os centros de irradiação desse catolicismo não eram as paróquias dos "clérigos", mas os conventos dos "frades" (franciscanos, dominicanos, jesuítas, carmelitas, mercedários) – como, aliás, na Europa, desde pelo menos os séculos XII e XIII – e suas missões. Enquanto as paróquias se veem rebaixadas ao papel de centro administrativo, onde os fiéis cumprem as formalidades exigidas pela Igreja no batismo, no matrimônio e nos funerais, e buscam os papéis dos respectivos registros, "a devoção só se satisfaz nas igrejas dos frades. É nas igrejas dos frades que se ouvem as melhores pregações, que se honram os santos mais populares, e, sobretudo nessas igrejas, os fiéis podem constituir associações de piedade e ajuda mútua, na forma de ordens terceiras e irmandades".[73]

1.5. Trento: Contra-Reforma ou Reforma Católica?

O Concílio de Trento só entra na América Latina, em geral, e no Brasil, em particular, na segunda metade avançada do século XVI.[74] Nosso

---

[71] Cf. TÜCHLE; BOUMAN, *Nova História da Igreja*, pp. 49ss; ALBERIGO (ed.), *História dos concílios ecumênicos*, p. 324.

[72] Cf. JEDIN; ALBERIGO, *Il tipo ideale di vescovo secondo la Riforma Cattolica*.

[73] COMBLIN, *A paróquia ontem, hoje e amanhã*, p. 8.

[74] Cf. DUSSEL, *Historia de la Iglesia en América Latina*, pp. 53ss.

catolicismo de origem é o catolicismo medieval, com elementos da tardo-medieval Reforma Católica, e livre das preocupações que ocuparam a Igreja após o furacão reformista, sobretudo luterano.

No tocante ao tema paróquia, o Concílio de Trento, mesmo levando em conta as novas condições sociais, culturais e religiosas produzidas pelo Humanismo, pelo Renascimento e pela Reforma Protestante, não se dedica a redesenhar o perfil estrutural da paróquia, mas a transformá-la em sujeito de atuação da Reforma Católica pós-tridentina ou da Contra-Reforma Católica.

Em primeiro lugar, toma duas providências em relação ao clero, efetivamente o maior responsável pela pastoral: a obrigação da residência do pároco[75] e a instituição dos seminários como centros de formação dos futuros pastores.[76]

Em segundo, precisa os critérios de territorialidade da paróquia,[77] na tentativa (pouco eficaz, para não dizer inútil) de evitar conflitos de competência e de jurisdição, sobretudo entre "clérigos" e "frades", regulando a espinhosa questão do relacionamento institucional entre a paróquia dos clérigos e as igrejas dos religiosos presentes no território paroquial.[78]

Em terceiro, dispõe a criação de novas paróquias para ir ao encontro do problema do crescimento populacional e, na medida em que isto se reflete na ação pastoral, da obrigação do pároco de conhecer os fiéis sob seus cuidados.[79] Caso aquele remédio não seja suficiente para atingir este objetivo, o pároco deve poder contar com a ajuda de outros presbíteros.[80]

Outras intervenções do Concílio ajudaram a precisar a disciplina e os principais deveres do clero: conhecimento das ovelhas,[81] cuidado dos

---

[75] Cf. *Sessio Sexta. De Reformatione, Cap. I; Sessio Vigesima Tertia. Decretum de Reformatione, Cap. I.*

[76] Cf. *Sessio Vigesima Tertia, Cap. VI, Cap. XVIII.*

[77] Cf. *Sessio Vigesima Quarta. De Reformatione, Cap. XIII; Sessio Vigesima Prima, Cap. IV.*

[78] Cf. *Sessio Vigesima Quarta, Cap. XIII.*

[79] Cf. *Sessio Vigesima Tertia. De Reformatione, Cap. I.*

[80] Cf. *Sessio Vigesima Prima. Decretum de Reformatione, Caput IV.*

[81] Cf. *Sessio Vigesima Tertia. De Reformatione, Cap. I.*

pobres,[82] pregação,[83] catequese,[84] instrução das crianças,[85] sacramentos,[86] formação cultural, exemplo de vida.[87]

Resultados benéficos não se fizeram esperar, também graças ao empenho inigualável de algumas figuras do catolicismo pós-tridentino, a primeira de todas São Carlos Borromeu, cardeal-arcebispo de Milão,[88] que alavancaram essa nova etapa da Reforma Católica. É inegável, ainda que não homogênea, a elevação da qualidade da vida cristã e eclesial nas comunidades e nos seus dirigentes, bispos e presbíteros.

As iniciativas tridentinas, portanto, precisaram o modelo "moderno" de paróquia, que chegou, sem substanciais mudanças, até o século XX adiantado, para não dizer até os nossos dias.

A imagem de Igreja subjacente a esse modelo tem, na figura do pároco e na *cura animarum* suas vigas mestras; a importância do bispo é, em larga medida, resgatada, enquanto volta a ser o pivô da ação pastoral, através do controle e da jurisdição sobre todas e cada uma das circunscrições e outras formações eclesiásticas da diocese; a *cura animarum* ganha em abrangência, enquanto se faz através da pregação, da catequese infantil, da catequese sacramental, do ensino da doutrina cristã aos adultos (pense-se no Catecismo Católico[89] e em suas múltiplas variações), das devoções e peregrinações, da renovação das confrarias, das visitas pastorais, dos sínodos diocesanos. Com tudo isso, a paróquia pós-tridentina se mostra como uma rica trama de iniciativas pastorais, cujo vistoso florescimento, nos séculos XVII-XVIII, revela todo o seu vigor.

---

[82] Cf. *Sessio Vigesima Tertia. De Reformatione, Cap. I.*

[83] Cf. *Sessio Vigesima Quarta. De Reformatione, Cap. IV (pregação).*

[84] Cf. *Cap. VII* (catequese sobre os sacramentos).

[85] Cf. *Sessio Vigesima Quarta. De Reformatione, Cap. IV.*

[86] Cf. *Sessio Vigesima Quarta. De Reformatione Matrimonii, Cap. I.*

[87] Cf. *Sessio Vigesima Prima. De Reformatione, Cap. VI; Sessio Vigesima Quinta. De Reformatione, Cap. XIVss.; Sessio Decima Quarta. Proemium, Cap. I.III.IV.VI; Sessio Vigesima Secunda. De Reformatione, Cap. I; Sessio Vigesima Tertia, Cap. XIV.XV; Sessio Vigesima Quinta. Decretum De Reformatione, Cap. I etc.*

[88] Cf. JEDIN; ALBERIGO, *Il tipo ideale di vescovo secondo la Riforma Cattolica.*

[89] *Catecismo Romano.*

1.6. A paróquia no ciclo das revoluções

Nos séculos do Iluminismo e das revoluções modernas, as paróquias reagiram com a rigidez típica da insegurança e da agressividade. Em vez de se superarem, entrando em diálogo com o mundo novo que surgia ao seu redor, as paróquias, em geral, se fecharam sobre si mesmas, acentuando, ademais, o pietismo, o devocionalismo e algumas expressões menos elevadas de religiosidade popular.

Nosso país não passou imune, embora com certo atraso, a esse vendaval de mudanças. Devido às vicissitudes pelas quais passou o catolicismo, no Brasil, no século XIX, com a decadência das ordens religiosas durante todo o período imperial,[90] e a Questão Religiosa (1860-1870), em seu crepúsculo, a paróquia "permaneceu como único elemento católico institucional. No fim do Império, a paróquia representava a única instituição da Igreja",[91] o que lhe dava importância, mas não lhe garantia vitalidade.

Com a República (1889) e a separação entre Igreja e Estado (1891), no Brasil, e a crise que assola, na Europa, o catolicismo, duramente questionado em várias frentes, migra para o Brasil significativo número de membros de congregações religiosas europeias, masculinas e femininas, que se concentram, sobretudo, nas cidades, transplantando para cá devoções, espiritualidades, associações e métodos do catolicismo europeu do século XIX, e investem pesado, particularmente em escolas católicas.

As consequências dessa nova conjuntura para a paróquia foram várias. No interior do Brasil, a paróquia é praticamente a única presença da Igreja Católica; o pároco vive sozinho, sobrecarregado de tarefas administrativas, sem orientação e sem ajuda de outras pessoas e instâncias. Nesse contexto, muitas vezes, a paróquia "mal conseguia realizar os atos de culto de preceito, cumprir as tarefas administrativas e manter algumas associações de piedade. Com meios tão escassos, não se lhe podia pedir

---

[90] "O decreto imperial que fecha os noviciados em 1855 não a produz, mas precipita a ruína. As irmandades, privadas de sua alma, desapareceram ou se secularizaram, pelo menos quanto ao espírito. O catolicismo ficou mortalmente ferido e nunca se restabeleceu. Ele sobrevive, desde então, nos costumes e nas tradições populares, mas numa forma degrada, sem o suporte que lhe ofereciam antigamente os frades" (COMBLIN, A paróquia ontem, hoje e amanhã, p. 9).

[91] Ibid.

o milagre de se tornar verdadeiro centro de atividade espiritual ou de iniciativas cristãs. Os vigários que conseguiram esse resultado foram heróis e santos".[92] Nas cidades maiores, evita-se promover ou alimentar a tradicional rivalidade entre religiosos e dioceses, geralmente em prejuízo destas: os bispos os obrigavam a assumir paróquias, embora seu coração e energias permanecessem concentrados nas obras características de cada instituto. A paróquia subsistia, mas com mais vitalidade no interior do que nas grandes cidades. Nessas, "cada paróquia vivia o isolamento mais completo",[93] ilha de um novo feudalismo eclesiástico, com seus traços de particularismo, sacramentalismo, individualismo religioso, frequentada por pessoas que buscam cumprir preceitos e salvar a alma, desertada por pessoas mais exigentes do ponto de vista intelectual, moral ou espiritual.

No conjunto da Igreja, porém, fazem-se, no final deste período, ingentes esforços de renovação da paróquia. Apesar de sistematicamente conduzidos, sobretudo, a partir da década de 1930, esses movimentos de renovação só conseguem êxitos pontuais e parciais. As paróquias deixam transparecer, ao lado do seu inegável vigor, toda a força de inércia do modelo tridentino. O Código Pio-Beneditino (1917), com efeito, acolheu e codificou a concepção beneficial e territorial de paróquia. Sua definição de paróquia – com os elementos "parte da diocese" (*pars dioecesis*), "povo determinado" (*populus determinatus*), "igreja peculiar" (*ecclesia peculiaris*), "pastor próprio" (*pastor proprius*), "ofício e benefício paroquial" (*officium et beneficium paroeciale*) – baseia-se num conceito jurídico da pastoral, sem dimensão comunitária, sem dinamismo missionário, marcado pelo benefício, e não pelo serviço, no qual (conceito), em âmbito local, mais do que a comunidade cristã sacramental-carismaticamente articulada, predominam, na prática, as associações pias e, em nível mais amplo, silenciosa autonomia e independência em relação a outros elementos de uma pastoral de conjunto diocesana.

As mudanças na sociedade civil, a renovação da Igreja e a renovada reflexão sobre a paróquia repercutem sobre esta, mas não passam por ela.

---

[92] Ibid.

[93] Ibid., p. 10.

Vêm de outros centros, de atores que geralmente não são nem párocos nem bispos, e bebem de outras fontes.

Movimentos de renovação investiram sobre a paróquia, a fim de transformá-la ou de cooptá-la para seus objetivos, mas não conseguiram mover sua estrutura e seu modelo disciplinar e pastoral, que é essencialmente o feudal, requentado na longa estação pós-tridentina e enrijecido na Modernidade.

Nas décadas de 1940 e 1950, além dos grandes movimentos extra-paroquiais (na verdade, monásticos) de renovação – bíblico, patrístico, litúrgico, ecumênico, missionário, laical, comunitário etc. –, alguns segmentos renovadores reacendem o interesse pela paróquia, que se torna foco de iniciativas de reflexão e de ação mais específicas.

Esse conjunto de movimentos forma o mais amplo pré-Concílio[94] e, devidamente filtrados e relidos, deságuam e se coagulam no Concílio Vaticano II, que justamente, por vontade do Papa João XXIII, se define como um "concílio pastoral". O Vaticano II, de fato, um concílio de transição,[95] no sentido forte do termo, vê a paróquia sob nova perspectiva: o olhar se desloca do pároco para a comunidade; da *cura animarum* para a edificação da comunidade; da concentração sobre si mesma para a *de-centração* sobre o mundo.

A perspectiva é menos preservacionista e mais missionária. O território, ao menos idealmente, na visão de alguns, é quase varrido, cedendo lugar ao vasto e complexo "mundo contemporâneo", que um gigante, no campo da eclesiologia, chamou de "minha paróquia",[96] transformado, nos dias atuais, no mundo globalizado, paróquia de ninguém.

Desde a Idade Média, conflitos se sucederam e se arrastaram com bispos, mas, sobretudo, com mendicantes e religiosos; mais recentemente, com comunidades mais ou menos independentes, com as propostas pastorais diocesanas e com os movimentos transdiocesanos, a

---

[94] Cf. PESCH, *Il Concilio Vaticano Secondo*; ALBERIGO (ed.), *História dos concílios ecumênicos*, pp. 393ss.

[95] Cf. ALMEIDA, *Lumen gentium*.

[96] Cf. CONGAR, *Vaste monde ma paroisse*.

começar pela Ação Católica. Um dos grandes desafios contemporâneos é, pois, a paróquia entender que a evangelização tem que ser diocesana, envolver a comunidade cristã como um todo, e não se prender, ainda que tenha algum sentido, importância e valor, aos limites de um território.[97]

Primeira conclusão parcial

Nossa incursão na história da paróquia tentou levantar seus antecedentes, seu surgimento e suas etapas principais: as "Igrejas da casa", os "títulos" romanos, as comunidades rurais, seu desenho institucional, que, desde o período feudal (principalmente os séculos IX e X), permanece inalterado, seus primeiros embates com os remotos fermentos da Modernidade a partir do extraordinário século XII, o vendaval da Reforma, a Reforma Católica e a Contra-Reforma, as revoluções, o período contemporâneo.

Entre as "Igrejas da casa" e as paróquias atuais, as diferenças são enormes, seja do ponto de vista empírico, seja do ponto de vista doutrinal. A "Igreja da casa", primeiro resultado estrutural da ação evangelizadora numa cidade, era a Igreja naquela cidade: Tessalônica, Corinto, Roma. Progredindo a evangelização na mesma cidade, surgiam outras "Igrejas da casa", sendo o conjunto delas a Igreja naquele local.

Os "títulos" romanos são, ao mesmo tempo, uma evolução das "Igrejas da casa" e um passo adiante na direção das futuras paróquias que, porém, nascerão rurais.

Paróquias, com efeito, no sentido estrito do termo – comunidades subordinadas ao bispo, mas confiadas estavelmente aos cuidados pastorais de um presbítero ou, na falta desse, de um diácono – só surgirão com a evangelização do mundo rural, onde, nos pequenos lugarejos, de maior ou menor dimensão, surgiram comunidades cristãs que o bispo não tinha condições de pastorear pessoal e diretamente.

---

[97] Cf. FLORISTÁN, *Crisis de la parroquia y comunidades de base*, pp. 333-349.

No período medieval, com a introdução do sistema beneficial, conclui-se a conformação da paróquia como estruturalmente temos até hoje: um grupo de fiéis, um presbítero à sua frente, relação de direitos e deveres entre pároco e paroquianos, uma delimitação territorial, a manutenção do pároco como contrapartida dos serviços religiosos prestados, a subordinação ao bispo.

Os tempos foram mudando, as paróquias também, mais no layout de seus elementos acidentais, secundários e circunstanciais do que nas suas estruturas essenciais. Com o advento da Modernidade, a cultura foi numa direção, e a paróquia noutra. O resultado cumulativo foi a inadequação e a incomunicação entre a conformação tardo-medieval da paróquia, reminiscência sociocultural de um mundo historicamente deixado para trás, e os mundos novos que foram despontando e avolumando-se e complexificando-se até chegar à "mudança de época" que estamos vivendo hoje, entre atônitos e perplexos, de um lado, confiantes e esperançosos, do outro.

O clamor por renovação da paróquia se faz sentir há tempo. Alguma coisa se move, mas ainda estamos longe de visualizar uma alternativa orgânica de paróquia, una quanto à sua estrutura essencial, plural e cambiante quanto à sua configuração concreta, num mundo feito de muitos mundos, que mudam com a velocidade da eletrônica, o carro-chefe das inebriantes transformações atuais.

É possível renovar uma instituição tão solidamente estabelecida como a paróquia? É razoável desconstruir aquilo que quase dois mil anos de história levantaram com férrea lógica, rara pertinácia, admirável estabilidade? A paróquia vai correr o risco de mudar ou vai preferir a segurança de ficar como está? Vai abrir-se ao mundo, sem perder sua identidade de comunidade cristã, ou vai fechar-se sobre si mesma, certa de que podem cair chuvas, vir enxurradas, soprar os ventos e arremessar-se contra ela, que ela não vai cair, porque construída sobre a rocha (cf. Mt 7,25)? Seus responsáveis saberão distinguir entre consistência imutável e configuração histórica, sempre, de novo, carismática, comunitária e criteriosamente buscada?

Antes de respondermos a essas perguntas, vamos perscrutar a paróquia por outro ângulo, o da Sociologia. Enquanto a história nos proporcionou uma visão diacrônica, a Sociologia vai nos fornecer uma visão sincrônica da instituição paróquia. Se a história nos põe diante das múltiplas configurações do mesmo, a Sociologia nos desvela os núcleos duros que sustentam toda configuração e que nenhuma é capaz de implodir, sob pena de varrer a própria realidade configurada.

2. A PARÓQUIA SUBMETIDA À ANÁLISE DA SOCIOLOGIA

Interessa-nos o olhar sociológico porque, aventurando-se no terreno da pastoral, há sociólogos – baseados no conhecimento da estrutura e da dinâmica das cidades, sobretudo as grandes – que propõem que a Igreja deva estabelecer sua pastoral em função das pessoas e das unidades humanas e não tanto dos territórios, elemento importante na definição de paróquia. Eles têm demonstrado que a pastoral paroquial não chega aos habitantes mais fortemente ligados à cidade, mais "urbanos". E explicam este fato pela ausência de interação significativa entre a paróquia e as estruturas sociais da cidade.

A Sociologia, atenta ao fenômeno da paróquia e dedicada à sua interpretação – é bom lembrar que, até recentemente, a maioria dos estudos de Sociologia Religiosa versava sobre a paróquia[1] –, se une, deste modo, à teologia, que redescobre a Igreja local e sua histórica aderência à cidade. A teologia pastoral não estranha que os sociólogos achem a paróquia inadaptada à cidade e inadequada para evangelizá-la. Já se podia prevê-lo a partir da definição de Igreja local: Igreja de Deus que está num lugar, e este lugar, nos primeiros séculos, foi a cidade. A partir do momento em que o modelo paroquial institucionalmente fixado na Idade Média – ou seja, a comunidade eclesial rural territorialmente delimitada e pastoreada diretamente pelo presbítero, que estruturalmente estava ligada ao bispo urbano, mas praticamente, com o passar do tempo, foi cada vez mais conquistando independência e autonomia – foi transplantado para as

---

[1] "Depois de anos de predomínio absoluto das atenções da Sociologia Religiosa (tanto que alguém não hesitou em defini-la, não sem certo desprezo, "sociologia paroquial"), a paróquia deve hoje se contentar com uma presença totalmente marginal, com alguma citação obrigatória. E não se trata simplesmente de moda passageira, se foi possível declarar sem meios termos o desmoronamento da civilização paroquial" (LANZA, *La nube e il fuoco*, p. 10; cf. HERVIEU-LÉGER; CHAMPION, *Verso un nuovo cristianesimo?*, especialmente pp. 57, 59 e 60).

cidades, que, do ponto de vista da organização pastoral, foi cortada em duas, dezenas, centenas de paróquias, cada uma passou a constituir uma espécie de feudo religioso autossuficiente. A unidade pastoral da Igreja na cidade se estilhaçou em inúmeros fragmentos, enquanto a cidade, embora territorial e funcionalmente diversificada, manteve sua unidade. Nossas estruturas de evangelização da cidade sofrem deste pecado original, cometido por nossos pais e mães, não nas origens da paróquia, mas no momento em que se transplantou para as cidades a estrutura que vingara no mundo rural. Como diz Comblin: "As estruturas atuais do apostolado urbano são, por isso, em grande parte, anacrônicas. Datam da época de uma civilização essencialmente rural".[2]

Entregar-se ao olhar da Sociologia é correr um risco até maior do que se deixar investigar pela História. Tanto que "História da Igreja" é uma disciplina que consta em todos os currículos de um curso de teologia e é estudada praticamente em todos os semestres. A Sociologia trabalha com métodos empíricos, relativamente neutros em relação às teorias sociológicas; as teorias sociológicas excluem totalmente a questão da "essência interna" da Igreja e da justificação da sua pretensão de validade; seus resultados podem ser usados a partir de interesses os mais diversos. A Sociologia e seus pressupostos parecem instituir uma posição relativística, ou seja, uma atitude que, em definitivo, se contrapõe à fé. Não é por acaso que frequentemente ela seja vista, nos ambientes eclesiásticos mais tradicionais, com desconfiança e suspeita. Por outro lado, interesses pastorais levam a Igreja a encomendar pesquisas sociológicas para conhecer-se melhor, o que, sociologicamente falando, só é possível a partir do pressuposto de que a Igreja não é uma entidade à parte, mas sim um elemento inserido num contexto social mais amplo, com o qual interage. Para a Sociologia, a estrutura interna da Igreja se dá fundamentalmente nas relações que intercorrem entre sua *organização institucional*, sua *reflexão* (desde os níveis mais simples até aos mais elaborados, como a teologia) e sua *prática*, por um lado, e com o ambiente social circunstante, por outro.[3]

---

[2]   COMBLIN, *Teologia da cidade*, p. 194.
[3]   Cf. ZIRKER, *Ecclesiologia*, pp. 30ss.

O que, afinal, os sociólogos que se dedicaram à descrição e à análise dessa instituição eclesial chamada paróquia têm a nos dizer sobre ela? A Sociologia, como a História, supõe realismo e humildade, pois ela também desmonta aquela visão monolítica de Igreja que nos faz fundir e confundir "pretensão" (nossa visão espiritual e teológica) e "realidade" (os dados que a pesquisa levanta e interpreta a partir de alguma teoria) em nossas apreensões e percepções, tantas vezes implícitas e irrefletidas, da Igreja.

2.1. Instituição de Cristandade

A paróquia, dada a sua origem numa Igreja progressivamente instalada em uma sociedade cada vez mais aberta ao cristianismo (século IV) e sua forma final numa Igreja estabelecida numa "sociedade cristã" (séculos IX-XI), herdou uma "pastoral de Cristandade". Se Constantino declarou o cristianismo religião lícita (313) e Teodósio, religião oficial (381), Carlos Magno – herdeiro dos últimos grandes romanos (Boécio, Cassiodoro) e dos primeiros célebres bárbaros cristãos (Isidoro de Sevilha, Beda o Venerável, Alcuíno) – integrou a Igreja na monarquia, lançando as bases, assim, de uma Cristandade sob direção imperial.

Aos olhos da História, a Cristandade foi, provavelmente, mais uma construção autoritária e um sistema de enquadramento dos povos que uma adesão consciente e livre dos povos e, sobretudo, das pessoas, a uma religião revelada. De fato, como corpo constituído, a Cristandade constantemente degenerou, apesar da fé, da piedade e do amor de inúmeros de seus membros. "Na Cristandade, a relação entre cidadãos e Igreja é social e estatalmente predefinida: Estado e Igreja, enquanto autoridades civil e espiritual, prescrevem, de comum acordo, a pertença e a medida da participação exigida em relação à fé e à vida da Igreja. Isso é facilitado pela estrutura de uma sociedade ordenada hierarquicamente por "estados", aliás, talvez só isto o torna possível. Em virtude de convenções sociais, o Estado e a Igreja, apoiando-se reciprocamente, podem, por isso, impor as suas exigências, com todos os meios à disposição. Os dissidentes são, por muito tempo, ameaçados com a pena de morte, com o banimento e com duras desvantagens sociais. Só na esteira do Iluminismo, desenvolveu-se a consciência social a respeito da necessidade de 'tolerar' os desvios dos indivíduos e, depois, de inteiros grupos (hebreus, protestantes, livres-pensadores)."[4] Em relação aos não cristãos, a Igreja, frequentemente, praticou a lei do mais forte, esquecida de que se tratava de seres humanos, conscientes e livres... e de que ela também já fora fraca e perseguida!

A Cristandade foi oficialmente proclamada, teorizada, institucionalizada. Seguramente, não foi jamais vivida – e talvez nem poderia sê-lo – numa unanimidade de convicções e, sobretudo, de comportamentos. Esta grande sociedade – o mundo ocidental definido a partir de sua relação com a religião cristã – constituía, é verdade, um universo particular com algumas características específicas: "A religião e a moral proclamadas pelos homens de Igreja eram as únicas verdadeiras; citava-se o Deus dos cristãos nos editos dos reis e nos tratados internacionais; quando se tratava de impedir desvios doutrinais ou veleidades de hostilidade ou indiferença em relação à religião cristã, a autoridade secular estava a serviço da autoridade eclesiástica".[5]

O bispo, a certa altura, em alguns contextos, enfeixa em sua pessoa a autoridade religiosa e a autoridade civil. A integração (para não dizer fusão) entre Estado e Igreja é simbolizada pela união, numa só pessoa, das duas funções. Uma carta pastoral do século XVIII, por exemplo, dispõe ao mesmo tempo sobre normas eclesiais e normas civis.[6]

Segundo seus responsáveis, a Cristandade devia ser mais do que um carteira de identidade; não bastava que fosse uma fé professada pelos dirigentes, uma moral proclamada, uma infinidade de lugares de culto e

---

[4]   ZULEHNER, *Teologia Pastorale*, v. 1, p. 166.

[5]   VILANOVA, *Storia della teologia cristiana*, p. 285.

[6]   A *Epistola pastoralis* do bispo de Passau, Josephus Dominicus Lamberg, de 1726, ao seu clero, constitui um significativo exemplo de programa para a "cura das almas" (cf. ZULEHNER, *Teologia Pastorale*, v. 1, p. 161). Semelhantemente, autoridades "civis" legislavam sobre assuntos eclesiais (cf. lei de Fernando I, de 1526, sobre "Extirpação e punição das heresias"; lei, de 7 de fevereiro de 1532, do mesmo soberano sobre "Confissão [pascal] e comunhão que cada um deve cumprir"; lei da Imperatriz Maria Teresa, da Áustria, de 14 de julho de 1770, em pleno "josefismo", sobre "A santificação dos dias festivos") (cf. ibid., pp. 280ss).

de peregrinação. A Cristandade só tinha sentido enquanto expressão de uma extensa fé coletiva e de um comportamento geral fiel ao Evangelho: o que era formalmente prescrito devia ser materialmente vivido! A questão é saber se e em que medida este programa efetivamente se realizou.

O que conhecemos da fé das massas cristãs medievais, em quase sua totalidade formada por milhões de camponeses analfabetos, o conhecemos através do testemunho de pessoas de cultura escrita, que, em grande parte, lhes era hostil. Historicamente, podemos contar, porém, com duas certezas: primeira, os homens de Igreja estavam convencidos de que é impossível ser cristão sem um mínimo de instrução religiosa; segunda, bispos e pregadores acreditavam, em relação ao mundo camponês, que faltavam conhecimentos cristãos básicos e que aquele mundo continuava ligado a um sem-número de superstições pagãs.[7] Ainda que a Cristandade medieval tenha cimentado a cultura, produzido santos e deixado monumentos espirituais e materiais de suma grandeza, nos seus estertores o balanço não era nada positivo: "A Cristandade, em torno de 1500, era quase terra de missão".[8] Não foi por acaso que, a partir do século XVI, a Igreja – referimo-nos, aqui, à Igreja denominacionalmente Católica – espalha seus missionários por toda a Europa, na tentativa de espiritualizar os comportamentos. Inculcam-se o horizonte da eternidade e, correlativamente, o valor absoluto da salvação da alma; propõe-se uma religião extremamente austera, na doutrina e na moral; numa situação em que o paganismo ainda sobrevive em cheio, a oração consiste em pedir saúde, boas colheitas e sucessos terrenos.

Na verdade, estruturalmente, a Cristandade, dada a sua falsa consciência de religião universalmente difundida, está em contradição com uma "pastoral missionária".[9] Por isso, de modo geral, nas paróquias – que atingiram seu apogeu constitutivo e sua forma fundamental atual em

---

[7]   Cf. CHÂTELLIER, *La religione dei poveri*.

[8]   LE GOFF; RÉMOND, *Histoire de la France religieuse*, v. 2, p. 856.

[9]   "A pastoral antiga partia da suposição de que o mundo – a Cristandade – já tinha sido evangelizado. Com essas condições, a finalidade da Igreja era encaminhar os seus membros durante a vida toda para que chegassem sãos e salvos até o juízo final. Isto se fazia mediante os sacramentos, a repreensão dos erros de doutrina ou dos pecados, e a manutenção da disciplina canônica" (COMBLIN, *Pastoral urbana*, p. 46).

torno do século IX – predominam a massificação, a preocupação sacral, a expressão tradicional da fé, o institucionalismo e o clericalismo.

De modo geral, as paróquias estão muito longe de se abrir à evangelização, de iniciar os que delas se aproximam, de reiniciar os convertidos, de levar a sério as outras instituições, de promover uma séria corresponsabilidade laical,[10] de aceitar uma pastoral verdadeiramente diocesana e urbana. Sendo que se considera uma *ecclesiola* – uma mini-Igreja, uma diocese na diocese ou um bispado em miniatura – a instituição paróquia pretende possuir o monopólio de toda a pastoral. Consequentemente, tende para o *gueto*.

Não obstante (ou exatamente devido a) seu caráter agrário e arcaico – pré-moderno e pré-industrial –, é um sólido baluarte institucional. Trata-se, aos olhos críticos dos sociólogos, de um modelo estrutural de tipo estatístico, no qual o que interessa é a adição ou subtração de unidades em série, quer dizer, o número, o volume, a quantidade.[11]

À paróquia se pertence por razões institucionais (lugar de residência), não por motivos pessoais (comunidade em que se foi iniciado, identificação com as pessoas e/ou com o grupo, interação mútua, necessidade de comunicação, prática religiosa e participação social). A paróquia não se dá conta de que o critério de território e/ou de vizinhança (que, por alguns aspectos, ainda tem seu sentido e valor)[12] não é mais motivo suficiente para alguém ser membro de uma comunidade, dados o avanço da subjetividade, a labilidade das relações, a mobilidade horizontal e vertical e outras modalidades de relação imperantes nas sociedades modernas e urbanas.

Na verdade, ainda que tenha dado seus primeiros passos na cidade, a paróquia corresponde fortemente a um modelo rural, onde predominam a

---

[10] SUENENS, *A co-responsabilidade na Igreja de hoje*, pp. 122ss; cf. CONFERÊNCIA EPISCOPAL ITALIANA, *"Rigenerati per una speranza viva" (1Pt 1,3)*.

[11] Problema que já preocupava, ainda na Igreja antiga, São Gregório Nazianzeno (329/330-390) (cf. *Orazione* 42, 9 etc.).

[12] "A referência do anúncio evangélico ao território é, a um tempo, necessária e ambivalente. Se a paróquia encerra a experiência de fé num espaço e num tempo muito estreitos, corre o risco de destruir a dinâmica missionária; se a paróquia se distancia do território, pode esquecer que o Evangelho deve ser anunciado não como uma mensagem lançada aos quatro ventos, mas para que faça surgir uma comunidade visível. Não existe Evangelho sem o seu acolhimento crente num tempo e num lugar, quer dizer, dentro da vida cotidiana das pessoas e de cada pessoa" (BRAMBILLA, La parrocchia del futuro, p. 565; cf. BRAMBILLA, *La parrocchia oggi e domani*, pp. 36ss).

família e a vicinalidade, a liderança autocrática (imperador, papa, senhores feudais, bispos, clérigos), o tradicionalismo, a mentalidade primária. A paróquia, coerentemente com seus antigos promotores rurais, é um modelo sociocultural reacionário. Por sua tendência autoritária, por velar ciosamente pela coesão moral e pela ordem social, por suas habilidades administrativas, por sua docilidade gregária e sua pastoral de Cristandade, gozava, na Idade Média e mesmo em parte da Idade Moderna, de expressivo reconhecimento oficial, mas tudo isso foi água abaixo com os últimos resquícios de um mundo pré-moderno.

A ação pastoral paroquial, ainda que extremamente concreta – o que não deixa de ser um valor –, é limitada: vive fechada sobre si mesma, gozando de sua pequena grande totalidade; seus serviços não chegam a determinados grupos e ambientes, tornando-se uma instituição minoritária, secundária, que sofre cada vez mais concorrência; não consegue responder a toda a missão da Igreja e às enormes e diversificadas demandas da cidade.

Não quer dizer, porém, que a paróquia não tenha possibilidades pastorais, como, por exemplo, acolher os que se aproximam dela, dada a sua tradicionalidade, oficialidade e visibilidade; explorar as múltiplas possibilidades de contato, a despeito das qualidades de seus líderes; concretizar a identidade cristã, respondendo aos desejos e necessidades religiosas, à busca de atitudes e comportamentos morais e ao resgate da esperança.

2.2. Organização de massa

Por sua própria origem, de um lado, e sua expansão em países considerados cristãos, a paróquia é uma "organização de massa". As missas paroquiais são um exemplo desse caráter massivo: os fiéis estão um ao lado do outro, mas sem comunicação entre si. Talvez haja mais interação entre os membros de uma torcida de futebol num estádio lotado do que entre os participantes de uma missa paroquial! No máximo, há uma relação – cuja qualidade e intensidade variam muito – com o pároco e, através dele, com os demais fiéis. A massa, salvo exceções tanto mais notáveis quanto mais raras, não se torna assembleia nem através dos ritos iniciais nem através de outros mecanismos, nem antes, nem durante, nem depois da celebração.

A paróquia não é uma comunidade. Segundo F. *Tönnies*, que, em 1887, introduziu a palavra "comunidade" na discussão sociológica, estabelecendo a distinção entre *Gemeinschaft* ("comunidade") e *Gesellschaft* ("sociedade"), *comunidade* seria uma associação vital e orgânica, fruto de uma vontade natural; surgiria com efeito da vontade de estar juntos de forma mais ou menos prolongada; teria as características de intimidade, confiança e partilha de vida. Já a *sociedade* seria o resultado da soma de indivíduos, que, unindo explicitamente suas vontades, continuariam independentes uns dos outros. Enquanto a comunidade é natural, a sociedade é uma associação voluntariamente construída e com fins mais ou menos determinados. A comunidade (feita de certa inclinação mútua, confiança, reciprocidade, doação, amor) vive do vital e afetivo; a sociedade, do racional e artificial. Para Tönnies, há três tipos de comunidade: a família, a vizinhança e a amizade.[13] G. D. *Gurvitch*, por outro lado, não vê oposição entre comunidade e sociedade, e distingue entre o nível da socialidade de base, o da tipologia diferencial de grupos e o das sociedades globais. Distinguindo, assim, três tipos de socialidade: a massa, a comunidade e a comunhão. Comunidade seria justamente um modo de socialidade que se distingue de outros pela intensidade da presença de duas forças no dinamismo do "nós": a força de atração que o "nós" exerce sobre o "eu" e a força da pressão exercida pelo "nós" sobre os indivíduos. Na massa, a pressão sobre os indivíduos é muito grande e a atração dos membros pelo conjunto é muito fraca. Na comunhão, aumenta a participação do "nós" e se enfraquece a pressão; na comunidade, dar-se-ia um equilíbrio entre a pressão externa da massa e a atração interna da comunhão. A comunidade seria, então, o tipo mais estável de socialidade; está presente nos grupos organizados e favorece a racionalidade e a multifuncionalidade, apresentando-se, portanto, como uma forma de fusão parcial.[14] M. *Weber* (1864-1920), por sua vez, analisou vários "tipos" (*Idealtypen*) de comunidade: a doméstica, a de vizinhança, a emocional. Esta é de caráter religioso e tem em sua origem a pessoa de um profeta, que, se tiver sucesso em sua pregação, atrai discípulos que

---

[13] Cf. TÖNNIES, *Gemeinschaft und Gesellschaft*.

[14] Cf. GURVITCH, *La vocation actuelle de la sociologie*, pp. 96-180; G. D. Gurvitch. In: CENTRO DI STUDI FILOSOFICI DI GALLARATE, *Dizionario dei filosofi*, p. 508.

se ligam a ele por laços pessoais e que podem se agrupar para uma atividade ocasional ou permanente.[15] Já *H. Freyer* vê as comunidades como conjuntos ligados a um espaço e caracterizadas pela qualidade do "estar junto". Comunidade não existe à distância. O espaço garantiria coisas em comum, ideias compartilhadas, tarefas realizadas juntos. Seus membros obedecem a normas comuns e adotam valores comuns, sendo o encontro – evento tipicamente familiar – característico da comunidade. É, porém, mais um espírito, uma mentalidade, uma vivência. Na comunidade, a coesão depende da união dos membros sob uma autoridade, que, porém, não se distancia do grupo, antes o representa.[16]

Alguns sociólogos acham que a paróquia não seria um grupo social primário, mas secundário.[17] Segundo algumas teorias sociológicas, mais do que pelo valor dos indivíduos que o compõem e de suas relações recíprocas (*E. G. Dupréel*),[18] o grupo deve ser visto em sua totalidade (*E. Durkheim*).[19] Se analisarmos o grupo-paróquia pelo critério de "tamanho", ele seria normalmente grande (algumas passam de 100 mil habitantes); se pelo grau de "consistência", seria pouco consistente em termos de adesão de seus membros aos seus vários elementos ideais e de solidariedade entre os membros; se, finalmente, pelo nível de "coesão", seria relativamente forte na coesão institucional, medianamente forte na coesão voluntária e intelectual, débil na coesão emocional. Ou seja: a paróquia, em última análise, é uma associação de tipo secundário, que desenvolve, com certa periodicidade, algumas atividades religiosas e cultuais, mais para os clientes (centro de consumo de bens religiosos) do que para os fiéis (comunidade de filhos e filhas de Deus, de irmãos e irmãs entre si; comunidade de fé, esperança e caridade; sinal e promessa de salvação para todo ser humano).

---

[15] Cf. WEBER, *Économie et société*, v. 1, pp. 377, 379, 476-477.

[16] FREYER, *Einleitung in die Soziologie*; FREYER, *Herrschaft und Planung*; GUIMARÃES, *Comunidades de base no Brasil*, pp. 76-80; P. DEMO, *Problemas sociológicos da comunidade*, pp. 67-110.

[17] Cf. RECASÉNS SICHES, *Introdución a la sociología*.

[18] Cf. DUPRÉEL, *Le rapport social*.

[19] Cf. DURKHEIM, *De la division du travail social*, Paris, 1893; DURKHEIM, *Les formes élémentaires de la vie religieuse*.

Daí a sua fragilidade. Perdeu a antiga força que lhe advinha da coesão entre seus membros, da coerência entre fé e vida, e até da fusão entre espaço religioso e civil. A secularização, juntamente com as tendências à segmentação e diferenciação de planos, contribuiu para fragilizá-la ainda mais. O domingo, progressivamente substituído por uma cultura do fim de semana ("Gosto de ir à missa de sábado, para ficar livre no domingo"), perdeu a sua força social de coesão. A insistência dos últimos papas e de muitos bispos em retomar o tema "domingo" é um sintoma de que o domingo vai mal e é difícil salvá-lo.[20] O religioso, relegado à esfera privada, tornou-se objeto de livre opção pessoal e é cada vez mais encurtado em sua abrangência, repercussão e eficácia.

2.3. Caráter territorial

A paróquia ganhou contornos de territorialidade quando, no contexto histórico criado pelo regime de "liberdade de religião", tornado possível pelo Edito de Milão (313), a Igreja foi paulatina, mas decididamente, fazendo suas as estruturas organizativas da sociedade civil, num claro paralelismo entre as circunscrições administrativas do Império e as circunscrições eclesiásticas.[21]

Vítima de seu caráter territorial[22] e alheia aos ambientes sociais,[23] a paróquia perde mobilidade e acaba se confundindo com a exterioridade física: a igreja paroquial (simplesmente chamada de paróquia), a casa

---

[20] Cf. JOÃO PAULO II, Carta apostólica *Dies Domini* (31/05/1998) sobre a santificação do domingo; FORTE, *Perché andare a messa la domenica?*; Aparecida 252, 253.

[21] Cf. Ch. MUNIER, Diritto romano e cristianesimo. In: A. DI BERARDINO (ed.), *Dizionario patristico e di antichità cristiane*, v. 1, col. 989.

[22] O Código de 1917 enfatiza este aspecto em sua descrição de paróquia: "Divida-se [linguagem territorial] o território [idem] de cada diocese em partes territoriais [idem], atribuindo a cada uma delas sua igreja própria [igreja-templo] com sua população determinada, e pondo à frente delas um reitor especial como pastor próprio da mesma para o necessário cuidado das almas" (cân. 216, § 1). E, pouco abaixo, esclarece: "As partes da diocese das quais se fala no § 1 são as *paróquias*; as partes do vicariato ou prefeitura apostólica, se se lhes atribui um reitor particular, chamam-se *quase-paróquias*" (ibid., § 3). Como que para confirmar o valor absoluto da territorialidade, o § 4 reserva à Santa Sé a criação de paróquias por outro critério: "Sem especial indulto apostólico, não se podem constituir paróquias em virtude da diversidade de língua ou nacionalidade dos fiéis que vivem numa mesma cidade ou território, nem paróquias meramente familiares ou pessoais"! Cf. MOUNIER, *Feu la Chrétienté*, p. 20.

paroquial, a secretaria, as obras paroquiais. Um pastoralista, fazendo eco à constatação sociológica, diz: "Sobretudo nas realidades urbanas, é evidente a incapacidade da paróquia em se constituir em lugar de circulação comunicativa, ponto de agregação significativo, para se reduzir, no máximo, a um ambiente (físico-espacial), no qual grupos e associações tentam preencher suas necessidades, conseguindo-o só em parte e, em todo caso, não contribuindo com isso para a edificação da comunidade paroquial, mas transformando-se, às vezes, em realidades fechadas de gueto".[24]

É verdade que o Código de 1983 define a paróquia como comunidade de fiéis: "Paróquia é uma determinada comunidade de fiéis, constituída estavelmente na Igreja particular, e seu cuidado pastoral é confiado ao pároco como a seu pastor próprio, sob a autoridade do bispo diocesano" (cân. 515, § 1). Quando, no cânon 518, alude ao aspecto territorial, o faz para relativizá-lo: "*Via de regra*, a paróquia seja territorial, isto é, seja tal que *compreenda os fiéis* de um determinado território [primeira relativização]; onde, porém, for conveniente, constituam-se *paróquias pessoais*, em razão de rito, língua, nacionalidade dos fiéis de um território, e também por outra razão determinada [segunda relativização]" (cân. 518). Apesar dessas mudanças, o elemento territorial não deixa de ser um dos presentes na descrição da paróquia, o que não entrava em consideração nos três primeiros séculos – e até o quarto século adiantado – do cristianismo.

Reduzida a um *gueto* sacral e administrativo, a paróquia se transforma num imóvel em que se prestam alguns serviços que correspondem à demanda religiosa tradicional ou às demandas da "religião civil", às vezes chamada "religião pública" ou "religião comum":[25] "À medida que a vida pública se diversifica, a competência para a religião vai simplesmente às Igrejas. Na necessária divisão dos trabalhos, estas figuram como 'as instâncias especializadas' [...]. A 'religiosidade comum' não tem quase que nenhuma presença pública. Lá onde aparece, vai em busca, não obstante a distância mantida quanto ao resto, de cerimônias eclesiásticas (por

---

[24] LANZA, *La nube e il fuoco*, p. 13.
[25] Cf. CANGIOTTI, *Modelli di religione civile*.

ocasião do batismo, do matrimônio etc.)",[26] que se realizam normalmente nas paróquias.

A paróquia pode, de fato, viver e sobreviver alheia ao mundo e à sociedade, sem nenhuma capacidade de diálogo com seu entorno, sem força para transformar os valores circunstantes e avaliar os próprios, mantendo, geralmente, uma fé sociológica imatura, repetindo, sem criatividade e sem convicção, ditos, ritos e pitos. É normal, sociologicamente, a passagem do "carisma" (a inspiração originária a partir da qual o "fundador" deu os primeiros passos e sobre a qual se fundou o primeiro núcleo) para a "instituição" (grupo humano dotado de um sistema de normas, valores e relações sociais relativamente estáveis e organizadas).[27] Ainda sociologicamente, a instituição traz consigo seja valores positivos, seja limites, desvios e aspectos negativos. Em sentido negativo, a instituição pode determinar atitudes pouco pessoais quando se fossiliza nos próprios estereótipos ou se torna um obstáculo à mudança, frustrando a criatividade dos indivíduos e dos grupos, ou então quando diminui o sentido das responsabilidades individuais ou leva o grupo a se restringir aos seus objetivos e ideais, fechando-se aos outros ou ao *novum*.[28] Nas instituições religiosas e, especificamente, na paróquia, o "institucional" pesa mais que o "pessoal", o burocrático mais que o místico, o estabelecido mais que o criativo, o rural mais que o urbano, o tradicional mais que o novo!

Não se pode negar que, em alguns aspectos, o bairro ou a vizinhança sejam importantes: "A experiência de viver numa comunidade tem seus pressupostos espaciais. As pessoas devem encontrar-se, deve ser possível interessarem-se umas pelas outras, deve-se sentir a proximidade dos outros e envolver-se em seu destino. Quanto maiores as distâncias, tanto mais a união perde em imediatez e se vê entregue a medidas organizativas. No caso de dimensões espaciais notáveis, a confissão de ser uma comunidade corre o risco de se tornar uma fórmula vazia, se não mesmo uma afirmação

---

[26] ZIRKER, *Ecclesiologia*, p. 73.

[27] As características essenciais de uma instituição, segundo os sociólogos, são a estabilidade no tempo, a ligação com as necessidades humanas, a variabilidade, a interdependência e a normatividade (cf. ROMANELLI, *Il fenomeno religioso*, p. 38).

[28] Cf. ibid., p. 39.

ideológica, destinada a ser um puro adorno da situação efetiva",[29] que é o que justamente acontece com a maioria das paróquias. Por isso, sem desprezar o territorial, não se pode esquecer que o interesse do cidadão se dirige não só ou principalmente ao seu bairro,[30] mas sim à cidade inteira e, na cidade, aos "mundos" onde vive a sua vida, e a si mesmo; a comunidade de vizinhança é fraca ou nula; os desejos individuais são mais fortes que as solidariedades. Prova disso é que, com sempre maior frequência, os paroquianos buscam, por algum tipo de afinidade, fora da sua paróquia, o atendimento a necessidades religiosas fundamentais. Sinal de frustração por parte dos fiéis; motivo de irritação para os párocos.

Na cidade, muitos continuam a frequentar a própria igreja paroquial apenas por comodidade: hábito, proximidade, rotina. Não se vai à paróquia para encontrar irmãos e irmãs, mas para cumprir individualisticamente o preceito dominical ou se encontrar com a Divindade. As relações verticais (com Deus) não se cruzam com as relações horizontais (com os irmãos e irmãs). Evidentemente, há sempre uma minoria que se identifica com algumas pessoas, com alguns grupos da paróquia e com a própria instituição. Isso não quer dizer que a vida cristã mais genuína esteja ou passe por aí.

A paróquia, enfim, historicamente, sempre reagiu com agressividade diante de tudo o que tentou renová-la: mendicantes medievais, congregações religiosas modernas, associações, movimentos apostólicos modernos, pastorais, novos movimentos. Não é incomum ouvir padres que, do alto de sua autoridade, decretam, por exemplo: "Na minha paróquia, movimento (mas poderiam ser também comunidades de base ou determinada pastoral) não entra"; é sempre possível encontrar movimentos diante de uma encruzilhada difícil: tomar o poder na paróquia para "movimentalizá-la"; ir "comendo pelas bordas" para não "queimar os beiços" nem "dar na cara"; esperar que a paróquia chegue às beiras de morrer à míngua, para que, em

---

[29] ZIRKER, *Ecclesiologia*, p. 90.

[30] Certamente, alguns bairros – tradicionais e mesmo mais recentes –, por uma série de fatores, têm relativa unidade e consistência própria, escapando, portanto, aos inconvenientes da delimitação territorial das paróquias, situação que não deixa de ser favorável aos trabalhos de evangelização e pastoral.

seus estertores, sussurre a algum movimento um "S.O.S." desesperado, cuja tradução, no caso, seria "salve a nossa paróquia"! Aparecida não usou meios termos e pôs o dedo na ferida ao afirmar que, por um lado, "alguns movimentos eclesiais nem sempre se integram adequadamente na pastoral paroquial e diocesana" e, por outro, "algumas estruturas eclesiais não são suficientemente abertas para acolhê-los" (DAp, n. 100e). Será, porém, que a relação entre movimentos e Igreja local deve ser reduzida a estas duas categorias: integração e acolhida?

2.4. Centralidade do culto

A principal função da paróquia, em sua prática mais constante e universal, não é a pregação (tecnicamente, a *martyría* e seus desdobramentos), nem o serviço (a *diakonía*, em sua dimensão interna e externa à comunidade eclesial), mas o culto (situado na dupla *koinonía* e *leitourghía*).[31]

A paróquia tem mantido e reforçado, ao longo dos séculos, o privilégio de celebrar os sacramentos. O pároco só não pode realizar ordenações, mas pode – e deve! – batizar, presidir a Eucaristia, confessar, assistir a matrimônios, ungir enfermos e, em determinadas circunstâncias, também crismar. O Código de 1917 é extenso na enumeração dos privilégios (reservas) dos párocos, todos de natureza cultual: administrar solenemente o batismo; levar publicamente a comunhão aos enfermos, e o viático aos moribundos; dar a "extrema-unção" aos moribundos; publicar as ordenações e os matrimônios; assistir aos matrimônios e dar a bênção nupcial em sua paróquia; celebrar os funerais; benzer as casas; benzer a pia batismal; conduzir procissões; dar bênçãos fora da igreja com pompa e solenidade (cf. cân. 462).

A pregação, ao que me consta, é apresentada, primeiro, como um direito – "os ordinários locais têm direito de pregar em qualquer igreja de seu território, ainda que seja isenta" (cân. 1343) – e, só depois, como

---

[31] *Martyría* é todo o âmbito da missão relativo à palavra e ao testemunho; *diakonía*, ao serviço; *koinonía*, à comunhão, que inclui a *leitourghía*, isto é, a liturgia, o culto, a dimensão celebrativa e sacramental.

um dever – aos domingos e dias festivos (cf. cân. 1344); nas missas com fiéis quando se celebram festas de preceito (cf. cân. 1345); com mais frequência, na Quaresma e, se julgado oportuno, no Advento (cf. cân. 1346) – ao qual corresponde, da parte dos fiéis, a obrigação de assistir (cf. cân. 1348). Em contrapartida, as limitações e proibições à pregação são inúmeras (cf. cân. 1338, 1339, § 2, 1340, 1341, 1342, 1343, § 2). É sabido que, sobretudo, nas igrejas próprias *(Eigenkirchen)*, os padres nem sequer pregavam, dever que lhes era insistentemente inculcado, justamente por não ser habitualmente satisfeito, até por faltar uma preparação adequada para tanto:[32] "O sacerdote servia por toda a sua vida uma igreja própria, necessitando de uma bagagem mínima de conhecimentos; pouco mais, talvez, que os dois Credos, o apostólico e o niceno, algumas orações, os mandamentos, as prescrições do jejum e as leis do matrimônio relativas ao parentesco. Suas obrigações consistiam em celebrar a missa aos domingos e festas, e batizar".[33]

No âmbito do "serviço", fica clara, desde o início, a estreita relação entre pároco e cura de almas (= responsabilidade pastoral) (cf. cân. 451); a unicidade de pároco, numa mesma paróquia, para o exercício da cura de almas (cf. cân. 460); adquire-se a responsabilidade pastoral a partir do momento em que o pároco "tomou posse" da paróquia (cân. 461; cf. cân. 1443-1445); a universalidade da cura de almas quanto aos fiéis (cf. cân. 464); a aplicação da missa pelo povo todos os domingos, festas de preceito e Natal (cf. cân. 339). Suas obrigações, neste campo, são: celebrar os divinos ofícios, administrar os sacramentos legitimamente solicitados, conhecer as ovelhas e corrigir as que erram, acolher com caridade os pobres e necessitados,[34] dedicar-se à formação das crianças (cf. cân. 467), assistir os enfermos (cf. cân. 468), vigiar quanto à reta doutrina (cf. cân. 469), manter em dia os vários livros paroquiais (cf. cân. 468).

Neste sentido, a paróquia responde a um modelo sacral. Seus lugares de culto são evidentes: o templo, para as celebrações rotineiras e festivas;

---

[32] Cf. BIHLMEYER; TUECHLE, *Storia della Chiesa*, v. 2, pp. 138-139.

[33] KNOWLES; OBOLENSKY, *Nova História da Igreja*, p. 37.

[34] As duas outras ocasiões, ao que consta, em que se fala de pobres são para assegurar-lhes o ministério gratuito (cân. 473, § 4), bem como os funerais e a sepultura (cân. 1235, § 2).

o altar, para a oferta do sacrifício; o sacrário, para a reserva eucarística e a adoração dos fiéis; o batistério, para acolher e incorporar os novos cristãos à Igreja; o confessionário, para atender os penitentes; na Europa e, em parte, nos Estados Unidos, o cemitério, tradicionalmente integrado à paróquia, para a sepultura dos fiéis.

A paróquia representa um universo religioso no qual prevalecem o rito, a obrigação e o cumprimento. Por isso, fomenta, por sua própria natureza, valores tradicionais e atitudes passivas: aceitação, obediência, submissão. A participação adulta e ativa, a discordância, as ideias próprias, o questionamento – a criação de uma opinião pública dos fiéis católicos[35] – nunca são bem-vindos na paróquia. Na verdade, vai longe o tempo em que os cristãos davam exemplo de democracia. Na sociedade romana, os magistrados não eram eleitos pelo povo, prevalecendo não a *electio* ("eleição") popular, mas a *adlectio* ("nomeação"), favorecida pelo centralismo imperial, enquanto, na Igreja, os bispos eram eleitos pelo povo.[36] Por isso, um século depois de São Cipriano, Lamprídio, pagão amante da liberdade e desejoso de que os cidadãos romanos tivessem alguma participação nos sufrágios da sociedade civil, aponta como exemplo as eleições promovidas pelos cristãos em suas comunidades, que têm um admirador no Imperador Alexandre Severo (222-235), que queria que os magistrados fossem eleitos como os sacerdotes cristãos e judeus.[37]

Nem todos os fiéis demandam ritos, sacramentos ou devoções – ou seja, bens religiosos –, mas a maioria ainda o faz. Basta pensar no volume de batizados, crismas e matrimônios, nas "encomendações" de missas, nos pedidos de bênçãos a residências e estabelecimentos comerciais, nas novenas que, com ou sem o incentivo do clero, se realizam publicamente nas igrejas paroquiais. Hoje em dia, há, sim, certo deslocamento do sacramento para a palavra, mas, entre a "missa do padre" e a "missa da freira" ou a "missa do ministro", a preferência – até, mas não só, por

---

[35] Cf. DI GIORGIO, *Il brutto anatroccolo*, pp. 101-105.

[36] Cf. LEGRAND, Ministerios de la Iglesia local, pp. 175-267; GONZÁLEZ FAUS, *"Ningún obispo impuesto" (San Celestino, papa)*.

[37] Cf. FAIVRE, *I laici alle origini della Chiesa*, p. 155; LAMPRIDIO, *Alessandro Severo*, 45, 6-7.

razões teológicas – recairá sobre a "missa do padre". De qualquer modo, trata-se sempre de atividades cultuais ou, pelo menos, religiosas.

Alguns, é verdade, pedem autenticidade na liturgia e em outros setores da vida cristã; querem uma participação livre, lúcida e responsável; reclamam da falta de compromisso com as questões que agitam o mundo circunstante, em nome do Evangelho; não querem um culto rotineiro, tedioso e massificado.[38] Esses fiéis, porém, em nossas paróquias, geralmente são poucos... e, muitas vezes, considerados inoportunos, críticos, descontentes, chatos!

O tempo da paróquia, finalmente, se organiza em torno dos binômios domingo e semana (dias feriais), por um lado, e tempos fortes (Natal e Páscoa) e tempos fracos (Tempo Comum), por outro. O domingo, porém, apesar das reiteradas intervenções dos papas e bispos, vem sendo progressiva e radicalmente secularizado: vai deixando de ser dia de reunião comunitária e culto para se tornar dia de reunião seletiva, em família ou com amigos mais próximos. Segue a tendência geral da Modernidade de transferir o religioso para a esfera privada da existência. O preceito dominical é cada vez menos sentido.

2.5. Arquiteta de unidade

A paróquia surgiu num contexto social tradicional, onde a simbólica unitária e a integração de base espacial tinham muito valor. No mundo antigo, todos têm uma visão muito parecida, para não dizer igual, dentro de forte unidade ideológica. Privilegiava-se e buscava-se a harmonia, dentro de uma ordem dada. Neste sentido, o importante não era – e, enquanto este modelo prevalece, não é – o projeto grupal (não havia grupo, nem comunidade, nem projeto propriamente dito elaborado pelo povo), mas, de um lado, a necessidade individual e, de outro, a soma dos interesses religiosos, de algum modo impostos de cima para baixo e hipostasiados na instituição. O lema é *semper idem* ("sempre o mesmo", "sempre igual"), espacial e temporalmente. Se, hoje, cada um quer ser

---

[38] SUESCUN, *A missa me dá tédio.*

outro, diverso, único – embora, depois, acabemos por ser todos iguais, em virtude da massificação e da sociedade de consumo –, na Antiguidade e na Idade Média, o ideal era não fugir dos padrões coletivos, adequar-se às estruturas sociais preexistentes, ser igual a todos, ser sempre o mesmo. A paróquia encarna essa pretensão de ser reunião de todos, forja de unificação e uniformização, apesar da diversidade e da desigualdade.

Era típica da sociedade cristã medieval – leia-se "sociedade de Cristandade" – a preeminência da sociedade sobre a pessoa, ou, se preferir, sobre o indivíduo: "A vida do indivíduo era, em larga medida, socialmente predefinida. O indivíduo era, sim, responsável por suas ações, pelo menos moralmente, conforme uma severa pregação eclesial sobre o pecado continuamente incutia. Todavia, ele encontrava, no ponto de partida, já socialmente determinadas, as possibilidades de desenvolvimento no curso de sua vida".[39] Quando, a partir do Humanismo e tendo um seu momento de apogeu no Iluminismo dos séculos XVI-XVII e no Liberalismo dos séculos XVIII e XIX, foi-se elaborando uma nova visão do mundo, com um crescente interesse pelo indivíduo, que acabou por dissolver a relação tradicional entre Igreja, Estado e Sociedade, as forças sociais e culturais até então dominantes (entre elas, naturalmente, a Igreja ou as Igrejas) se colocaram em posição de defesa. Diante da liberdade religiosa, da separação entre Estado e Igreja, entre Igreja e outras instituições (família, escola, direito penal, finanças, economia), a política da Igreja e dos partidos cristãos foi, em princípio, defensiva e voltada a conservar o regime antigo e tradicional. Não por acaso, por exemplo, o primeiro partido cristão, na Áustria, recebeu o nome de "católico conservador".[40] A antiga união, construída mais de cima para baixo do que de baixo para cima, pela adesão consciente e livre à fé cristã, ruía vertiginosa e irreversivelmente, deixando, atrás de si, um ranço de intrigas e feridas, que, em certos segmentos da Igreja, ainda hoje, não cicatrizaram.

Ainda, atualmente, em grande parte, a unidade é construída verticalmente e à custa da liberdade individual. Dado que à paróquia pertencem

---

[39] ZULEHNER, *Teologia Pastorale*, v. 2. p. 170.
[40] Cf. ibid., p. 171.

pessoas de segmentos sociais distintos, com tendências e visões diferentes, a unidade, com efeito, só pode ser alcançada submetendo-se todos a uma mesma ideologia, socialmente dada e religiosamente inculcada. Às vezes, a ideologia religiosa entra em conflito com a ideologia social, que, num nível menos consciente, acaba muitas vezes predominando. Neste sentido, acabam-se, frequentemente, legitimando desigualdades reais graças ao apelo a uma harmonia, no limite, inautêntica e incoerente, ignorando as desigualdades ou proclamando, de forma acrítica, que todos somos irmãos.

É claro que a paróquia deve ser lugar de unidade e constantemente construir a unidade almejada e reconstruir a unidade perdida, mas a unidade tem níveis distintos de realização e jamais pode ser confundida com uniformidade. A sábia afirmação de Santo Agostinho, intrépido defensor e promotor da unidade da Igreja, mostra-se sempre atual: *In necessariis unitas, in dubiis libertas, in omnibus charitas* ("nas coisas necessárias, unidade; nas coisas duvidosas, liberdade; em tudo, caridade", GS, n. 92)! Princípio que deveria valer tanto na área da doutrina quanto na da moral e da disciplina, no campo das escolhas políticas e das conformações culturais, nos e entre os vários níveis de realização da Igreja (comunidades, paróquias, dioceses, comunhão universal das Igrejas), nas Igrejas e nas relações entre elas. Uma paróquia monolítica é tão perniciosa quanto uma paróquia dilacerada por pessoas, grupos e comunidades que não se encontram mais no essencial e brigam pelo secundário. A visão bíblica e cristã de verdade e unidade devem ser resgatadas e prevalecer sobre as correspondentes visões grega e latina, que, infelizmente, penetraram fundo na compreensão e na prática eclesial.[41]

2.6. Liderança sacerdotal

Na paróquia, tudo gira em torno do pároco, que é um "sacerdote", isto é, um homem do culto. É ele o responsável pela administração em todos os sentidos e em toda a sua abrangência. A paróquia, em última análise, é o "senhor pároco"!

---

[41] LAFONT, *Immaginare la Chiesa cattolica.*

O Código de 1917 não deixa dúvidas sobre a centralidade do pároco na paróquia. Começa por dizer que "pároco é o *sacerdote* ou a pessoa moral" "a quem se conferiu a paróquia em título com cura de almas" (cân. 451, § 1). De fato, a paróquia podia ser confiada também a pessoas morais, colegiais ou não, ou seja, um cabido, uma dignidade, uma comunidade religiosa, encomendando, neste caso, a paróquia a um vigário paroquial (cf. cân. 452, § 2). Alguém só pode ser validamente nomeado pároco se ordenado presbítero (cân. 453; cf. cân. 154) e possuidor de bons costumes, doutrina, zelo pelas almas, prudência e outras virtudes contempladas no direito comum (cf. cân. 453). Os que são postos à frente de uma paróquia devem ser estáveis, sendo inamovíveis os que gozam de maior estabilidade, e amovíveis os que de menor (cf. cân. 454, § 1 e 2). Normalmente, compete ao ordinário a nomeação dos párocos (cf. cân. 455), que devem exercer seu ministério sob sua autoridade (cf. cân. 451, § 1). Cada pároco deve ter uma só paróquia (cf. cân. 460, § 1), e uma paróquia, um só pároco (id., § 2). Pela influência do regime beneficial,[42] diz-se que o pároco "toma posse da paróquia" (cân. 461). Certas funções são reservadas ao pároco (cf. cân. 462), o que quer dizer que ninguém pode exercê-las licitamente sem sua permissão ou do ordinário do lugar, não sendo permitido aos fiéis recorrer a outro pároco que não seja o seu para realizá-las, a menos que o Direito disponha diversamente (cf. cân. 1221 e 1368). O pároco tem direito à remuneração estabelecida pelo costume (cf. cân. 463, § 1). Deve atender a todos os fiéis (cf. cân. 464), residir na casa paroquial (cf. cân. 464) e só se ausentar da paróquia no tempo e nos moldes estabelecidos pelo Direito (cf. cân. 465). Está obrigado a aplicar a missa *pro populo* ("pelo povo", "na intenção do povo") aos domingos e em outras ocasiões (cf. cân. 466). Seus principais deveres têm a ver com a administração dos sacramentos, da Palavra e da caridade (cf. cân. 467), assistindo aos doentes (cf. cân. 468), afastando as heresias (cf. cân. 469), mantendo em ordem os livros paroquiais (cf. cân. 470).

---

[42] No Código de 1917, vários cânones se ocupam da questão da "posse" do benefício: ninguém pode tomar posse por autoridade própria (cf. cân. 1443, § 1); estabelece-se claramente quem a concede (cf. cân. 1443, § 2); como é tomada ordinariamente (cf. cân. 1444, § 1); dentro de que prazo (cf. cân. 1444, § 2); por procurador (cf. cân. 1445); seus efeitos (cân. 1472; cf. cân. 1446).

O Código de 1983, que, em função da eclesiologia do Vaticano II, deveria ter uma visão mais comunitária e menos clerical da paróquia – e, de fato, tem –, dedica nada menos que 38 cânones aos párocos e vigários paroquiais, no contexto do tratamento da paróquia (cf. cân. 515-552). O cuidado pastoral da paróquia é confiado ao pároco "como a seu pastor próprio" (cân. 515, § 1), podendo, porém, ser confiado solidariamente "a mais sacerdotes, com a condição, porém, de que um deles seja o coordenador" (cân. 517, § 1), e mesmo "a um diácono ou a uma pessoa que não tenha o caráter sacerdotal, ou a uma comunidade de pessoas", desde que, nomeado pelo bispo, um "sacerdote dirija o cuidado pastoral" (id., § 2). Como pastor próprio, deve exercer em favor da comunidade o múnus de ensinar, santificar e governar, inclusive com a colaboração de leigos (cf. cân. 519). O pároco deve ser presbítero e ser dotado das virtudes de que já falava o Código anterior (cf. cân. 521). Deve ser estável e, portanto, nomeado por tempo indeterminado; acaba, assim, a inamovibilidade (cân. 522; cf. CD, n. 31). O pároco deve administrar uma só paróquia, mas, por falta de sacerdotes, pode assumir o cuidado pastoral de várias paróquias vizinhas (cf. cân. 526). As expressões "posse" e "tomar posse", porém, persistem (cf. cân. 527). O cânon 528, ao enumerar as funções do pároco, começa pelo anúncio da Palavra de Deus (cf. § 1), adentra na administração dos sacramentos (cf. § 2) e termina com as atividades relativas mais diretamente ao serviço (cf. cân. 529). Se, por um lado, mantém as funções "reservadas" – dizendo que são "especialmente confiadas ao pároco" (cân. 530) –, contempla, por outro, a participação dos leigos e a cooperação com o bispo e o presbitério (cf. cân. 529). Não transcura as questões financeiras e fala de "caixa paroquial" (cân. 531), da faculdade de representar juridicamente a paróquia (cf. cân. 532), da residência na casa paroquial, das férias e outras ausências (cf. cân. 523), da aplicação da missa *pro populo* (cf. cân. 534), da obrigatoriedade dos livros paroquiais (cf. cân. 535). Recomenda-se o Conselho Pastoral (cf. cân. 536) e exige-se o econômico (cf. cân. 537). Aos 75 anos, o pároco é convidado a pedir renúncia do ofício (cf. cân. 542, § 3). Equipes sacerdotais podem assumir a direção de uma paróquia (cf. cân. 542, 543, 544). Havendo, o vigário paroquial é cooperador do pároco e participante de sua solicitude, ajudando-o no ministério pastoral, "de comum acordo e trabalho com o pároco" (cân. 545).

O pároco, na verdade, exerce uma função religiosa, ao mesmo tempo magisterial, cultual, pastoral e administrativa. No passado, estas funções – sobretudo as estritamente relacionadas ao tríplice múnus (ensinar, celebrar, pastorear) – eram sacralizadas; atualmente, há uma dessacralização da autoridade, em parte secularizando-as também. A cultura secular e laica atual não admite um personagem sacral: alguém que represente a Deus e seja canal necessário da graça. Até para a teologia atual, sem nenhum prejuízo, claro, do agir do sacerdote *na pessoa de Cristo*, Deus se faz presente de uma forma mais discreta, mais variada, mais misteriosa.

Na teologia conciliar e na crescente sensibilidade de muitos, o "sacerdócio" (ministerial) de alguns tem que se compor com o sacerdócio (existencial) de todos (cf. LG, nn. 10 e 32). Nas últimas décadas, temos visto paróquias se abrindo à corresponsabilidade de todos, a outros ministérios, a uma gestão mais descentralizada, participativa e, no limite, corporativa. Leigos podem mesmo, como aludimos anteriormente, com a moderação de um presbítero, assumir a animação global de uma paróquia (cf. cân. 517, § 2).

Seja como for, a paróquia não deixa de ser uma instituição hierárquica em que a peça-chave é a autoridade social e sacerdotal do presbítero.[43] Se, de um lado, a expressão canônica é a mais clara expressão de uma prática e de uma teologia, de outro, a renovação de uma prática em função do ideal apresentado por novas ideias ou por uma nova teologia não se faz de uma hora para outra, eliminando costumes arraigados e mentalidades incrustadas nas pessoas e nas instituições. Se tem razão o ditado medieval *tempora mutantur, nos et mutamur in illis* ("os tempos mudam e nós, com eles"),[44] não menos razão tem a Escritura, quando, no Eclesiastes, lembra que "há um tempo para cada coisa" (Ecl 3,1s), e esse tempo, em perspectiva histórica, pode ser rápido, mas, às vezes, pode durar séculos

---

[43] Cf. CNBB, *Missão e ministérios dos cristãos leigos e leigas*, n. 38.

[44] Cf. W. HARRISON, Description of England (1577 e 1587); J. LYLY, Euphues and his England (1580).

e até milênios, continuando vivo ainda quando dado por morto e sepulto, ressuscitando quando menos se espera. O novo, sem dúvida, desponta, mas o velho insiste em não morrer: "O que foi, será; o que se fez, se tornará a fazer: nada há de novo debaixo do sol!" (Ecl 1,9).

2.7. Instituição econômico-financeira

O maior volume do financiamento da Igreja passa pelas paróquias, desaguando, depois, nas dioceses e, finalmente, na Santa Sé. Sendo que essas instâncias necessitam de dinheiro para se manter e manter suas atividades, a captação de dinheiro nas paróquias – às vezes, quase invisível; às vezes, evidente; nem sempre transparente – é incessante. A introdução do dízimo, porém, favoreceu uma saudável e desejável desvinculação (nem sempre total e universal) entre sacramento e dinheiro.

Nos últimos anos também, as paróquias têm evoluído no sentido de distribuir de forma mais equânime seus recursos: não só a construção e manutenção dos templos, mas também as atividades evangelizadoras e pastorais; não só a manutenção dos seus funcionários, sobretudo o clero, mas também a promoção dos pobres, que deveriam ser a única riqueza da Igreja, segundo a feliz expressão de São Lourenço diácono.[45]

A administração financeira tem se modernizado; a legislação pública tem sido crescentemente respeitada; a participação dos leigos neste setor teve um aumento significativo; a transparência cresceu.

A maior inovação, introduzida pelo Código de 1983, diz respeito à obrigatoriedade, em cada paróquia, do Conselho para os Negócios Econômicos: "Em cada paróquia, haja o Conselho Econômico, que se rege pelo direito universal e pelas normas dadas pelo bispo diocesano; nele, os

---

[45] Consta que, na perseguição de Valeriano, tenha havido uma tentativa de confisco dos bens, advindos das doações dos fiéis, da Igreja por parte do prefeito de Roma. O diácono Lourenço pede um pouco de tempo, o necessário para que possa distribuir aos pobres as ofertas de que era administrador, sendo Papa Xisto II (257-258). Feito isso, apresenta-se diante do prefeito e, apontando para a multidão de pobres, doentes, aleijados que o acompanha, diz: "Eis os nossos tesouros que nunca diminuem, e rendem sempre, e o senhor pode encontrar quando quiser!" (*Passio Polychronii*).

fiéis, escolhidos de acordo com essas normas, ajudem o pároco na administração dos bens da paróquia, salva a prescrição do cân. 532" (cân. 536).

Essa disposição, na verdade, aplica à paróquia o princípio geral enunciado no cânon 1280, pelo qual toda pessoa jurídica eclesial deve ter o seu "Conselho Econômico" ou, ao menos, dois conselheiros que ajudem o administrador no desempenho de sua função. Isso também é uma novidade em relação ao Código Pio-Beneditino. Acolhe o pedido do Concílio de que os sacerdotes, na administração dos bens eclesiásticos, se sirvam possivelmente da ajuda de especialistas leigos (cf. PO, n. 17c; cân. 537), até por uma razão de competência e eficiência (cf. AA, n. 10a).

Esse conselho tem a finalidade de ajudar o pároco na administração econômico-financeira da paróquia, da qual é representante jurídico (cf. cân. 532) e gestor dos bens econômicos. Dado que este conselho é obrigatório (*habeat*, diz o cân. 537), o pároco não pode administrar sozinho os bens e as finanças da paróquia sob sua responsabilidade.

No espírito do legislador (*mens legislatoris*), este conselho guarda certa continuidade com o antigo "Conselho de Fábrica da Igreja", previsto no Código de 1917;[46] no Brasil, seus membros eram chamados de "fabriqueiros". Não se desatente, porém, às diferenças em relação à normativa anterior: de um lado, é obrigatório, semelhantemente ao Conselho Econômico Diocesano (cf. Código de 1983, cân. 492, § 1; Código de 1917, cân. 1520, § 1, 1521, § 1), enquanto o "Conselho de Fábrica da Igreja" dependia da discrição do pároco (cf. cân. 1183, § 1); de outro lado, a finalidade do atual conselho é, sim, mais abrangente ("bens da paróquia"), mas, ao mesmo tempo, menos ingerente, não se imiscuindo no múnus espiritual do pároco: sua competência é limitada e seus membros devem ser dotados do necessário sentido eclesial e pastoral.

Seus membros são o pároco e outros *christifideles* ("fiéis cristãos", cf. cân. 517), concretamente, alguns leigos e um diácono (cf. *Sacrum Diaconatus Ordinem*, 22,9); os leigos não precisam ser *viri* ("homens") (cf. cân. 537

---

[46] "Se, além desses, há outros agregados, clérigos ou leigos, para administrar os bens de alguma igreja, todos eles formam o Conselho de Fábrica da Igreja juntamente com o administrador eclesiástico de que fala o cân. 1182, ou seu lugar-tenente, que o presidirão" (cân. 1183; cf. cân. 1184).

e 492, § 1); devem ser competentes, honestos e ter sensibilidade pastoral (cf. cân. 492, § 1; *Ecclesiae Imago*, n. 135a). Os canonistas divergem quanto à identidade jurídica desses leigos e leigas que, com o pároco, formam o Conselho Econômico: há quem diga que não são administradores ou gestores propriamente ditos dos negócios financeiros da paróquia, cabendo-lhes tão somente ajudar o pároco;[47] para outros, são verdadeiros administradores, sendo o pároco o administrador *principal* (cân. 532; cf. cân. 1279, § 1), e os leigos ou leigas e o diácono, os *outros* administradores.[48]

Em analogia com o prescrito para o Conselho Econômico Diocesano (cf. cân. 492, § 3), todo "nepotismo" deve ser evitado no Conselho Econômico Paroquial: incompatibilidade de parentesco ou afinidade com o pároco; profissão; mandato público etc. O pároco, porém, obedecidas as normas diocesanas, deve ter, segundo o Código, plena liberdade para compor o conselho.

Os membros devem ser, pelo menos, três, contando o próprio pároco (cf. cân. 492, § 1; cân. 1280). O mandato tem duração de três (cf. cân. 1279, § 2) ou cinco anos (cf. cân. 492, § 2), renováveis.

Teria caráter meramente consultivo se, pensando como Périsset, os membros do conselho não fossem administradores, mas seria deliberativo se, seguindo David, seus membros fossem verdadeiros administradores ao lado do pároco, administrador principal.[49]

Finalmente, alguns pensam que, sobretudo nas pequenas paróquias – que têm mais dificuldade de compor seus órgãos – o Conselho Pastoral Paroquial e o Conselho de Assuntos Econômicos poderiam ser integrados: "Nada parece vetar que o bispo diocesano possa confiar as tarefas do Conselho Pastoral ao Conselho para os Negócios Econômicos da paróquia (sic!)".[50] Nada contra a eventual integração, não, porém, do Conselho Pastoral no Conselho Econômico!, mas, se for o caso, justamente o contrário, como opinam acertadamente outros canonistas.[51] David propõe

---

[47] Cf. PÉRISSET, Curé et presbyterium paroissial, p. 175.

[48] Cf. DAVID, Les conseils paroissiaux, p. 29.

[49] Cf. ibid., p. 29.

[50] SOUSA COSTA, *Commento al Codice di diritto canonico (can. 537)*, p. 325.

[51] Cf. SANTOS, Parroquia, comunidad de fieles, p. 65.

que o Conselho Econômico seja considerado uma comissão do Conselho Pastoral.[52] Outros, em virtude da diversa natureza de cada conselho, da condição batismal de seus membros e da sinodalidade da Igreja, são totalmente desfavoráveis a qualquer integração.[53]

Segunda conclusão parcial

O quadro que temos diante dos olhos está mais para o cubismo dramático de um Picasso do que para o figurativismo tranquilo de um Fra Angelico, um Rafael ou um Caravaggio.

Há gente de Igreja – leigos e hierarcas – que reage criticando o suposto negativismo dos sociólogos ou dos que compram mercadoria no empório deles. A paróquia, argumentam, não é tão feia assim. Por isso, não pode ser pintada assim. O produto dos sociólogos se parece muito com as matérias que aparecem em jornais, revistas, sobretudo, nos telejornais: só coisa negativa. Será que não acontece coisa boa para noticiar?

De que paróquia estão, na verdade, falando uns e outros? Os fiéis normalmente estão falando das paróquias que tiveram oportunidade de conhecer, particularmente, da "sua" paróquia. Sua avaliação é emotiva, engajada, totalizante. Os sociólogos, por sua vez, muitas vezes, nem sequer viram uma paróquia. Falam das pesquisas que eles ou outros fizeram sobre algum aspecto da paróquia. Falam a partir dos relatórios feitos a partir dos resultados das pesquisas. Falam à luz das teorias sociológicas a que recorrem para interpretar "cientificamente" uma instituição, segundo eles, em tudo igual às outras, menos num ponto: sua produção religiosa. Sua linguagem ao menos tendencialmente é fria, distante, descomprometida. Se a do crente é piedosa, a do sociólogo, aos olhos do fiel, tem algo de impiedoso, cáustico, deletério.

É difícil, no entanto, negar que a paróquia nasceu nos albores da Cristandade, conheceu seu apogeu na alta Idade Média, e começou a se tornar um corpo estranho e anacrônico à medida que a Cristandade foi

---

[52] Cf. B. DAVID, citado por SANTOS, Parroquia, comunidade de fieles, p. 65.
[53] Cf. BORRAS, *La parrocchia*, p. 232.

desmoronando, fato de que alguns, em ambiente eclesial e eclesiástico, ainda não se deram conta, ou, se se deram, não querem se dar por vencidos, acreditando que, um dia, quem sabe, com o retorno de Dom Sebastião, a paróquia, semper idem, voltará a ocupar o posto central e determinante que lhe cabe na sociedade cristã... ou neocristã, jamais pós-cristã.

Os que, rotulando a paróquia de comunidade paroquial, se iludem que ela o seja, estrebucham ao ver a paróquia descrita como uma sociedade de massa. De fato, ela pode não o ser numa cidadezinha do interior, mas é preciso lembrar que a urbanização chupou para as grandes e médias cidades mais de 80% da população do Brasil, e este é um fenômeno praticamente universal. Nas cidades, as pessoas se acotovelam, mas não se conhecem; conhecem mais os artistas da Globo que os vizinhos de apartamento; têm laços mais fortes entre si os torcedores do Corinthians do que os paroquianos da paróquia da Consolação, em São Paulo; atitudes de adesão, de interação, de participação, de engajamento, de corresponsabilidade são raras no mundo paroquial, interessando poucas pessoas, uma espécie de elite paroquial: os membros de alguma comunidade, os integrantes dos serviços e pastorais, os participantes de algum movimento, os afiliados a alguma pia associação... mas muitas vezes mesmo esses vários grupos não se conhecem entre si.

O retalhamento da cidade em diversas paróquias rompe com a antiga organização unitária da Igreja na cidade. Passa por cima dos ambientes, das zonas humanas, das formas de relacionamento entre as pessoas típicas do ambiente urbano. Não passa, entretanto, por cima de um rio, de uma via férrea, de uma grande avenida. É o peso do critério territorial, que tem sido redimensionado e relativizado, em nome da teologia e da pastoral, mas ainda não foi superado por outras formas de organizar a Igreja na cidade.

O culto é central na paróquia. Seu forte não é nem a missão nem a caridade. A viga mestra da paróquia é o culto. Nela se celebram os sacramentos, se fazem novenas, se pagam promessas, se recorre aos santos, se adora o Santíssimo. Pode não ser uma comunidade celebrante, mas é uma agência de culto, que tem no templo sua expressão simbólica e seu pressuposto físico.

Centrada no culto, a paróquia é uma instituição sacerdotal. O pároco é sua peça-chave. Dele tudo depende, por ele tudo passa: a administração patrimonial, econômica e financeira; as atividades burocráticas; as atividades do culto, catequese e caridade; os serviços, as pastorais, as associações tradicionais. Só as comunidades e os novos movimentos conseguem caminhar com certa autonomia. Tudo o mais respira "com aparelho". O senhor pároco, apesar de todos os avanços da cidadania eclesial, concentra quase todo o poder em suas mãos. Independente de sua vontade ou indiferente aos clamores das bases.

A paróquia teve um papel importante na construção da unidade religiosa, cultural, social. No mundo pluralista atual, com seus setores autônomos e autorreferenciais, a paróquia tem pouco a fazer e a dizer em relação ao conjunto da pólis e em vista da comunhão entre todos. Paróquias renovadas assumem, porém, a importante tarefa de articular lideranças pessoais, ministérios, grupos, serviços, pastorais, movimentos. Paróquias abertas articulam-se com suas congêneres e até com outras instâncias da sociedade, visando a garantir visibilidade e maior eficiência na cidade. Muitas, porém, preferem ser gueto a contribuir para a construção de um mundo de portas abertas.

Pobre ou remediada, abastada ou rica, a paróquia não vive sem dinheiro. O sistema de arrecadação se modernizou, a gestão se tornou mais competente e transparente, mas ainda está muito mais voltada para financiar suas atividades-meio do que suas atividades-fim, sobretudo em relação à formação de pessoas, à alavancagem das atividades pastorais e à missão. É preciso inverter as prioridades!

Afinal, a Sociologia, corroborando a História, põe às claras a diferença e a distância entre a "pretensão" e a "realidade", o ideal e o real, o teológico e o vivido. O que fazer para aproximar a realidade do utópico, o real do ideal, o efetivamente vivido do teologicamente proposto e crido?

A análise dos modelos de paróquia vai como que medir as diferentes distâncias entre o que se é e o que se deveria ser. A paróquia, na verdade, não existe; o que existe são paróquias, e elas se deixam enquadrar em alguns modelos interpretativos.

3. Os "modelos"
ajudam a captar as diferenças

As paróquias concretas, embora tenham a mesma estrutura institucional, não são iguais entre si, nem diacrônica, nem sincronicamente consideradas. Por isso, muitas vezes, ao falar (e ao ouvir falar) de paróquia, queira-se ou não, tem-se como referência, quase sempre de forma implícita, uma ou algumas determinadas paróquias que se conhecem, com as quais, porém, muitas vezes, os ouvintes não se identificam, nem consideram reais, pois têm experiência de outras paróquias. Os paradigmas teóricos que uns e outros usam podem também ser diferentes, o que constitui ulterior complicador do discurso ou dos discursos sobre paróquia.

Diagnósticos sociológicos, teológicos e pastorais, realizados já na década de 1940, mas intensificados e aprofundados na década de 1960, confirmam esta constatação mais ou menos empírica: as paróquias não são iguais. Para colher esta rica variedade, pode-se recorrer a um procedimento próprio da Matemática e da Física, mas que tem sido aplicado por outras ciências, entre elas a Sociologia (os "tipos ideais" de Weber), a filosofia e a teologia: o chamado "modelo".

"Modelo" é um constructo teórico. Não existe, como tal, na realidade. A realidade é complexa; o modelo é simples. A realidade vem sempre contaminada por elementos díspares, sejam próximos ou distantes; o modelo é puro. A realidade se estende diacronicamente; o modelo, desconhecendo limites de tempo e de espaço, mostra a mesma realidade sincronicamente. A realidade é flexível, mutável, evolvente; o modelo é rígido, fixo, inalterável. O modelo, porém, reflete tão bem a realidade que essa se deixa ver melhor no modelo do que em si mesma e em outras suas representações. O modelo não brota da análise da realidade, embora a suponha; o modelo tem, sem dúvida, um momento descritivo e analítico, mas o que o caracteriza é o momento da intuição, da totalização e da síntese, desembocando na tipologia.[1]

Quando falamos em modelo em teologia e em filosofia, estamos usando uma linguagem analógica. Modelo tem seu berço de origem na Matemática, na Física, na Mecânica, na Engenharia, na indústria. O que vemos, na teologia e na filosofia, é uma transposição dessas outras áreas. O modelo da filosofia e da teologia é uma categoria que se aproxima dos "tipos ideais" de Weber,[2] onde, porém, o horizonte e a aplicação são de cunho sociológico. O "modelo" sociológico, de certo modo, faz a transição entre as Ciências Matemáticas, de um lado, e a filosofia e a teologia, de outro.

Modelo em teologia não é para ser posto em prática, nem imitado, nem aplicado.[3] É instrumento gnoseológico, não axiológico. Não se trata de uma grade valorativa, mas cognitiva. Pode até acontecer que o teórico, ao identificar e apresentar vários modelos, deixe transparecer sua preferência por esse ou aquele. Tal fato há de se atribuir ao pesquisador, ser individual, pessoa concreta, alguém situado num espaço e num tempo muito determinados, sujeito a influências e preferências como qualquer pessoa. Nem por isso o modelo perde o seu caráter impessoal, atemporal, abstrato.

Há "tipos-ideais", como diria Weber.[4] Há "modelos", como se tornou useiro e vezeiro dizer, sobretudo a partir de uma obra de A. Dulles sobre eclesiologia.[5] E há modelos de paróquia, por que não? Os principais seriam: paróquia de Cristandade; paróquia de Nova Cristandade; paróquia conciliar renovada; paróquia pós-conciliar;[6] paróquia popular libertadora; paróquia pós-moderna; paróquia de mediação.

Na apresentação de cada modelo, levar-se-ão em conta os seguintes elementos, em que pesem certo esquematismo da análise, aliás, no caso,

---

[1]   Cf. GIDDENS, *Capitalism and Modern Social Theory*, pp. 141-142.

[2]   Cf. M. WEBER. A "objetividade" do conhecimento nas ciências sociais. In: COHN (ed.), *Max Weber*, p. 106.

[3]   Cf. CONFERÊNCIA EPISCOPAL ESPANHOLA, COMISSÃO EPISCOPAL PARA A DOUTRINA DA FÉ. Nota doctrinal sobre usos inadecuados de la expresión modelos de Iglesia, pp. 135-145.

[4]   Cf. WEBER, *Économie et société*.

[5]   Cf. DULLES, *Models of the Church*.

[6]   Cf. FLORISTÁN; TAMAYO (eds.), *Conceptos fundamentales de pastoral*, pp. 709-712.

inevitável, e, por sua própria natureza, uma desejada e buscada estilização de algo que, na sua existência imediata e empírica, é, sem dúvida, mais complexo e nuançado: palavra; liturgia; comunidade; sociedade; clero; economia.

3.1. Paróquia de Cristandade

Não se trata da paróquia historicamente dada na Idade Média, quando teve início uma configuração muito específica de Igreja e uma relação não menos particular entre comunidade eclesial e sociedade civil, mas da figura típica que a paróquia assumiu, a partir do século IX, e que, atravessando séculos, persiste, ainda hoje, como prática real e como concepção ideal, num certo número de paróquias.

a) *Palavra.* No modelo de Cristandade, a Palavra perde seu caráter de evangelho ("boa-nova") e toma a forma de doutrina, transmitindo-se a mensagem cristã, sobretudo nas modalidades de catequese e pregação, com um corte anistórico, dogmático, moralizante. A teologia que lhe subjaz é abstrata e escolástica, muito dialética (no sentido aristotélico) e pouco mistérica (no sentido bíblico-patrístico). Recorre-se à Escritura mais para provar o que se prega do que para iluminar criticamente e inspirar existencialmente o que se vive. A moral é rígida, mais individual que social, quase que exclusivamente sexual e familiar. A ortodoxia preocupa muito mais que a ortopráxis. Valoriza-se e argumenta-se com a tradição, pesando mais, muitas vezes, as tradições que a Tradição.[7] O passado vale mais que o presente, e o futuro não pode ser senão a repetição dos dois. Não há missão, uma vez que o mundo já foi e permanece evangelizado, quer dizer, conhece a doutrina cristã, e a ela, pensa-se, adere. Recorre-se com frequência à retórica da condenação, concentrando-se a pregação nos "novíssimos" (morte, juízo, inferno, paraíso), único futuro que se conhece. Se os "de fora" não frequentam a Igreja, a culpa é deles, não se questionando o apara-

---

[7] Cf. CONGAR, *La tradition et les traditions.*

to institucional cristão, com sua doutrina, ritualística, disciplina, organização. No "mundo moderno", que enterrou a Cristandade, só se veem erros e desgraças, sendo impossível conviver e, muito menos, reconciliar-se com ele.[8]

b) *Liturgia*. A liturgia não tem mais o dinamismo e a criatividade antigos: formalizou-se, solenizou-se, fossilizou-se. A distância entre o celebrante e a assembleia é estrutural, física, linguística.[9] De uma liturgia de pequenos grupos e comunidades, tornou-se uma liturgia de massa, de indivíduos anônimos, com componentes de superstição e até de magia. Ao lado da liturgia oficial, cresce e, muitas vezes, se toleram, quando não se promovem, por vezes com pouco senso evangélico, manifestações deteriores de religiosidade popular. Enquanto o sacerdote celebra, o povo canta, faz suas orações, cumpre suas devoções. O centro da piedade não é tanto Jesus – a menos que sejam seu Sagrado Coração, as dores de sua Paixão, sua morte na Cruz –, e mais Maria e seus mistérios, contemplados no terço, os exemplos e a intercessão dos santos, as almas benditas do purgatório. Os coroinhas enfeitam o altar, movimentam-se de acordo com o figurino e respondem como papagaios a um latim decorado e decorativo. A celebração eucarística perde espaço para a devoção eucarística; o corpo da igreja, lugar do povo, para o sacrário, habitáculo de Deus; o sacrário, para o dossel que o encima; a participação da assembleia, para a exclusiva atuação dos ministros ordenados. A rígida penitência pública antiga foi substituída pela reiterável, mitigada e privada confissão auricular.

c) *Comunidade*. Pode existir na prática, até por razões históricas e naturais, mas não é foco da pregação e da preocupação pastoral. Às "Igrejas da casa", onde a interação entre os leigos e com os pastores era próxima, frequente, pessoal, sucedeu o "conglomerado" paroquial, anônimo, massivo, institucional e formal. A paróquia, em última análise, é o pároco – definido mais pelo benefício do que pelo

---

[8] Cf. PIO IX, *Encíclica Quanta cura (Syllabus)*.

[9] "A chaga da mão esquerda da Santa Igreja: a divisão entre povo e clero no culto público da Igreja" (ROSMINI, *Delle cinque piaghe della Santa Chiesa*, v. 1, p. 5).

serviço – hierático, centralizador, autoridade e autoritário. Entre pastor e fiéis, a relação inculcada é de superioridade e inferioridade, mando e submissão, atividade e passividade. No dia a dia, pode até ser que pastor e rebanho se misturem, comportamento que, porém, não é conveniente, é perigoso e deve ser evitado e condenado.

d) *Sociedade*. De um lado, Igreja e sociedade estão institucionalmente imbricadas, mal se distinguindo sociedade civil e comunidade eclesial. Devido a isso, há uma relação de cooptação da esfera religiosa em relação à civil e de dependência prática daquela a esta. Por outro, o compromisso social é quase nulo. Algumas iniciativas sociais, mais ocasionais que permanentes, socorrem e assistem aos pobres e vitimados. A Igreja e, portanto, sua reprodução capilar e concreta, a paróquia, são alérgicas à mudança, ao novo, ao moderno. Mudança social e transformação cultural são pestes que se temem e que se devem debelar. Humanismo, Renascimento, Modernidade, Iluminismo, Racionalismo, Comunismo são faces modernas da besta do Apocalipse (cf. Ap 12,1ss), pronta a engolir a mulher (Igreja) e seu filho (a Cristandade). O Capitalismo demorou a ser criticado e, quando condenado, o foi em paralelismo e simetria com o Comunismo. A Igreja não se mete em política, mas a política corre astuta e sub-repticiamente solta nos meandros das instituições eclesiais, podendo chegar até ao confessionário: "Padre, o senhor não poderia me arrumar alguns votinhos de confessionário?".

e) *Clero*. O clero não é mais o povo eleito, como no Novo Testamento,[10] mas a casta separada, fenômeno que teria começado muito cedo (século III)[11] e tomado vulto na Cristandade. Segregado e diferenciado, conservador e autoritário, o clero vive num mundo à parte, veste-se fora da moda comum, papagueia, nas celebrações, uma língua morta, que, em larga medida, nem ele entende. Sua

---

[10] No Novo Testamento, o termo grego *kleros* ("sorte", "parte na herança", "grupo eleito") designa várias realidades: a sorte lançada sobre as vestes de Jesus (cf. Mt 27,35 par.); algum contexto institucional (cf. At 1,17.26; 8,21; 26,18; Cl 1,2; 1Pd 5,3), que remete ao conjunto dos cristãos. Normalmente, nos Padres Apostólicos, indica a herança ou a sorte reservada aos mártires (cf. INÁCIO DE ANTIOQUIA, *Efésios* 112; *Tralenses* 12,3; *Romanos* 1,2; *Filipenses* 5,1).

[11] FAIVRE, *I laici alle origini della Chiesa*, pp. 93ss, 158ss.

agenda religiosa é limitada, seus horários são rígidos para os fiéis, mas frouxos para si mesmo e seus hábitos peculiares. Crescem um comportamento administrativo, um talho de funcionalismo, uma burocracia rotineira e autojustificada. Seu mundo físico não é nem a rua nem a praça, mas a dupla italiana *chiesa–canonica* ("igreja–casa paroquial"), onde tudo fica grande demais porque o mundo real ficou por demais pequeno. "O maior problema de um padre são as chaves" – dizia-nos um simpático presbítero, que, ainda jovem, se dizia cansado – as chaves... da igreja, da casa paroquial, do conjunto patrimonial paroquial, pelo qual ele zela ciosamente.

f) *Economia*. É basicamente beneficial e, consequentemente, clerical. O Código de 1917 gasta rios de tinta para garantir e normatizar o território e o benefício, relação essencial do pároco e sua fonte primária de subsistência.[12] A paróquia é administrada como *res privata* (a *res communis*[13] da Igreja antiga é coisa do passado), misturando-se, muitas vezes, e, por isso, sendo, muitas vezes, coibido o conluio entre patrimônio da Igreja e patrimônio pessoal. Há quem defenda, inclusive, que um dos ingredientes da progressiva implantação do celibato na Igreja latina (este processo, iniciado na Igreja antiga, foi, sobretudo, medieval, culminando nos II e IV Concílios de Latrão) foi justamente a preocupação de salvaguardar os bens da Igreja, cobiçados por filhos, sobrinhos, netos do alto e do baixo clero.[14]

3.2. Paróquia de Nova Cristandade

"Nova Cristandade" é o nome, criteriosamente cunhado, de uma nova configuração da Igreja e de sua relação com a sociedade civil. A Igreja, diante do desafio da Modernidade, busca, através de uma renovação da

---

[12] Cf. DOMÍNGUEZ; MORÁN; DE ANTA, *Código de Derecho Canónico y legislación complementaria*, parte quinta: De los beneficios y otros institutos eclesiásticos no colegiados, cân. 1409-1494.

[13] "Em face à noção romana de que as coisas privadas são próprias e exclusivas (*privata ut propria*), os Padres da Igreja destes séculos [da Igreja antiga] introduzem a dimensão social da propriedade (*privata ut communia*)" (CODINA, *Para compreender a eclesiologia da América Latina*, p. 63).

[14] Cf. WEBER, L. M. Celibato. In: RAHNER (ed.), *Sacramentum Mundi*, v. 2, p. 98.

chamada "filosofia cristã" (a neo-escolástica) e de um tomismo timidamente renovado (um dos primeiros passos da renovação da teologia contemporânea), um novo perfil interno: hierarquia e laicato são vistos como duas estruturas originárias – porque fundadas sacramentalmente, respectivamente no batismo e na ordenação – da comunidade eclesial, ocupando-se a hierarquia da vida interna da Igreja e (ad)ministrando os meios de salvação, e os leigos, graças ao seu batismo e à incorporação a Cristo e à Igreja, da presença da Igreja na sociedade e da renovação da mesma. Distingue, na ação do laicato, um agir "como cristão" (cristãmente) e de um "agir enquanto cristão" (institucionalmente). Maior representante leigo desta tendência foi o filósofo francês, de origem judaica, convertido ao cristianismo, Jacques Maritain (1882-1972).

a) *Palavra*. A Palavra, neste segundo modelo, adquire um peso maior que no modelo precedente, mas ainda está longe de uma visão cientificamente fundada, criticamente possuída e efetivamente atualizada, em virtude de um diálogo de mão dupla (o pleonasmo é proposital) entre Igreja e mundo, fé e vida. Valorizam-se mais, porém, a pregação missionária, a homilia e a catequese, mas, embora a pedagogia seja nova, o conteúdo permanece clássico e abstrato. A homilia, aparentemente, é bíblica, mas, no fundo, continua dogmática, moralizante e espiritualista. A descristianização incomoda; organizam-se, então, ações missionárias, na tentativa de recristianizar as massas em irreversível secularização, aquelas que a Igreja vai "perdendo",[15] ou de afervorar os praticantes, mas o foco da Igreja não é a missão. A preocupação gira muito em torno da "volta" dos que se desgarraram da Igreja ou, na Igreja, permanecem em sua tibieza e rotina, mas já se fazem tentativas de "ir ao encontro" do outro como outro, para testemunhar-lhe a Boa-

---

[15] Joseph Cardijn conta que, quando foi a Roma pedir ao Papa Pio XI a "bênção" para a Juventude Operária Católica, disse ele: "Santo Padre, eu quero salvar a juventude operária! E, se for necessário, eu estou disposto a dar a minha vida para salvar a massa operária". O papa respondeu: "Enfim alguém que vem me falar da massa". E acrescentou: "O maior serviço que podeis prestar à Igreja é restituir-lhe a massa operária, que ela perdeu" (CARDIJN, Jeunesse Ouvrière [informativo da futura JOC], 5 de abril de 1925, p. 74). Devo a informação ao amigo, teólogo catarinense, Agenor Brighenti.

-Nova de Jesus. Descobre-se que a "França é país de missão",[16] que a paróquia precisa se renovar, tornar-se missionária,[17] viver como comunidade de fé, culto e caridade.

b) *Liturgia.* Há uma preocupação com sua renovação, mas o medo de baixo e a inércia de cima suplantam a necessária mudança. Alguns propugnam pelo vernáculo,[18] mas a maioria se submete, sem questionamentos, ao latim, em nome da tradição, da unidade, da universalidade, do "mistério". As rubricas começam a ser questionadas, mas ainda são seguidas; as normas litúrgicas são flexibilizadas; os pecados litúrgicos passam em geral de mortais a veniais. No campo da música sacra, oscila-se entre o cantochão e os cantos, timidamente inovadores, das "fichas pastorais". Na França, o nome é Gelineau; no Brasil, o Cônego Amaro. Em alguns lugares, enquanto o padre diz a missa em latim, alguém vai lendo, para a assembleia, o correspondente texto traduzido. Pessoas mais instruídas acompanham a missa com um elegante missalzinho bilíngue. Às vezes, ousa-se ler o Evangelho em vernáculo e fazer a pregação logo em seguida, e não no final da missa.

c) *Comunidade.* Comunidade paroquial propriamente não existe, a menos quando, nas pequenas cidades ou nos vilarejos, a paróquia se confunde com a comunidade natural. Um incipiente movimento comunitário[19] procura superar o individualismo e despertar o interesse pela comunidade. O lema "unidos em Cristo" vai deixando para trás o "salva a tua alma", que os cruzeiros, levantados por ocasião das missões populares, ostentam e propagam. Grupos ou pequenas comunidades cristãs tampouco existem. É ainda o tempo das Congregações Marianas, das Cruzadas Eucarísticas, do Apostolado da Oração, mas essas associações já dão sinais de cansaço. Novos movimentos apostólicos são olhados com certa

---

[16] GODIN; DANIEL, *La France, pays de mission?*

[17] MICHONNEAU, *Paroisse, communauté missionnaire.*

[18] Cf. ROSMINI, *Delle cinque piaghe della Chiesa.*

[19] Cf. ANTÓN, Lo sviluppo della dottrina sulla Chiesa nella teologia dal Vaticano I al Vaticano II, p. 64; STONNER, *Kirche und Gemeinschaft*; MONZEL, Die Kirche als Gemeinschaft, p. 525.

desconfiança e pensa-se muito antes de abrir-lhes as portas, pois podem mandar muita coisa pelos ares e introduzir turbulência num tranquilo ambiente de paz. A Ação Católica, incentivada pela hierarquia e teorizada por grandes nomes da teologia, nem sempre é acolhida pelas bases. No Brasil, adota-se o modelo franco-belga da Ação Católica especializada: JEC, JOC, JUC etc. Surgem as equipes de ação e a figura do militante. Insiste-se para que a vivência do cristianismo seja menos individualista e mais comprometida com os problemas que agitam o mundo. Distinguem-se, com meridiana clareza, o campo da hierarquia e o campo dos leigos; distingue--se entre a ação do leigo *como* cristão e a ação do leigo *enquanto* cristão. O padre sai da sacristia, alguns avançam praça adentro, os mais radicais e generosos escondem-se entre os operários, para evangelizá-los dentro de seu próprio ambiente.

d) *Sociedade*. É outra realidade, não é a Igreja. A Igreja tem um fim espiritual e sobrenatural, mas tem que se fazer presente no mundo, como sal, luz, fermento. Criticam-se o isolamento da Igreja, sua pretensa superioridade em relação ao mundo, o clericalismo de seus dirigentes. Fala-se de "abater os bastiões",[20] e estender as pontes levadiças, para permitir trânsito livre entre Igreja e mundo. Inicia-se um sério esforço por superar a paróquia tradicional, que constitui um mundo próprio, uma espécie de loja de conveniência, onde o católico encontra tudo o que necessita para salvar a sua alma e pele do infectado mundo moderno. A criação de oratórios festivos, cinema paroquial, sindicatos católicos, bancos católicos, caixas econômicas católicas, montepios católicos, partidos políticos católicos haviam levantado, na verdade, um mundo artificialmente católico numa sociedade que vai deixando de sê-lo. Os leigos são as pontas de lança para atingir o mundo grande "lá fora" ou ambientes deste mundo, do qual a hierarquia não consegue mais se aproximar. Os esforços para criar uma sociedade nova, no fundo, porém, não rompem com o mito da antiga Cristandade; daí, Nova Cristandade. Se, de um

---

[20]   Cf. VON BALTHASAR, *Abbattere i bastioni*.

lado, se quer uma sociedade nova, de outro, não se visualiza senão na velha sociedade medieval o modelo inspirador. A nova sociedade morre antes de nascer na ambiguidade de sua utopia.

e) *Clero*. O clero começa a sentir o contrapeso dos leigos, mas ainda é o fiel da balança. Continua gozando de prestígio social e de força política, embora a cultura geral dê sinais claros de que *eppur si muove* ("todavia, se movimenta"), e numa direção diferente da sonhada pela Igreja e bafejada pela hierarquia. A função do clero continua sacramental, administrativa, pastoral. Seu campo específico de ação é a Igreja, enquanto o dos leigos é o mundo. Cresce a participação dos leigos – isto é inegável, desde o tempo dos *Congressi delle Opere*, germe da futura Ação Católica –, mas o clero tem o timão em suas mãos. Apregoa-se a colaboração entre leigos e hierarquia em âmbito eclesial, e de autonomia dos leigos na esfera chamada temporal. O presbítero – nem sempre pároco – torna-se assistente eclesiástico dos novos movimentos apostólicos, especialmente do mais bafejado deles, a Ação Católica. Autonomia dos leigos pode ainda ferir certos ouvidos, mas já começa a ser conquistada, permanecendo claras a divisão entre hierarquia e laicato, a diferença das funções dentro e fora da Igreja, a submissão final – sobretudo nas crises agudas – ao veredicto inapelável da hierarquia.

f) *Economia*. Alguns leigos começam a "meter o bedelho" nesta zona sagrada da Igreja, por séculos restrita ao clero, não, porém, como gestores plenos – isto, quem sabe, pode ser inferido dos relativos cânones do Código de 1983 (cf. cân. 537 etc.) – mas sim como auxiliares, técnicos, especialistas ou, simplesmente, gente de dinheiro, que é melhor ter em nossas comissões – assim se sentem valorizados e põem a mão no bolso – do que apenas em seus negócios. A posição do leigo na Igreja, no dito irônico do Cardeal Salvagerre, é tríplice, talvez quádrupla: de joelhos para adorar o Santíssimo e comungar; de pé para ouvir a Palavra de Deus e do papa; sentados para ouvir o sermão do pároco e… com a mão no bolso para custear as despesas da Igreja! Na mesma linha, ingleses e americanos dizem que os leigos existem *to pray*, *to pay* e *to obey* ("para rezar, pagar e obedecer"). A nova economia, que se vai gestando, desde o século XII, mas que recebeu impulso nunca dantes visto com a Revolução Industrial e o surgimento da classe operária, ah! isso o clero desconhece e, salvo honrosas exceções, nem se esforça por ver. Isso é terreno dos leigos, trabalhadores, administradores, empresários, agentes financeiros. Vários deles, aliás, contribuem para dar início e impulsionar a doutrina social da Igreja, nosso grande segredo![21]

3.3. Paróquia conciliar renovada

O Concílio Vaticano II foi celebrado sob o signo da "renovação". Preparado por vários e sólidos movimentos – bíblico, ecumênico, patrístico, litúrgico, comunitário e outros –, recolheu o que, na visão dos padres conciliares, tinham de melhor, e propiciou à Igreja "um salto para a frente", como queria o bom Papa João XXIII, e um renovado mergulho da Igreja em si mesma e da Igreja no mundo, em atitude de diálogo e serviço, como buscou o grande Papa Paulo VI, arquiteto do Concílio. Tendo revisitado todos os grandes temas que desafiavam a Igreja e sua missão no mundo contemporâneo, o Concílio, com sua nova eclesiologia, repercutiu também nas instituições e estruturas eclesiais, não última a paróquia. Sem entrar, aqui, nos ensinamentos do Concílio sobre a paróquia (ensinamento explícito), tentamos desenhar, nesta seção, o perfil de paróquia que se inspira no Concílio como um todo, tanto em sua letra quanto em seu espírito, na verdade mais em seu espírito do que em sua letra (ensinamento implícito).

a) *Palavra*. Graças ao movimento bíblico e litúrgico, a Palavra tem a centralidade que nunca devia ter perdido. Alimenta-se da Escritura, dos "sinais dos tempos", da vida da comunidade. As homilias são bíblicas e, quando o ambiente é propício, e o pregador, apto, são também dialogais. A Bíblia vai para as mãos do povo, nas Santas Missões Populares, nos Círculos Bíblicos, nas comunidades menores, nos Grupos de Reflexão, em alguns lugares, também chamados

---

[21] HENRIOT; DEBERRI; SCHULTHEIS, *Ensino social da Igreja*.

de Grupos de Vivência. A catequese, justamente denominada de renovada, reviu sua finalidade, seus conteúdos, seus métodos e ampliou seus destinatários: crianças, jovens, adultos, pessoas e grupos em situação particular.[22] A personalização e interiorização da fé ganham terreno sobre uma doutrinação objetivante, sistemática e abstrata. A ligação fé e vida tornou-se foco importante da nova catequese. A história da salvação é categoria-chave para a articulação entre palavra e acontecimento, Igreja e mundo, história e escatologia.

b) *Liturgia*. O movimento litúrgico foi sólido, persistente e sábio e, graças à sensibilidade que criou em toda a Igreja, desaguou na liturgia renovada acolhida e propulsionada pelo Vaticano II. A face mais visível da renovação é a missa: o padre aparece como presidente da assembleia, celebrando com ela, nela e à sua frente; a língua é o vernáculo, apesar de os textos serem ainda muito formais e clássicos; os cânticos se renovaram, se multiplicaram e exprimem a riqueza do Evangelho e da vida; os coroinhas são substituídos por toda uma equipe de celebração, feita, geralmente, de jovens, adultos, casais. A face menos visível, indo além da simples adaptação, é a inculturação (cf. SC, nn. 25, 36, 37-40). Redescobriu-se o ano litúrgico com seus tempos fortes: Páscoa e Natal. Os leigos têm a possibilidade de uma participação consciente, ativa, e, dentro de certas condições, até ministerial, nas leituras, nas preces, nos comentários, nos cânticos. Seguem-se as normas e exploram-se as várias possibilidades oferecidas pela Introdução Geral ao Missal Romano e pelo *Missal*, e se conjugam fidelidade e criatividade.

c) *Comunidade*. Torna-se um valor forte e um termo constante na vida da paróquia. A paróquia continua não sendo comunidade, mas, em seu interior, surgem grupos, comunidades menores, movimentos, e cresce o espírito comunitário, que busca momentos e canais para se exprimir. A comunidade, porém, ainda não é o foco principal, repartido entre a palavra e os sacramentos. O maior mandamento

---

[22] Cf. CNBB, *Catequese Renovada*.

(a vida filial e fraterna), estruturalmente, continua perdendo para seus instrumentos privilegiados, palavra e sacramentos, sempre sinais e instrumentos de algo maior, aliás, de alguém maior: o Pai, seus filhos, os irmãos. Os leigos conquistam cidadania eclesial e autonomia secular, ao menos na letra do Vaticano II. Serviços, ministérios, pastorais, movimentos dinamizam a paróquia, que, em certos lugares e situações, gozam de certo prestígio em alguns segmentos da sociedade. Estruturas novas, como o Conselho Pastoral e o Conselho Econômico, são introduzidos na paróquia, articulam suas forças vivas, recolhem e injetam dinamismo no conjunto da vida eclesial. Esses conselhos são, porém, consultivos e ainda dependem muito – como, aliás, toda a evangelização – do pároco.[23]

d) *Sociedade*. A Igreja se abre para o mundo, sai para a praça, caminha pelas ruas, ouve os clamores que se levantam da população, dialoga e colabora com a sociedade civil e seus grupos. Caíram os bastiões,[24] mas ainda nem todos transitam pelas vias e pelas pontes que ligam mundo e Igreja, visando a um fim diferenciadamente comum. A preocupação missionária é maior. Os serviços sociais são menos assistenciais e mais promocionais. Há outra sensibilidade para os problemas humanos e uma abertura maior para o social, mas persiste ainda boa dose de eclesiocentrismo.[25] Podem-se até apoiar certos grupos, movimentos e reivindicações sociais, quando seus contornos são claros e as propostas, consideradas razoáveis. Teoricamente, Igreja e política não se misturam; na prática, entretanto, esse discurso é confuso e gera insatisfações em vários segmentos da paróquia e da cidade.

e) *Clero*. O clero não são mais só os presbíteros, mas também o bispo e os diáconos, cujo ministério é restaurado depois de bem mais de um milênio de desaparecimento. Bispo, presbíteros e diáconos

---

[23] O Documento, da CNBB, *Missão e ministérios dos cristãos leigos e leigas* pede, em seu número 122, que, diante de consenso do Conselho Pastoral Paroquial, o pároco respeite e acolha sua decisão.

[24] Cf. VON BALTHASAR, *Abbattere i bastioni*.

[25] Cf. KNITTER, *Nessun altro nome?*, p. 122.

são, sim, hierarquia, mas descobrem que são ministros, a serviço do Reino e da comunidade, dentro da qual e a cujo serviço estão colocados. Tenta-se vivenciar valores que foram redescobertos: o presbitério, o "diacônio" (neologismo criado pelo primeiro bispo de Apucarana), a colegialidade, a prática sinodal, a comunhão. Não se pode dizer que os ministros ordenados se renovaram, mas houve esforços sérios – talvez, porém, não tão sistemáticos e competentes – nesta direção. O clero perdeu o ranço e o nariz empinado de outras épocas: modernizou-se, deixou a batina, vestiu o *clergytman* – para, depois, esquecê-lo embolorado no guarda-roupas –, desceu do pedestal, reaprendeu a conviver com as pessoas, pelo menos com as lideranças mais próximas institucionalmente, fala a língua do povo, no templo e na praça. O gênero é, porém, exclusivamente masculino.

f) *Economia*. O instituto do benefício não é mais elemento central da relação entre clero e povo. O serviço assume seu lugar. A manutenção do clero entra no contexto maior do financiamento da vida da Igreja e dos trabalhos de evangelização. As espórtulas tendem a desaparecer, substituídas pelo mais bíblico e tradicional dízimo. O dízimo trouxe novo espírito e nova relação com a paróquia, que virou – importantíssimo! – coisa nossa e responsabilidade nossa. A "fábrica" foi abandonada pelo Conselho de Assuntos Econômicos ou Serviço de Economia e Finanças. A técnica e a competência tomaram o lugar do tradicionalismo, do empirismo e da improvisação nesta matéria. O pároco compartilha suas responsabilidades econômico-financeiras com os leigos, que, oficialmente (*de jure*), são consultados, mas, na prática (*de facto*), tomam com ele as decisões. A transparência avançou, embora ainda não seja plena.

3.4. Paróquia "pós-conciliar"

O "pós-Concílio" não foi um período fácil, deixou traumas por todo lado, revelou saudosismos em alguns, enquanto outros amargavam frustração, decepção, desilusão. Não por causa do Concílio,[26] mas depois do Concílio,[27] evento que não se deu fora do tempo, mas em condições culturais, religiosas, sociais e políticas muito maiores que a Igreja e muito mais desafiadoras que os problemas e dilemas colocados à avaliação e à tomada de posição da Igreja.

Certa "direita" chegou a pular para fora do barco, não reconhecendo mais sua tripulação, sua carta de navegação, seus portos, sua meta final.[28] Certa "esquerda" preferiu esquizofrenicamente o chamado espírito do Concílio à sua letra, considerada pouca, incongruente, dupla e dúbia, em todo caso insuficiente. No "pós-Concílio", por tantas razões, não última o sentimento de um divórcio entre a instituição e eles, mais de 150 mil presbíteros deixaram o ministério, fenômeno de tal vulto que já foi diagnosticado como "hemorragia".[29]

Naturalmente, este vendaval atingiu também a paróquia, levantando um poeirão enorme, jogando papéis para todo lado, desconcertando, num extremo, muitos fiéis, frustrando, no outro, um grupo menor, mas mais consciente, ativo, aguerrido. Instituição já combalida pelos reveses culturais e políticos dos últimos séculos, a paróquia parecia perecer no

---

[26] Cf. RATZINGER, *Rapporto sulla fede*; RATZINGER, *Theologische Prinzipienlehre*, p. 395; GABRIEL, *Christentum zwischen Tradition und Postmoderne*. A presença do Espírito, de um lado, a fé e a esperança, do outro, são "fatores" indisponíveis, porém, que superam qualquer lei sociológica!

[27] "Sem dúvida, não é possível alegrar-se com tudo o que aconteceu *depois* (o itálico é nosso – N.A.) do Concílio e que, todavia, tinha que ver só superficialmente com as intenções do mesmo. Está sem dúvida em relação com o Concílio o fato de que houve uma mudança humoral de fundo, que *sem* o Concílio, por exemplo, sob Pio XII, na Igreja *Católica*, não teria jamais podido exprimir-se dessa maneira. Nesse sentido – e só nesse – há certa razão em atribuir ao Concílio que ele não tenha tido condições de impedir que, em seu nome e na absoluta ignorância dos seus textos, tenham-se tentado – e ainda se tentem –, na Igreja, coisas que, com o Concílio, não têm absolutamente nada a ver, e que se servem do mesmo somente como de um estímulo formal exterior que as põe em movimento" (PESCH, *Il Concilio Vaticano Secondo*, p. 380).

[28] Cf. PESCH, *Il Concilio Vaticano Secondo*, p. 374; PESCH, A conferma dello scisma. Il Regno Attualità (15 de julho de 2008), p. 454.

[29] Segundo a revista *La Civiltà Cattolica*, baseada em números fornecidos pelo Vaticano, que, por sua vez, se baseou em dados fornecidos pelas dioceses, entre 1964 e 2000, 69.063 sacerdotes deixaram o ministério, sendo que, destes, entre 1970 e 2004, 11.213 o retomaram (cf. SALVINI, Preti che "abbandonano", preti che "ritornano", pp. 148-155). Segundo outras publicações, porém, a cifra dos que deixaram o ministério passaria de 150 mil, no mesmo período analisado (1964-2000).

olho desse furacão, verdadeiro *tsunami* religioso a preceder o mais recente, marinho. O resultado, alvissareiro por um lado, foi desolador por outro.

a) *Palavra.* A Palavra, cinco séculos depois de Lutero, era entregue a certo livre exame, qual nariz de cera virado e entortado ao gosto e interesse do leitor, muitas vezes, mal alfabetizado nas letras bíblicas. Alguns acusaram as Celebrações da Palavra (ou certas "paraliturgias") de protestantizarem a Igreja Católica, acantonando ou deprimindo a Eucaristia. Outros brandiam oposição entre palavra e sacramento, canonizando a primeira, enquanto o segundo sofria nas garras das críticas ao sacramentalismo. O jornal, graças ao seu caráter de atualidade e de mundanidade, substituía a leitura bíblica, tida por arcaica, de difícil compreensão, irremediavelmente distante da vida e da problemática de hoje, pessoas e mundo. As bíblias "na linguagem de hoje" deixavam nas prateleiras empoeiradas a tradução dos Setenta, a Vulgata de São Jerônimo, a Bíblia de Jerusalém, a New Jerome Bible e tantas outras menos célebres.

b) *Liturgia.* A "esquerda" viu-se com o direito e se deu ao trabalho de criar textos, ritos, roteiros celebrativos alternativos. O pão ázimo tradicional – aquela hóstia-papel branca da alvura da neve – foi substituído por um pão ainda ázimo, mas duro pra quebrar, esfarelento na superfície, impossível de mastigar. O pão podia ser, argumenta-se antropológica e culturalmente, substituído por alimentos próprios ou típicos de cada cultura: gordura no Polo Norte, arroz e feijão nestes tristes trópicos, arroz-papa no Japão e na China, carne de algum animal selvagem na exótica África. O vinho continuava vinho nos países mediterrâneos e em outros sob sua influência cultural, virava whisky nos países europeus extracontinentais, cerveja na Alemanha, pinga no Brasil, chicha na Bolívia e assim por diante, desde que feitos de algum vegetal e tivessem passado por alguma fermentação. Em algumas missas, consagrava-se o pão e, ato contínuo, se comungava; consagrava-se o vinho e, de novo, ato contínuo, se comungava e partia-se para os ritos (claro, novos) finais. Era a missa cópia fiel e fotográfica, alardeava-se, da Última Ceia! Imagens de santos foram tiradas a pau de muitas igrejas e atiradas rio abaixo, para que a correnteza as arrebentasse nas pedras do leito. A religiosidade popular era vista como inferior, ignorante, ridícula. A "direita" refugiava-se raivosa no latim, no *Missal tridentino* (1570) de São Pio V, rejeitando as renovações e pálidas inovações do Vaticano II.

c) *Comunidade*. Nem as pequenas, nem as novas, nem as infraparo-quiais, mas as alternativas, que alguns adjetivaram de contestatá-rias, não eclesiais, tocas de dissidentes frustrados e insatisfeitos. Costumava-se, mesmo em ambientes mais serenos, contrapor comunidades contestatárias de alguns rincões da Europa e Comuni-dades Eclesiais de Base da América Latina; em ambientes aquecidos ideologicamente pelo veneno da "direita", tudo era farinha do mesmo saco! Opõe-se comunidade e instituição, hierarquia e leigos, despreza-se a vida religiosa, uma excrescência incompreensível numa Igreja toda chamada à santidade. A política vira o cerne da religião, e a religião deixa de ser ópio do povo para se transmutar em faísca e combustível de revolução, armada, se for preciso. A estas comunidades, politizadas, contrapõem-se todas as outras, alienadas, inúteis, antievangélicas. A exegese marxista-engeliana do cristianismo primitivo[30] põe no bolso toda outra exegese não materialista daquelas origens excessivamente idealizadas.

d) *Sociedade*. Se a Igreja é contestada, o mundo – não em sua con-cretude histórica, pois, sob este aspecto, é radicalmente contes-tado também – é mistificado, canonizado, quase objeto de culto e veneração. O limite e as barreiras entre sagrado e profano são derrubados em nome da criação e da encarnação, a primeira lida monisticamente, a segunda monofisisticamente, despida dos quatro célebres advérbios de Calcedônia (451): *asynchýtos* (*inconfuse*, "sem confusão"), *atréptos* (*immutabiliter*, "sem mudança"), *adiai-rétos* (*indivisibiliter*, "sem divisão"), *achorístos* (*inseparabiliter*, "sem separação").[31] Na dialética entre Igreja e mundo, a primeira

---

[30] Cf. ENGELS, Contribuição para a história do Cristianismo primitivo, *Die Neue Zeit* (1894-1895).

[31] Cf. DH, n. 302, em tradução relativamente livre, pois, em português, os advérbios tomaram forma ou adjetiva ou de locução adverbial.

é quase sempre superada no sentido de aniquilada; o segundo é a tese sempre inconcussa e insuperável. A escatologia dissolve-se na história; o Evangelho, nalgum socialismo idealizado; Jesus, num profeta social ou num revolucionário político, ou num sábio maior que os do Antigo Testamento, mas, sob alguns aspectos, menor que Lao-Tsé ou Buda. Para esta mentalidade, enfim, é mais fácil dialogar com um muçulmano do que com um pentecostal.

e) *Clero*. "Clero", "clerical", "clericalismo" são todas realidades horríveis niveladas por uma crítica anti-institucional e anti-hierárquica. No limite, não deveria haver clero, apenas ministros funcionais, temporários, leigos. Opõem-se sacerdócio e ministério, banindo o primeiro, como se não tivesse nada de ministerial, divinizando o segundo, como se, parcialmente, nada tivesse de sacerdotal. O clero é visto como casta; suas virtudes, como vício; seus hábitos, resquícios de um mundo que ruiu ou reproduções acumpliciadas dos ambientes burgueses por ele frequentados. O celibato é contra a natureza e deve ser totalmente banido. Os mais fervorosos talvez não tivessem dificuldade em abrigar o sonho de Voltaire (ou de Diderot) de "estrangular o último padre nas tripas da última freira"! O papa deveria vender o Vaticano e mudar para um país pobre; ou então, o Vaticano poderia ser declarado patrimônio da humanidade e ser administrado pela Unesco; o último papa foi o "bom Papa João"; Paulo VI traiu o Concílio; João Paulo II esteve no Concílio só de corpo, nunca tendo inspirado para valer (no sentido "respiratório" e metafórico) seu espírito.

f) *Economia*. O Vaticano é uma multinacional; tem ações em empresas não éticas; suas riquezas envergonham o lendário "ouro dos jesuítas" enterrado nalgum lugar secreto das colonialistas reduções do Guairá (Paraná) ou do Tape (Rio Grande do Sul). As coletas vão para os bolsos dos párocos, que devem parar de ser financiados, para matar de inanição esta instituição vetusta e reacionária, que tem seus dias contados, a paróquia. Conselho só é conselho para valer quando passa a ser conferência, organismo de iguais e com iguais direitos de voz e voto. É um absurdo que o clero, mesmo em países de antiga tradição cristã, seja financiado pelo Estado. A Santa Sé nunca deveria ter sido ressarcida de nada. O Patrimônio de São Pedro é puro engodo. Os religiosos fazem voto de pobreza, os diocesanos o cumprem, os leigos financiam os dois, que deviam todos se profissionalizar e viver de uma profissão.

3.5. Paróquia popular libertadora

Nos anos que se seguiram imediatamente ao Concílio, e ancorando--se em algumas de suas intuições e de seus ensinamentos, tomou corpo, primeiro na América Latina, depois em vários outros quadrantes do mundo, um forte movimento, relativamente homogêneo, voltado para a construção de uma sociedade radicalmente nova, tradução sócio--histórica do Reino de Deus, reino de vida e liberdade, reino de justiça e verdade, reino de amor e de paz. A libertação de todas as escravidões e opressões – simbolizadas na escravidão dos hebreus no Egito e nos exílios dos hebreus na Babilônia – é, ao mesmo tempo, o ponto de partida e o ponto de chegada, a meta e o método, o espírito e a letra deste gigantesco dinamismo e complexo processo de construção de um novo céu e de uma nova terra. Fé e vida, compromisso evangélico e compromisso social, fé e política, vida presente e pátria futura, tudo deve se unir – mesmo correndo o risco de confusão – em vista da libertação dos pobres e da construção de uma sociedade livre, fraterna, solidária, o que se visualizaria numa sociedade socialista, pluralista, portanto, respeitadora das liberdades e das diferenças. É claro que esse ideário e esses ideais – aqui talvez até nem tão bem reproduzidos – repercutem nas instituições eclesiais, também na paróquia. Tentemos ver como.

a) *Palavra*. A Palavra, aqui, tem um núcleo: o anúncio do Reino e a denúncia em seu nome. Tem uma finalidade: a libertação histórica, plena e total.[32] Tem destinatários privilegiados: os pobres, pelos quais se faz, em nome do Pai, do Filho e do Espírito Santo, uma opção preferencial. Aceita-se a Bíblia toda como Palavra de Deus,

---

[32] Cf. BOFF; BOFF, Igreja, Reino de Deus, CEBs, pp. 65-98.

mas, nela, se destacam aqueles textos e aquelas palavras mais claramente relacionados com o binômio pobres e libertação. A Palavra está nas mãos de todos, mas fala, sobretudo, ao coração dos pobres, antenas privilegiadas da revelação de Deus e da evangelização.

b) *Liturgia*. Resgatam-se as fontes populares da liturgia. Vê-se a liturgia como celebração da vida, da libertação, do Deus da vida e da liberdade. A liturgia é festa, especialmente dos pobres.[33] Os lugares de culto são modestos, simples, quase familiares. Há ministros que vêm de fora, mas os ministérios brotam da comunidade, de sua dinâmica, e, permanecendo na comunidade, servem às suas necessidades bem concretas. A religiosidade popular é resgatada, mas relida na ótica da libertação e do serviço aos pobres. A Eucaristia é valorizada, mas as celebrações da Palavra são – também porque a Igreja não se dispõe a rever as condições de acesso à ordenação – mais frequentes, informais, participadas. Liturgia e vida, liturgia e compromisso social, liturgia e engajamento político andam juntos. A liturgia tem um forte tom de compromisso, um jeito de festa, uma cara de povo. Elaboram-se gestos e ritos novos, populares, engajados.

c) *Comunidade*. É palavra forte e constante neste modelo. Não indica, contudo, qualquer grupo, mas grupos muito precisos: de base, de pobres, de pouco número e muita consciência, de pessoas engajadas no processo de libertação e com as lutas do povo, inspiradas na Bíblia (sobretudo no povo do Êxodo e nas primitivas comunidades cristãs), ligadas à Igreja, sim, mas também críticas, com claros elementos de eclesialidade, não sempre os mesmos privilegiados pela cúpula da Igreja. São tipicamente "Comunidades Eclesiais de Base", às vezes simplesmente chamadas de Comunidades de Base ou de Comunidades Populares ou Comunidades Cristãs Populares. Assembleias, conselhos, grupos são suas estruturas sociais mais importantes, tudo funcionando em regime democrático e assembleante. As pessoas não são indicadas, mas eleitas; os cargos não são

---

[33] Cf. CODINA, *Cristãos em festa*.

vitalícios, mas temporários; as funções não são *status*, mas serviços humildes e pobres, prestados aos irmãos e irmãs.

d) *Sociedade*. Distingue-se entre a sociedade, que é o todo social organizado, a elite, que são os detentores do dinheiro e do poder, e o povo, palavra que se reveste de muitos sentidos, mas que, normalmente, indica as camadas mais baixas da sociedade, os pobres, os marginalizados ou os excluídos.[34] Critica-se a sociedade atual, capitalista, excludente, exploradora, materialista, consumista, individualista. Luta-se por uma sociedade nova, socialista, inclusiva, solidária, humanista, que atenda às necessidades de todos e respeite as liberdades, as individualidades e as minorias. A nova sociedade é vista como sacramento presente do Reino futuro, que já toma corpo, ainda que limitadamente, na história, e está presente nas buscas do povo por justiça e em suas conquistas de vida e liberdade.

e) *Clero*. A palavra "hierarquia" é banida do vocabulário e substituída pelo termo "ministério", que, além de ser bíblico, insiste-se, significa serviço humilde e pobre a todos, mas, especialmente, aos pobres.[35] Encarecem-se os ministérios que surgem de baixo, das necessidades do povo e das comunidades. Bispos e padres que se converteram ao povo, aos pobres, ao seu projeto, são exaltados como figuras proféticas e emblemáticas. Entre os papas, João XXIII; entre os cardeais, Dom Aloísio, Dom Paulo; entre os arcebispos, Dom Helder e Dom Oscar Romero; entre os bispos, uma plêiade, mas, um por todos, Dom Luciano Pedro Mendes de Almeida, hoje, somando--se àqueles cerca de trinta bispos que tomaram a defesa dos índios contra os "colonizadores" e *encomenderos*, nas primeiras décadas da Conquista. Padres autóctones, índios, negros, caboclos, pobres ganham uma aura especial, desde que não traiam suas origens, sua raça, sua cor, sua humilde condição social de origem.

f) *Economia*. Setor importante, que determina muitas outras realidades sociais, culturais, religiosas. "Pobre", categoria-chave neste modelo,

---

[34] Cf. GROENEN, Na Igreja, quem é povo?, pp. 61-81.
[35] Cf. PARRA, *Os ministérios na Igreja dos pobres.*

é, originariamente, uma categoria econômica. Se a economia vai bem e o povo vai mal, a economia não presta e precisa rever suas prioridades (*put the priorities right*, diz um amigo meu, entusiasta do presidente Lula e do seu governo):[36] trabalho para todos, remuneração digna, participação nos lucros e na gestão das empresas, educação de qualidade para todos, formação profissional, compromisso social, sindicatos livres e combativos, condições de trabalho integralmente humanas. Fala-se de economia comunitária, de economia solidária, de comércio "equo e solidário". Sem-Terra, Sem-Teto, Sem-Água são movimentos importantes, que sinalizam um futuro diferente numa sociedade nova. Combate-se o racismo, valorizam-se as mulheres, defendem-se crianças, adolescentes, jovens pobres ou excluídos. Adere-se aos partidos políticos populares. Na Igreja, o dinheiro pouco é administrado por todos, através de uma comissão, financiando, sobretudo, os projetos evangelizadores e sociais das maiorias pobres.

3.6. Paróquia pós-moderna

Se alguém disser que não existe paróquia pós-moderna, fazemos um rápido *tour* pela cidade e lhe mostro uma, várias, muitas, inúmeras. "Pós-moderno" é uma categoria ambígua, passível de diferentes interpretações – hipermoderna ou neomoderna –, mas capaz de dar conta de muitas realidades, também eclesiais e paroquiais, que não se encaixam nem se acham plena e perfeitamente no "moderno".

Entendemos, aqui, "pós-moderno" como aquele conjunto social de práticas e reflexões, sobretudo de cunho cultural, que se manifesta, claro, sem exclusividade, em alguns grandes "temas" da Pós-Modernidade dos intelectuais (Lyotard, Vattimo, Baudrillard, Lipovetsky etc.) e das ruas:[37] *o fim da ideia de progresso* ("O progresso não é senão o paganismo dos imbecis" – Baudrillard) e *a volta da ideia de "regresso"* ("O mundo é o eterno retorno do igual" – Nietzsche); *o fim da história*: se os modernos

---

[36] Cf. BUARQUE, *A revolução nas prioridades.*
[37] Cf. CARVAJAL, *Ideas y creencias del hombre de hoy.*

sacrificam o presente ao futuro, os pós-modernos sacrificam o futuro ao presente (o dionisíaco *carpe diem* de Horácio);[38] o hedonismo e a "ressurreição da carne" ("no mundo dos homens, o gozo é o alfa e o ômega, o princípio, o meio e o fim" – Baudrillard); *a passagem de "Prometeu"* (Goethe, Fichte, Marx etc.) *a "Narciso"* ou a Sísifo (porém, feliz) (Camus): os pós-modernos não gastam suas energias na transformação do mundo, mas, esquecendo a sociedade, concentram suas energias na realização pessoal, quais novos Narcisos, enamorados de si mesmos, cultores do corpo, mergulhados num intimismo individualista; *a vida sem utopias e sem imperativo categórico*: "Entendo por moral a ideia de que é preciso ser feliz e que não está dito como [...]. 'Viva feliz' é o único imperativo categórico!" (Sádaba); *o declínio do império da razão,* em que o *homo sapiens* é desbancado pelo *homo sentimentalis*: "Sinto, logo existo" é uma verdade que possui uma validade muito mais universal [do que "Penso, logo existo"] (Kundera); *o império "clean" do "soft" e do "light",* onde as grandes narrativas (teorias e doutrinas complexas, completas e fechadas) são substituídas por pequenas narrativas ("Eu, aqui e agora, digo isto; amanhã, posso dizer exatamente o contrário"); *o niilismo sem tragédia nem desespero* ("Deus morreu, as grandes utopias se apagam, e ninguém se importa: esta é a grande novidade" – Lipovetsky); *a fragmentação do indivíduo* (o indivíduo obedece a lógicas múltiplas e contraditórias; cada um compõe *à la carte* os elementos de sua existência; renuncia a compromissos profundos e estáveis nas relações interpessoais; *a passagem da tolerância à indiferença*: os pós-modernos renunciam a discutir suas opiniões, vivem e deixam viver; *a volta dos bruxos* (orientalismo, esoterismo, quiromancia, tarô etc.); *o retorno de Deus na forma de um deus "light",* de preferência servido num "coquetel religioso", preparado ao gosto de cada indivíduo, que, quando escolhe "Deus", não renuncia nem a tudo nem a nada. O pós-moderno é conservador, mas até nisso, é *light,* pois pode ser "puxado" ora para a "direita" ora para a "esquerda".[39]

---

[38] HORÁCIO, *Odes*, Livro I, 11,8. O verso todo, dirigido a uma moça, é "Carpe diem nec minimum credula postero" ("aproveita o dia de hoje, confiada o menos possível no de amanhã").

[39] Cf. HABERMAS, *Ensayos políticos*; HABERMAS, Criticismo neoconservador de la cultura en EE.UU. y en Alemania Oriental; HABERMAS, *El discurso filosófico de la Modernidad*; HABERMAS, *Entre fatos e normas*; TOURRAINE, *Crítica da Modernidade*.

a) *Palavra.* A Palavra ocupa espaço razoável nas paróquias e comunidades "pós-modernas". É, no entanto, a palavra de ânimo, de conforto, de consolação, de... autoajuda. Usa-se a Bíblia, muito, até mais do que em algum outro modelo de paróquia. A Bíblia, entretanto, tem-se a impressão (e não só), caiu pronta do céu, é ingenuamente interpretada ao pé da letra, não se deixa submeter a nenhum tratamento exegético mais exigente (textual, histórico, literário...). Captam-se, na Bíblia, mensagens de Deus a você aqui e agora: é abrir a Bíblia casualmente, rodar o dedo no ar e deixá-lo cair com a espontaneidade de uma pluma no versículo oracular. A mensagem bíblica é eterna, sobrenatural, anistórica, atemporal, aespacial e tudo o mais que você queira, na linha de um individualismo e de um espiritualismo desencarnados. A Bíblia, às vezes, ganha a função de amuleto, de ídolo: o que era a imagem do santo agora é o livro da Bíblia. A homilia da paróquia pós-moderna é um *show* variegado, com elementos de leitura piedosa da Bíblia, ou de "autoajuda", tudo muito zen, sem gancho com a realidade, com nenhum profetismo. O pregador pode até erguer a voz, quiçá mesclando prosa e canto, mas, geralmente, a voz é suave, doce, enlevadora. O que parece contraditório com o pós-moderno, na verdade, devido ao caráter conservador da Pós-Modernidade, é, sem dúvida, pós-moderno.

b) *Liturgia.* A liturgia é mais central que a Bíblia. A Eucaristia tem um lugar sublime, mas não precisa ser a sua celebração: pode ser a comunhão fora da missa, a adoração ao Santíssimo, o Santíssimo levado em procissão, o "passeio com Jesus". O sacrário é mais importante que o altar: lá Jesus fica poucos minutos; aqui, o doce hóspede das almas fica à espera de você, olha para você e você para ele, num diálogo-solilóquio que, de repente, pode virar locução interior ou visões exteriores. A penitência readquire sua função psicanalítica, trabalha o sentimento de culpa, alimentado, muitas vezes, por um exame de consciência impiedoso, legalista, minucioso, gerador de escrúpulos. O que salva é que Deus é amor, misericórdia, perdão, pai do filho pródigo, varredor doméstico à procura da dracma perdida, pastor capaz de deixar noventa e nove ovelhas no redil e embrenhar-se pasto adentro à busca da única ovelha perdida. As celebrações são emocionais, ricas de gestos, com muito cântico, sem hora para começar, sem hora para terminar. As vestes e os espaços litúrgicos são cuidadosamente revalorizados: vestes bonitas, solenes, locais ordenados, *light*, sóbrios e, sempre que possível, de muito bom gosto.

c) *Comunidade*. A paróquia não é comunidade nem é vista e sentida como tal. Que comunidade existe, porém, existe. É a nossa, a minha comunidade, igualitária, aconchegante, quente. Aqui, eu encontrei Jesus; aqui, eu me converti; aqui, eu recebi tal e tal dom; aqui, estão os meus irmãos e irmãs de grupo, de movimento, de comunidade. As comunidades não são frias, impessoais, anônimas. São quentes, "emocionais", na classificação e nas palavras do frio Weber.[40] Jesus está presente no nosso meio, é um de nós, chefão, amigo, companheiro, celeste como Deus e gente como a gente. As comunidades são "novas", as famílias são "novas", as paróquias são "novas", porque seus membros se renovaram e banharam suas vestes (cf. Ap 7,14) nas águas do movimento, do grupo, da comunidade, sacramentos do encontro com o Cordeiro. Ostentam um nome: sempre religioso, geralmente bíblico, às vezes hebraico, grego ou latino; nome de santo, isso acontece pouco, é coisa mais da religiosidade popular, com certo sabor de tradicionalismo e um quê de idolatria. A comunidade faz festa com os que se alegram e chora com os que sofrem. As dores e as alegrias são mais as íntimas, as individuais, as familiares. Drama social é tragédia, não tem cura; o negócio é salvar a alma; se aqui, melhor... certamente, lá e depois (o único "depois" é o céu).

d) *Sociedade*. É o mundo. Está contaminada até a medula, só o Senhor, quando vier, queimando a palha e poupando o trigo, vai salvar o salvável. Salvar a sociedade não é tarefa nossa, mas deles, dos outros, os de fora, os do mundo, os profanos. Aos santos, as coisas

---

[40] Cf. WEBER, *Économie et sociéte*; WEBER, *Sociologia delle religioni*.

santas; aos perdidos, as coisas perdidas. Neste modelo, valoriza-se, sim, o mundo, mas para evitá-lo, exorcizá-lo, defender-se dele, fugir para o deserto. Não se vê diferença entre estar no mundo e ser do mundo: é tudo a mesma coisa! A paróquia pós-moderna é uma reação à paróquia moderna, sobretudo, ao modelo "pós-conciliar": unilateralidade se combate com unilateralidade. Há, repito e repiso, uma estreita relação entre Pós-Modernidade e conservadorismo, como denuncia Habermas.[41] A eliminação da consciência histórica, somada ao mito relido do eterno retorno, traz como resultado o fim de qualquer esperança de transformar o mundo e mudar a sociedade. A cara feliz da Pós-Modernidade esconde as veias e o sangue infelizes do conservadorismo. "As veias sangrantes da América Latina",[42] isso não diz nada, aliás, o que é isto?

e) *Clero*. O clero tem um prestígio enorme. Os "padres" da linguagem familiar não são os "presbíteros" da letra bíblica nem o "clero" da casta separada, mas os "sacerdotes": mediadores entre Deus e os homens, têm um pé na divindade e outro na humanidade. São muito humanos: próximos, amigos, companheiros, chamados pelo nome próprio – sem o título de padre – ou até por apelido. Têm zelo pastoral, celebram dentro das regras, pregam direitinho... mas é tudo muito leve, do ponto de vista religioso; caracteristicamente suave, no estilo, no tom, na voz; sob o aspecto social, de cabo a rabo, alienado e descomprometido; tudo permeado de uma religiosidade universalista, de uma espiritualidade espiritualista, como se a abstração da realidade fosse mais realista, convincente e eficaz. Os padres *light*, porém, a despeito de serem humanos demais, são divinos. O pessoal da Pós-Modernidade paroquial ou movimentista bebe sem saber em Inácio de Antioquia, Clemente Alexandrino, Orígenes, Gregório de Nazianzo, João Crisóstomo, Dionísio Pseudo-Areopagita e na Escola Francesa de Espiritualidade. O modelo sacral de ministério está bem cotado no mercado religioso

---

[41] HABERMAS, *Ensayos políticos*; HABERMAS, Criticismo neoconservador de la cultura en EE.UU. y en Alemania Oriental; HABERMAS, *El discurso filosófico de la Modernidad*.

[42] Cf. GALEANO, *As veias abertas da América Latina*.

atual: o angelismo e o "divinismo" andam soltos por aí. A batina volta; o *clergyman* reaparece; alguma missa em latim não faz mal a ninguém; um rito penitencial em grego dá um ar *cult* a uma assembleia fascinada e submetida aos arcanos. Padre é valorizado, bispo não sei se tanto, mas papa é idolatrado. Parecem ter ressuscitado os símbolos brancos da Igreja Católica: os anjos, o papa, Maria, a alva, a hóstia. O sangue dos mártires e o vermelho dos profetas não escorrem nestas veias dietéticas e ternamente massageadas, que alimentam, segundo alguns (uma freira magrinha me disse isso com a convicção de uma profetisa) – o futuro dirá! –, novos coveiros da Igreja[43] e esterilizadores do cristianismo.[44]

f) *Economia*. A economia existe tanto quanto a história e a sociedade. Quer dizer, não existe. É um mal necessário e um bem passageiro. O dinheiro, porém, é bem-vindo e vai ser empregado para fins de bem: a edificação de templos, os gastos do culto, o decoro do espaço sagrado e dos ministros sagrados, a evangelização etc. Criticam-se festas de Igreja e promoções mundanas. Investe-se em ambientes religiosa e moralmente assépticos. Um karaokê católico pode não dar muito dinheiro, mas pode ganhar adeptos para a "nossa" comunidade. Abrem-se lojas de moda cristã. Vendem-se camisetas, decalques, adesivos, bottons, mochilas, CDs, DVDs e tantos outros produtos D.O.C. (denominação de origem controlada). Montam-se, para entretenimento dos jovens, ambientes cristãos e católicos, ascéticos e assépticos, mas sem muito controle de qualidade acústica e musical. A grande economia pode ir mal: não é problema nosso; a economia que gira em torno da religião vai muito bem, obrigado.

---

[43] Cf. ADOLFS, *Igreja, túmulo de Deus?*

[44] "Uma tragédia perpassa certos ambientes eclesiásticos: confundir o anúncio do Evangelho com o sucesso estatístico. Caiu-se na moda do mundo e limpa-se o Crucificado de todas as chagas, enxuga-se no chão da Igreja qualquer vestígio de sangue. Prega-se o sucesso, não o martírio: vendem-se facilidades ao preço da esterilização cristã. Afugenta-se o martírio para que não sejam amedrontados os fregueses desse grande mercado em que ser quer transformar o solo eclesial. Quer-se tirar da vida cristã a dor que é compaixão, doação total, transformação interior, combate da fé" (BESEN, A missão cristã e a plantação da Igreja).

3.7. Paróquia de mediação

Este modelo tem como pressuposto a ideia e o ideal da unidade. Finca raízes naquele princípio metafísico segundo o qual *verum, bonum et unum convertuntur* ("o verdadeiro, o bom e o uno são convertíveis, equivalem-se, são intercambiáveis"). O ser humano busca, em definitivo, a vitória sobre o caos, não a vitória do caos. Quer a ordem, a harmonia, a paz, que não estão nos extremos, mas no meio, no respeito a todas e às mínimas presenças de verdade, de bem e de unidade em tudo e em todos. Cada um tem algo de bom a aportar ao conjunto, não pode ser desprezado, menosprezado ou mortificado. A verdade não é monopólio de ninguém, mas busca e construção de todos. Numa Igreja dilacerada por tendências e propostas opostas, "para que todos sejam um", é dever buscar a concórdia, a conciliação, um projeto comum, aceitável por todos, pelo menos pela maioria, que respeitará as minorias e não fará calar suas vozes. A mediação, a vida média, a articulação dos interesses em difícil convivência são mais desejáveis que o conflito permanente, as oposições de princípio, os unilateralismos. A "grande Igreja" é sempre preferível à heresia e à seita, ainda que a heresia também contenha alguma verdade, e a seita possa até contribuir para chamar a atenção para uma verdade ou aspecto de verdade que, de outra forma, ficaria esquecida.[45] Em vez da autocracia, o diálogo; em vez do monopólio, a participação; mais que a participação, a corresponsabilidade; em vez das decisões de cima para baixo, de um sobre todos, a sinodalidade, a "busca comum de um caminho comum". Melhor que o melhor, é o bom encontrado e acatado por todos ou, ao menos, pela maioria! As paróquias que conscientemente perseguem esse horizonte, mesmo não conseguindo atuá-lo plenamente, poderiam ser enquadradas como "paróquias de mediação". Aparecida optou pela "via média".

a) *Palavra*. A paróquia de mediação consegue balancear – mais com rigor do que com vigor – palavra, sacramento e vida. Se a catequese é precedida pela iniciação e seguida pela mistagogia, a celebração dos

---

[45] Cf. JOÃO PAULO II, *Cruzando o limiar da esperança*, p. 148.

sacramentos é cuidadosamente preparada, ativamente participada e, acredita-se, certamente frutuosa, como queria o Vaticano II. A Bíblia ocupa lugar de destaque na evangelização, na catequese, na celebração litúrgica, nos grupos, nas comunidades e nas famílias. Tudo se subordina a ela, ela não está submetida a nada e a ninguém. Entra solenemente na procissão de entrada da celebração eucarística ou, até com mais destaque, antes da Liturgia da Palavra. A Liturgia da Palavra procede como um mecanismo bem ajustado, besuntado, engraxado. Leitor é leitor; acólito não é leitor; "precista" é "precista"; salmista é uma coisa, cantor é outra. O diácono proclama o Evangelho, mesmo que leia mal, entenda pouco e tenha péssimo timbre de voz. Palavra do Senhor, Palavra da Salvação e palavra humana são cuidadosamente distintas. Homilia é reservada aos ministros ordenados; os leigos, na homilia, só podem dar testemunho. A interpretação autêntica é a do Magistério, que todos devem ouvir respeitosamente e acolher religiosamente, dentro dos vários graus de vinculação que a palavra do Magistério contempla e implica.

b) *Liturgia.* A liturgia é correta, balanceada e não alienada. As rubricas são respeitadas, mas sem cair no rubricismo. O padre prepara as celebrações, e as homilias costumam ter razoável qualidade. Padre não celebra sozinho nem faz tudo na celebração. A paróquia tem sua equipe de liturgia e várias equipes de celebração. Os ministérios litúrgicos existem e funcionam, cada um no seu lugar, cada um com a sua função. Valorizam-se os tempos fortes do Ano Litúrgico, o Dia do Senhor e, sendo possível, celebra-se todos os dias a Eucaristia, com a presença da comunidade. Até os silêncios litúrgicos são escrupulosamente guardados. Os santos ocupam o lugar que lhes cabe: modelos, intercessores, protetores. As festas da Virgem recebem relevo à altura de seu papel na história da salvação. Todos os sacramentos são importantes, mas nenhum supera a Eucaristia, fonte, expressão privilegiada e cume de toda a ação evangelizadora e da vida cristã e eclesial. A religiosidade popular é autêntica expressão da fé católica, maneira legítima de viver a fé. Os leigos e leigas participam consciente, ativa e, espera-se, frutuosamente, das celebrações litúrgicas. Onde não é possível a celebração da Eucaristia, a Liturgia da Palavra é fortemente valorizada. A liturgia não é tudo, mas tudo é nada sem a Liturgia.

c) *Comunidade.* "Comunidade" fascina, anima, motiva. Ganha ar de magia e de antecipação utópica. Mostra-se caminho e solução para tudo: para a evangelização, a catequese, a liturgia, a pastoral; para os carismas, serviços e ministérios; para leigos e leigas, ministros ordenados e vida consagrada; para a vida social e o processo econômico. O termo "paróquia" substitui-se, com a facilidade com que se muda um cartaz, pela expressão "comunidade paroquial". A paróquia tem que virar comunidade, mas, se isto não acontecer, tem que ter comunidades em seu interior e transformar-se em rede de comunidades. No Documento Final de Aparecida, a menos que a pressa tenha atrapalhado a precisão, o termo mais frequente é "comunidade", cobrindo os mais diferentes significados. Povo, território, benefício, agrupamento: tantos conceitos para dizer a mesma realidade da paróquia. "Comunidade", porém, entrou de mansinho e parece que veio para ficar. Claro que há comunidade e comunidade – Comunidades Eclesiais de Base, pequenas comunidades, novas comunidades, comunidades cristãs ou simplesmente comunidades –, mas o ideal de seguir o ensinamento dos apóstolos, de rezar em comum, de partir e repartir o pão, de ser um só coração e uma só alma, de eliminar a miséria e de viver a pobreza continua vivo e, um dia, ainda vai frutificar.

d) *Sociedade.* Se a distinção é clara, as ligações são muitas e indispensáveis. A Igreja, embora não seja o mundo nem seja do mundo, está no mundo, vive no mundo, pretende servi-lo e transformá-lo, até que surjam da terra e do alto os novos céus e a nova terra da esperança do Apocalipse. A paróquia que realiza o modelo de articulação pode não ser feliz nem exitosa na prática, mas, na teoria, tudo é preciso e ordenado. O que o Concílio diz das duas esferas – a civil e a religiosa, o Estado e a Igreja, o cidadão e o cristão – foi assimilado e é repetido pela paróquia de articulação. À hierarquia compete o cuidado dos bens espirituais e das pessoas em sua dimensão de transcendência; ao Estado, em seus vários níveis, o cuidado dos cidadãos, livres e responsáveis, nos diversos setores de sua existência: família, trabalho, educação, saúde, segurança etc. Transitando nos dois mundos, o cristão (sobretudo os leigos e leigas) leva o Evangelho para dentro do mundo e leva para dentro da Igreja as alegrias e as esperanças, as tristezas e as angústias dos homens e das mulheres de hoje, já que nada que é humano pode ser indiferente ao cristão (cf. GS, n. 1). Aspira-se a uma relação positiva entre o sal e a terra, a luz e o mundo, o fermento e a massa, sem confusão, imutáveis, indivisos, inseparáveis, sem prejuízo da diferença (cf. DH, n. 302) entre ambas as entidades e salvaguardada a propriedade de cada uma delas. Se, no erro do monofisismo, há alguma verdade, e, no erro contrário, do nestorianismo, algum valor, a verdade, porém, brilha, em todo o seu esplendor, em Calcedônia, onde, mesmo ausente o papa, Cristo falou pela boca de Leão. O equilíbrio cristológico de Calcedônia encerrou os debates cristológicos que agitaram os primeiros séculos; com todo o respeito por Calcedônia e com todo o cuidado no uso da analogia, a "via média" sinalizada por Aparecida, que também é digna de todo o respeito, no terreno pastoral, vai acabar por se impor neste *mare magnum* do nosso cristianismo moreno, talvez não como conteúdo, mas certamente como forma.

e) *Clero*. No Concílio, "clero" foi posposto a "sacerdotes", e estes, a presbíteros, bispos e diáconos.[46] No modelo de articulação, sabe-se disso, mas circula-se com facilidade entre terminologias ministeriais diferentes e, mais ainda, entre concepções ministeriais pouco concordes. É o "padre" familiar da linguagem corrente; é o "sacerdote" sacral de alguns movimentos; é o "presbítero" do pessoal que se quer mais afinado com o léxico do Novo Testamento. Não se exalta o clero, mas também se evita de espezinhar o clericalismo. A paróquia não é o pároco, mas também não é só os leigos e leigas, mas o

---

[46] Cf. FAVALE, Genesi storico-dottrinale del paragrafo 28 della Costituzione dogmatica "Lumen gentium" e del Decreto "Presbyterorum Ordinis", pp. 7-125; WASSELYNCK, *Les prêtres*.

conjunto internamente diferenciado do Povo de Deus. Os ministros ordenados não devem se meter em política, mas não há como negar que a fé cristã tenha uma dimensão política, e que a política deva ter uma dimensão ética e teológica (cf. GS, n. 42). O pároco não está acima da comunidade, mas, estando dentro, está também à frente e diante dela, na primeira posição, como ensinou o leigo e filósofo Justino, na segunda, como ensinou o primeiro Sínodo Universal dos Bispos sobre "Justiça no Mundo" e "Sacerdócio Ministerial". Aliás, seriam tão disparatados assim os dois temas do mesmo sínodo, ou o hamletiano Paulo VI voltava a plantar, entre a cruz e a espada, o modelo de articulação, amplamente utilizado (em termos de "justaposição"), no Vaticano II? No modelo de articulação, se o baixo clero não consegue articular os contrários e os diferentes no pequeno mundo paroquial, os bispos procuram fazê-lo em níveis mais amplos, e o papa, na comunhão universal das Igrejas, uma vez que exatamente a unidade da Igreja é a razão de ser do seu primado e de sua infalibilidade (cf. DH, nn. 3.050-3.075).

f) *Economia*. Se, na sociedade, a economia deve estar subordinada à política e a política, à ética, na Igreja – concretamente, na paróquia – a economia está subordinada ao Conselho de Assuntos Econômicos – sob a moderação do pároco – e o conselho, à evangelização. Na paróquia enquadrada no modelo da articulação, tudo tem o seu lugar, cada um na sua vez, desde que se tenha muita calma em cada momento: há dinheiro para construção, mas a prioridade é a evangelização; não falta dinheiro para os pobres, mas, sem catequese, não se aprende que os pobres são a prioridade das prioridades; o padre tem a última palavra, mas os leigos e leigas têm direito à iniciativa, capacidade de avaliação, competência técnica, o que enriquece a tomada de decisões. Quanto à grande economia, na grande sociedade, a Igreja diz não ter competência técnica nem poder político, só princípios religiosos e éticos. Os leigos e as leigas é que devem, juntamente com outras pessoas e grupos, encontrar caminhos para a criação de uma sociedade nova, nem capitalista nem comunista, que seja casa de habitação para todos.

Terceira conclusão parcial

"Modelo" não é nem "pretensão" nem "realidade". Ou, então, modelo não é nem ideal a ser perseguido nem realidade apreensível empiricamente. Modelo é uma construção teórica que ajuda a visualizar as realidades concretas, captando, nelas, os elementos ideais que as sustentam, aos quais elas se referem e que elas exprimem.

Muito concretamente, modelo serve para aquilatar a distância (diferenciada) que separa a "realidade" da "pretensão". A realidade paróquia é uma realidade vária, plural, pluriforme, tanto em termos práticos quanto em termos teóricos.

O fiel não entra em contato com "a" paróquia da teologia ou do direito canônico, mas com a paróquia que se inspira, se deixa interpretar e deixa transparecer "uma" sua leitura teológica, jurídica, pastoral, prática. Aliás, tirando talvez o direito canônico, teologia e pastoral, hoje em dia, se flexionam no plural. Não só. A "essência" da paróquia só se dá nas suas "configurações" históricas, sejam elas quais forem.

A tentação de transformar modelo heurístico (hermenêutico, interpretativo) em modelo místico (espiritual, motivacional) e operacional (prático, concreto, a ser levado à prática, a dever ser concretizado) deve-se ao fato de que todo modelo responde a uma compreensão do mundo, a uma teologia e a um entendimento do dever ser da Igreja no mundo.

O desafio, porém, não é colocar em prática um modelo, mas questionar, a partir do Evangelho, da fé, da consciência eclesial, da autocompreensão normativa da Igreja, nossas práticas – teóricas e concretas – e abrir-nos à conversão, à reforma, à renovação e – por que não? – à transformação. Nas palavras de Aparecida, à "conversão pastoral e à transformação missionária das comunidades". Se, em matéria de "paróquia", há um modelo a ser buscado, este é não o retrato falado da comunidade primitiva de Jerusalém, mas o ideal de comunidade buscado pelos discípulos do Crucificado Ressuscitado, os quais, certos de que ele está vivo, sabem também que seu Evangelho não morreu.

Pastores, teólogos e pastoralistas têm se dado, desde os albores do século passado, ao trabalho de mudar a paróquia, mergulhando no seu mistério, voltando às fontes, resgatando seus traços ideais, propondo metas e caminhos para uma instituição instalada e acomodada, esquecida de que seu ser mais íntimo é a desinstalação, o peregrinar, a oferta de alternativa, a busca incansável de uma utopia, o caminhar na terra com o coração nos céus.

É o passo que daremos no próximo capítulo, pondo-nos na companhia de personagens ilustres como o monge Dom Beauduin, que se notabilizou por dar início ao movimento de renovação da liturgia; Parsch, Jakobs, Pinsk, que juntam a redescoberta da dimensão mística da Igreja (bebendo nas águas límpidas e profundas de Sailer, Hirsch e Möhler) com o movimento de renovação paroquial; os assistentes da Ação Católica Godin e Daniel, de braços dados com os padres-operários, com o pároco missionário Michonneau, com a Mission de France (a "filha primogênita da Igreja" sendo parida e parindo uma sociedade radicalmente secularizada); K. Rahner, o pároco-teólogo que, maior teólogo do século XX, nunca perdeu sua alma e seu chão de pároco; pastores de altíssimo nível como o Cardeal Suhard; teólogos da estirpe de Congar e Chenu, que deram sustentação teórica à renovação paroquial no seio do renouveau théologique *e da* rénovation ecclésial; *pastoralistas como Arnold, Boulard, Floristán, Caramuru, Comblin, Antoniazzi...*

4. A PARÓQUIA ENTRE RENOVAÇÃO E RESISTÊNCIA

Até a década de 1920, a paróquia era território tranquilo e indiscutido dos canonistas. Na visita pastoral do bispo, coincidindo ou não com uma celebração massiva da crisma, seguia-se um ritual pautado sobre minutas disposições canônicas: verificar a exatidão dos registros; comprovar a dignidade do sacrário; examinar a contabilidade; questionar sobre a preservação da correta doutrina, o zelo pelos bons costumes e pelo ordenamento moral. O Concílio de Trento fizera da residência, da pregação e da visita pastoral – realizada, de forma sistemática e meticulosa, pelos grandes e não tão grandes bispos pós-tridentinos, tendo como modelo o bispo símbolo da Reforma Tridentina, São Carlos Borromeu, que não viveu o suficiente para ver todos os seus frutos – um dos instrumentos da renovação da Igreja.[1]

Desde 1925, entretanto, assistiu-se a várias tentativas de renovação paroquial. Cada uma das propostas de renovação focava determinado âmbito da vida da paróquia: a renovação *litúrgica*, ao se descobrir o mistério da Igreja e dos sacramentos; a renovação *missionária*, ao se tomar consciência do contexto humano a se evangelizar; a renovação *catecumenal*, com o reaparecimento e a valorização do batismo de adultos; a renovação *eclesial*, acentuando o dinamismo da Igreja num contexto espaço-temporal determinado; a *cultural*, levando a desenvolver instituições educativas, recreativas ou caritativas em suplência civil.

De uma maneira ou de outra, mais ou menos conscientemente, todos os movimentos de renovação partiam da constatação de que a paróquia – sociologicamente falando – não era comunidade cristã, mas aglomerado ou conglomerado de fiéis, praticantes, não praticantes e até mesmo afastados,

---

[1] Cf. JEDIN; ALBERIGO, *Il tipo ideale di vescovo secondo la Riforma Cattolica.*

que não baseavam seu consumo religioso em exigências de autenticidade, justamente porque a paróquia, abusivamente, se identificava com todos os batizados e batizadas que vivem em seu território, sendo muitos, se não a maioria deles, meramente censitários ou ocasionais.

4.1. Paróquia, comunidade litúrgica

Dom L. Beauduin (1873-1960), um dos pioneiros do movimento litúrgico, discorreu sobre o espírito litúrgico que as paróquias deviam possuir.[2] Anos depois, em torno de 1925, nasce a chamada paróquia litúrgica, na Alemanha. Contribuem para isso os escritos de vários fautores do movimento litúrgico: A. Wintersig, P. Parsch, K. Jakobs e J. Pinsk, falando respectivamente da "liturgia como fundamento da realidade religiosa da paróquia", da "comunidade viva paroquial", da "edificação espiritual da paróquia" e do "sentido místico da paróquia".[3]

Redescobriu-se o significado da assembleia litúrgica. Diante dos canonistas, para os quais a paróquia não passava de uma realidade jurídica, enalteceu-se o "mistério" da paróquia. Em sua essência mais íntima, a Igreja local seria, a partir da Eucaristia, uma assembleia litúrgica; a paróquia, que participa do mistério da Igreja local, é uma assembleia litúrgica. Esta é a essência da paróquia.

A influência da renovação litúrgica sobre as paróquias foi enorme: reanimou os fiéis; deslocou o centro da vida paroquial das obras para o "mistério" da Igreja; purificou as devoções; contribuiu para a superação do individualismo religioso; pôs os fiéis em contato com a Bíblia e a oração tradicional da Igreja.

Paradoxalmente, o advento do nazismo, que proibiu toda e qualquer organização laical cristã e aboliu a imprensa católica, ajudou indiretamente a reanimação da comunidade paroquial, que, em princípio, foi respeitada.

---

[2]   Cf. BEAUDUIN, L'esprit paroissial autrefois et aujourd'hui, pp. 16-26, 80-90, 305-311.

[3]   WINTERSIG, Pfarrei und Mysterium, pp. 136-143, 426-437; PARSCH, *Volksliturgie*; JAKOBS, Das Mysterium als Grundgedanke der Seelsorge, pp. 364-371; PINSK, Die religiöse Wirklichkeit von Kirche, Diözese und Pfarrei, pp. 337-344.

Os liturgistas alemães buscaram fundamento mais amplo para suas pesquisas naquelas obras de renovação da eclesiologia que floresceram, sobretudo, em torno à Faculdade de Teologia de Tübingen, no sul da Alemanha: J. M. Sailer (1751-1832), J. B. Hirscher (1788-1865) e, o maior de todos, J. A. Möhler (1796-1838), com sua memorável obra *Die Einheit der Kirche* ("A unidade da Igreja").

Infelizmente, porém, por falta de suficientes dados psicossociais, esses liturgistas tiveram vários limites: identificaram a paróquia territorial com a assembleia litúrgica; reduziram o ministério pastoral ao ministério litúrgico, deixando na sombra a evangelização, a catequese, o compromisso social. Seu mérito principal, porém, foi o de superar a visão meramente beneficial e jurídica, a identificação da paróquia com as "obras" e, sobretudo, colocar as bases para resgatar o sentido cristão e eclesial da assembleia litúrgica.

4.2. Paróquia, comunidade missionária

Em 1943, veio à luz, na França, o revolucionário livrinho, de H. Godin e Y. Daniel, *France, pays de mission?*, onde se analisava a situação religiosa do ambiente operário de Paris e se davam algumas indicações pastorais. A obra destes dois assistentes da JOC causou forte impacto sobre o Cardeal Suhard (1874-949),[4] arcebispo de Paris.

Nela, criticava-se o caráter burguês das obras paroquiais bem como as organizações nascidas das paróquias como, por exemplo, as associações de apoio e proteção. Estas associações – denunciavam Godin e Daniel – não geram cristãos decididos; nelas, os sacerdotes gastam suas melhores energias; alguns não fazem senão cuidar dessas obras.

Na verdade, a paróquia é incapaz de converter e incorporar não cristãos; ao contrário, afugenta-os, pois só é capaz de servir os católicos de tradição. Paróquia e missão, dizem os padres jocistas, são tarefas diferentes. O mínimo que se pode fazer é dar à pregação e à liturgia um enfoque

---

[4]   SUHARD, *Éssor ou déclin de l'Église.*

missionário, visando a converter a paróquia voltada para si mesma em comunidade de testemunhas projetada na direção dos que estão fora e longe dela. O grande desafio é varrer a religiosidade individual sem nenhuma ligação com os outros, com os grupos e com a própria paróquia, mera abastecedora de algumas necessidades religiosas de indivíduos isolados.

Dois anos depois, em 1945, G. Michonneau publicou a menos famosa e também menos sólida *La paroisse, communauté missionnaire. Conclusions de cinq ans d'expérience* ("A paróquia, comunidade missionária. Conclusões de cinco anos de experiência").[5] O momento era de excepcional vitalidade, quando se despertava, depois da II Guerra Mundial, um intenso espírito evangelizador e comunitário. A teologia desenvolve os conceitos de "comunidade" e de "acolhida", que correspondem aos anseios do momento e que muitos procuram efetivamente viver.

Os párocos mais abertos descobrem a importância de um cristianismo comunitário e a urgência de uma ação missionária, sob a influência da JOC (fundada por Cardijn em 1924), e, desde 1931, também das pesquisas sociológicas de G. Le Bras – o pai da Sociologia Religiosa[6] – aplicadas às realidades pastorais.

A obra de Michonneau não questiona radicalmente a estrutura pastoral vigente na cidade; limita-se a propor que a paróquia se torne uma comunidade missionária. O resultado dos esforços despendidos e das iniciativas tomadas, porém, em vez de injetar espírito missionário na paróquia, o que conseguiu foi paroquializar os movimentos apostólicos (tipo JOC, JEC, JUC), esterilizando-os.

A ideia de comunidade missionária, porém, ficou e foi importante para mobilizar o laicato via democratização da comunidade. Os conservadores taxaram a proposta de comunidade missionária de "obreirismo", estabelecendo uma ligação com os "padres-operários" e a *Mission de Paris*. Alguns teólogos, entretanto, deram suporte teórico a este projeto: Congar, em 1948, escreveu que a Igreja não se reduz à paróquia e que

---

[5] MICHONNEAU, *Paroisse, communauté missionnaire*; cf. BOULARD, *Problèmes missionnaires de la France rurale.*

[6] POULAT, *L'era post-cristiana*, pp. 29-43.

não há incompatibilidade entre paróquia e missão;[7] Chenu, na mesma época, acrescentou que a paróquia, como a família, por indispensável que seja, não é a base da Igreja.[8]

A dificuldade de fazer da paróquia uma comunidade missionária, na verdade, está ligada ao desconhecimento sociológico da cidade e da sua importância para a evangelização. Enquanto os liturgistas se dão conta de que a paróquia é grande demais para se tornar assembleia cultual, os missionários mais lúcidos estão convencidos de que o território paroquial não é suficiente para centrar aí a ação missionária, por ser pequeno demais. A missão deve se desenvolver por *ambientes*, dentro do horizonte maior e total da cidade, e estar, de um lado, articulada com uma *comunidade de base* e, de outro, com um processo responsável de *catecumenato*. Se este último é o termo da missão, a outra é, ao mesmo tempo, o seu ponto de partida e o seu desaguadouro.

Pretender que a paróquia seja missionária, sem rever sua estrutura e sem se abrir, para o alto, para uma pastoral urbana, e para baixo, para uma rede de comunidades, é entregar-se ao fracasso. Nem a cidade é uma federação de bairros ou de divisões territoriais – como ingenuamente, às vezes, se pensa – nem a pastoral urbana pode assentar-se acriticamente sobre uma mentalidade rural. A paróquia – convém não esquecer – é uma instituição que, tendo surgido, entre os séculos IV e V, na zona rural – formada por uma constelação de pequenas povoações mais ou menos dispersas – foi transplantada, em torno do século X, do campo para a cidade, retalhando a unidade orgânica desta em pequenos feudos autossuficientes.

4.3. Paróquia, comunidade substitutiva

Esta proposta, por seu turno, responde à descristianização dos ambientes, com a recriação, em miniatura, de um mundo ainda cristão e pretensamente saudável, em diversos âmbitos: educativo, cultural, desportivo,

---

[7]   Cf. CONGAR, Mission de la paroisse.
[8]   Cf. CHENU, Die Erneuerung der Seelsorgewissenschaft, pp. 308-311.

recreativo, político etc. Diante de um mundo cristãmente perdido, opõe-se a alternativa de um mundo cristão, que corresponde à compreensão da Igreja como "sociedade perfeita" em sentido jurídico e moral.

Nasce, assim, a paróquia "comunidade de substituição", que, nos Estados Unidos, é chamada de *great family*. A sede paroquial transforma--se num grande centro social com diversos setores: educacional (escola paroquial), recreativo (oratório, quadras esportivas e um grande salão multifuncional) e religioso-sacramental (templo). Os fiéis, muitas vezes imigrantes desenraizados, compartilham aí suas vidas naqueles intervalos de tempo em que não estão trabalhando profissionalmente ou convivendo com a família.

A paróquia de "obras", a que já nos referimos, é semelhante. No espaço paroquial, funciona todo tipo de entretenimento e serviços. O pároco é o organizador e o administrador da instituição: assim como dirige o culto, dirige a escola; da mesma forma que dá catequese, orienta as apresentações do teatro; com o mesmo profissionalismo com o qual administra o dinheiro da comunidade, anima as equipes desportivas da paróquia; assim como organiza as procissões do padroeiro, lidera excursões e romarias com distintos grupos da paróquia.

Na prática, com profundo instinto de defesa, a paróquia, graças às suas "obras marginais", protege determinados grupos de fiéis, mas não resolve o apostolado da grande cidade, não promove uma fé adulta, afugenta as gerações mais jovens, não leva a sério a realidade do mundo, com suas instituições, e geralmente celebra um culto tedioso, ainda que solene e brilhante. Seu público inclui, sobretudo, os menores de catorze (que ainda não receberam o "sacramento da despedida") e os maiores de quarenta (que, à semelhança do "filho pródigo", voltam à Igreja, atrás de referências para si próprios e suas famílias: filhos e filhas, genros e noras, netos e netas), as mulheres (nossa proposta religiosa parece mais adequada ao público feminino) e as classes médias (os ricos e os pobres parece que estão mesmo perdidos).

Em comparação aos ingentes esforços investidos neste tipo de paróquia, os resultados parecem pífios. Alguma semelhança parece existir entre essa figura de paróquia e as instituições educacionais católicas. O que têm de cristão? O que têm de católico? Qual seu efetivo e eficaz investimento em evangelização? Que elementos de fé e vida cristã e eclesial comunicam aos que passam por elas?

Na grande cidade, a paróquia não é notada. As classes sociais mais dinâmicas, como os trabalhadores, os empresários, os comerciantes, os intelectuais, geralmente ficam à margem da vida paroquial. Um número ainda grande de pessoas a procura para o batismo dos filhos, menos para a primeira comunhão, menos ainda para a crisma, cada vez menos para o casamento. Os movimentos sociais e religiosos mais vivos acontecem fora da paróquia.

Mesmo assim, muitos párocos não veem outra alternativa senão aperfeiçoar o sistema. O homem urbano é individualista e pragmático: a paróquia deve ser uma espécie de serviço público para quem a frequenta. A paróquia é vista como um grande supermercado, que deve funcionar muito bem, onde o atendimento tem que ser de excelência, e os produtos, de excelente qualidade, de "qualidade total", propõem alguns atualmente. A demanda está aí e precisa ser adequadamente atendida. A concorrência é bem-vinda. Mesmo que seja de leigos exigentes que formem grupos extraparoquiais. É ameaçadora, no entanto, quando vem dos novos grupos religiosos.

4.4. Paróquia, encruzilhada e concretização da pastoral de conjunto

Parte-se de algumas percepções – a ruptura entre Igreja e mundo; a necessidade de evangelizar a massa operária e outras, largamente descristianizadas – e de algumas iniciativas – o trabalho da JOC voltado justamente para a cristianização dos operários; o movimento dos padres-operários e as pesquisas sociológicas de G. Le Bras,[9] às quais se seguiram os trabalhos teóricos de H. Godin e Y. Daniel, F. Boulard e G. F. Michonneau.

---

[9] Cf. G. LE BRAS, Pour un examen détaillé et pour une explication historique de l'état du Catholicisme dans les diverses régions de la France, pp. 425-449.

Boulard, por exemplo, constata três etapas na percepção e análise dessa situação:

1. a ruptura entre a vida e a religião (descristianização coletiva), fenômeno que encontra a paróquia, isolada na sua ação, cada vez mais incapaz de assumir uma evangelização do ambiente, o que torna necessária uma ação pastoral de conjunto ("conjunto", aqui, é o conjunto do mais vasto mundo social ao qual deve se dirigir a atividade da Igreja);

2. a interioridade da pastoral de conjunto, ou seja, o trabalho do presbítero e do leigo deve se colocar no interior de uma pastoral global que tenda a orientar de modo unitário a ação pastoral paroquial ("conjunto" significa, aqui, a pastoral como ação comum dos diferentes agentes);

3. a dimensão episcopal da pastoral, quer dizer, a indispensável referência de todas as forças e instituições de uma diocese ao seu pastor, no exercício da pastoral de conjunto (aqui, "conjunto" indica que a ação evangelizadora tem um âmbito de abrangência bem maior que as paróquias individuais e uma variedade de atores, que precisam se articular).[10]

O nó do problema pastoral é identificado na relação entre vida eclesial e ambiente ou grupo social (*milieu*), que seria uma rede de interações entre massa e determinados sujeitos ativos no próprio ambiente, que sofrem, sim, influências do meio, mas também são capazes, por um lado, de modificar algumas tendências e, por outro, de captar e recolher as suas solicitações. A vida cristã é condicionada pelo grupo e pelo contexto social em que está inserida. Identificam-se, tanto no meio rural quanto no meio urbano francês, três situações típicas: "áreas de Cristandade", em que grande parte dos fiéis mantém a prática religiosa; "áreas de indiferença", sofrendo um processo de descristianização; "áreas de missão", nas quais grande parte da população se tornou estranha à Igreja. A comunidade cristã mostra-se incapaz de conter tal processo e tende a se fechar em si mesma, fazendo

---

[10] Cf. MIDALI, *Teologia Pastorale o Pratica*, p. 73; BOULARD, Iniziative e movimenti attuali della pastorale d'insieme.

com que a comunicação entre o ambiente social "pagão" e o ambiente paroquial se torne difícil.[11] De qualquer forma, a Igreja deve evangelizar os vários grupos sociais, especialmente a massa do povo, não deixando ao abandono um vasto segmento da população. Para tanto, porém, é necessário superar determinado modelo de paróquia, centro de culto, limitado aos que a frequentam, e criar um tipo de paróquia pensado como comunidade missionária, ou seja, em condições de penetrar e animar cristãmente a totalidade do grupo humano que está ao seu redor, lembrando que os problemas do ambiente não podem ser tratados como "casos de consciência", mas, sendo sociais, estruturais, exigem ser enfrentados estruturalmente.[12]

Faz-se necessário delimitar a chamada "zona humana" *(zone humaine)*, à qual vai corresponder, em nível eclesial, a "zona pastoral" *(zone pastorale)*. A primeira é a unidade social elementar da vida de um grupo de pessoas; compreende, formalmente, a rede de relações que se dão entre os indivíduos de um território suficientemente extenso para permitir o desenvolvimento de todas as dimensões mais significativas da existência humana; para ser eficaz, a pastoral deve estruturar-se de acordo com a zona humana, criando, portanto, aí, uma zona pastoral, que é justamente o espaço onde a ação eclesial enfrenta os problemas humanos e religiosos de uma unidade social de base. Nessa perspectiva, a paróquia não é eliminada, mas reclama por uma redefinição de suas dimensões e por uma integração de suas ações numa atividade zonal.[13] Também os sujeitos da evangelização e da ação pastoral devem ser redefinidos: ator primário é o presbítero, assumindo, porém, de forma determinante, tarefas missionárias em relação ao proletariado; o leigo militante, engajado na evangelização não por mandato da hierarquia, mas por sua condição originária de batizado inserido no mundo; não o agente individualmente considerado, mas o grupo *(équipe, team)*; o bispo-pastor – fonte e centro animador e coordenador da pastoral de conjunto da diocese –, no qual se dá a integração

---

[11]   Cf. GODIN; DANIEL, *La France, pays de mission?*, pp. 20-25; BOULARD, *Problèmes missionnaires de la France rurale*, v. 1, pp. 14-142; MICHONNEAU, *Paroisse, communauté missionnaire*, pp. 27-38.

[12]   Cf. LE BRAS, Influence des structures sociales sur la vie religieuse en France, pp. 17-28.

[13]   Cf. BOULARD, Exigences sociologiques, pp. 21-44.

vital de todas as pastorais particulares na unidade da missão episcopal. A ação pastoral é vista como cristianização, cujas modalidades concretas de realização não são determináveis *a priori*, mas a partir do contexto humano em que se dá a intervenção pastoral.[14] O modo de intervenção é descrito segundo a relação "elite" (no sentido de liderança, na Igreja e na sociedade) ou "militância" (capacidade de iniciativa e disponibilidade ao compromisso) e "massa" (o vasto segmento social dos que não dispõem de poder social e são disponíveis à condução de outros).

Motivação teológica é não tanto o tema bíblico do *parvus grex* ("pequeno rebanho") ou o modelo sociológico da "Igreja de minoria", mas as inspirações evangélicas contidas nas relações que ligam as multidões a Jesus e os discípulos a Jesus e às multidões.[15]

Esta última compreensão é tributária, entre outras, das reflexões de teólogos como Y. Congar,[16] K. Rahner[17] e F. X. Arnold[18] sobre a paróquia; M.-D. Chenu[19] sobre a renovação da pastoral e J. Daniélou[20] sobre a pastoral de conjunto. Rahner aplica à paróquia a teologia da Igreja diocesana; Congar abre a paróquia ao mundo da cidade; Arnold situa a paróquia no horizonte da interação entre divino e humano, da tarefa "mediadora" da Igreja e de uma pastoral orgânica; Chenu argumenta que a dimensão pessoal e o aspecto social da graça postulam uma ação pastoral que valorize a relação entre pessoa e comunidade; para Daniélou, o caráter comunitário da Igreja, a colegialidade de seus ministérios, o fato de a realidade eclesial ser um "conjunto", exigem operativamente a cooperação e uma ação que enfrente, numa visão unitária, os problemas globais. A "pastoral de ambiente" apresenta-se como uma extensão ou desdobramento da pastoral de conjunto.[21]

---

[14] Cf. GODIN; DANIEL, *La France, pays de mission?*, pp. 98-102, 136-153.

[15] Cf. ibid., pp. 56-62.

[16] CONGAR, Mission de la paroisse.

[17] RAHNER, Zur Theologie der Pfarre, pp. 27-36.

[18] ARNOLD (ed.), *Handbuch der Pastoraltheologie*.

[19] CHENU, Die Erneuerung der Seelsorgewissenschaft, pp. 308-311.

[20] DANIÉLOU, Mission de l'Église et pastorale d'ensemble, pp. 107-128.

[21] Os maiores representantes são Ch. SCHRECK (Neue Wege in der französischen Volksmission, pp. 252-263), S. AUGSTEN (Der restaurative Charakter der kirchlichen Arbeit seit 1945, pp.

A paróquia aparece, então, como comunidade de fé, de culto e de caridade.[22] É o início da "teologia da paróquia", que, desde 1963, ensaia seus primeiros passos. Nesta linha, realizaram-se vários colóquios europeus de paróquias – Lausanne (1960); Viena (1962); Barcelona (1964), Turim (1966)... – e, em diversos países, semanas nacionais. A tese alemã do *Pfarrprinzip* – isto é, toda pastoral é primordialmente paroquial – é novamente proposta, ainda que relida e, consequentemente, longe do horizonte estreito dos canonistas antigos e dos liturgistas renovadores.

Na proposta da pastoral de conjunto, recupera-se a ideia de catecumenato com comunidades intermediárias entre a paróquia e o contexto social; as atividades evangelizadoras e pastorais – por razões sociológicas e teológicas – devem ser racionalmente organizadas; dá-se grande importância ao trabalho em grupo; valoriza-se a pesquisa sociológica, integrada com a reflexão teológico-pastoral.

Três pressupostos, porém, prejudicavam a teologia da paróquia deste período: quase se identifica a paróquia com a Igreja local (problema eclesiológico); parte-se do pressuposto de que a paróquia seja comunidade, quando os sociólogos a veem como um mero agregado (problema sociológico); o territorial cede lugar ao local, mas certo ruralismo medieval continuava subjacente (problema canônico).

A aceitação de uma "comunidade funcional" ainda está distante. Somente alguns sociólogos mais penetrantes consideram a paróquia como grupo "formalmente organizado",[23] "sistema social",[24] "unidade social" ou "forma social".[25]

14-24); F. BENZ (Die neue französischen Seelsorgemethoden und ihre Bedeutung für Deutschland, pp. 320-339; *Missionarische Seelsorge*) e, sobretudo, V. SCHURR (Theologie der Umwelt, pp. 145-147; *Konstruktive Seelsorge*, pp. 11-17; Teologia Pastorale, pp. 399-469).

[22] Cf. FLORISTÁN, *La parroquia, comunidad eucarística*.

[23] Cf. NUESSE; HARTE, *The Sociology of the Parish*.

[24] FICHTER, *Dynamics of a City Church*; FICHTER, *Social Relations in the Urban Parish*; FICHTER, *Sociologia*.

[25] SCHASCHING, *Katholische Soziallehre und modernes Apostolat*; SCHASCHING, *Seelsorge, Volk und Staat*; cf. GREINACHER, Soziologie der Pfarrei, pp. 111-139.

Quarta conclusão parcial

O século XX entrou na história como o século – breve ou longo – das revoluções. No que respeita à Igreja, dos grandes movimentos de renovação – movimento ecumênico, patrístico, bíblico, litúrgico, social, comunitário, laical etc. – que desaguaram, foram filtrados e canalizados pelo revolucionário Concílio Vaticano II. O Concílio não foi homogêneo e abrigou mais de uma alma, mas seu impulso mais profundo, vindo do Espírito Criador e Vivificador, balançou o aparentemente sólido e intocável edifício da Igreja, com depósitos de pó que deviam ser varridos pelo vento do Alto, com ares irrespiráveis que precisavam ser expelidos, para que, pelas janelas da Igreja abertas para Deus e para o mundo, pudessem penetrar os ares novos e renovadores dos "sinais dos tempos", que o bom Papa João soube ler com inteligente acuidade e ensinou a ler com decidida pertinácia e determinação, sem perder a ternura jamais.

As tentativas de renovação da paróquia vieram de vários pontos e de diversas perspectivas, como os afluentes de um amazônico rio, que o modificam e enriquecem ao longo de suas margens esquerda e direita, perdendo, mas, ao mesmo tempo conservando, sua própria identidade.

As principais vertentes foram a renovação litúrgica, descobrindo o mistério da Igreja e dos sacramentos, sobretudo a Eucaristia; a renovação missionária, diante da constatação de que o Ocidente se descristianizava e se secularizava, exigindo uma "segunda" ou "nova" evangelização; a renovação catecumenal, uma vez que, de novo, valia o bordão de Tertuliano "cristão não se nasce, cristão se torna", pela acolhida do Evangelho, pela iniciação cristã, pela entrada numa comunidade, pela celebração dos santos mistérios; todo o movimento de renovação eclesial e eclesiológica, que vinha de longe (a Reforma Católica, as reformas não católicas, certos movimentos contestatários, as eclesiologias da Escola de Tübingen, de Newman, de uma ala da Escola Romana etc.); a Ação Católica, com sua ênfase na incidência social do Evangelho; as tentativas de salvar a Igreja sitiada pelo mundo moderno, ainda que fosse ao custo de entrincheirá-la num "mundo católico" pretensamente imunizado.

Quem brada por renovação e quem a propõe, mesmo sem brados, parte do pressuposto de que as coisas não podem ficar como estão. No caso, os movimentos de renovação arrancavam da constatação de que a paróquia não era comunidade cristã nem estava à altura de cumprir sua missão de anunciar, testemunhar e celebrar a salvação, mas um aglomerado social que abarcava desde fiéis praticantes até frequentadores eventuais, com sério risco de se tornarem afastados, indiferentes, ateus. Enquanto, entre os praticantes, se pode encontrar um grupo minoritário que busca autenticidade evangélica, entre os praticantes eventuais o que prevalece é o consumo de bens religiosos em virtude de um hábito tradicional ou de uma necessidade religiosa básica e universal. A paróquia tradicional, delimitada territorialmente, circunscrita ao culto, capitaneada pelo clero, não respondia às novas necessidades e à nova consciência espiritual e teológica que vinha aflorando em setores pequenos, mas competentes e competitivos, da Igreja.

As principais propostas pastorais são a paróquia litúrgica; a paróquia missionária; a paróquia substitutiva; a paróquia instância de condensação da pastoral de conjunto, certamente, do ponto de vista estrutural, a mais rica e orgânica, uma vez que contempla elementos-chave da edificação e do edifício eclesiais: a iniciação cristã, o catecumenato, a existência de comunidades menores, a necessidade de planejamento, a importância do trabalho em grupo, a identificação das zonas humanas transcendendo os limites territoriais paroquiais, a indispensabilidade do recurso a pesquisas sociológicas e, casada com elas, a reflexão teológica, a fim de que, deste fecundo esponsalício, possam vir à luz insights e pistas para a ação da Igreja.

Nem tudo, porém, são rosas no jardim da renovação. Não porque haja espinhos: sem espinhos não há rosas. Porque, como na parábola do semeador, a semente, jogada em toda a extensão do terreno, necessariamente encontra terrenos de todo tipo, desde o chão impenetrável do asfalto até a terra fértil que generosamente produz grande quantidade de frutos. E, como na parábola do joio e do trigo, o corpus mysticum é também um corpus mixtum, *no qual não basta espargir fertilizantes, onde chuva, sol e vento são necessários na medida e no momento certo, mas nem sempre estão disponíveis, onde nem tudo são flores, mas todos, santos e pecadores, querem ser proprietários, agrônomos, técnicos agrícolas, jardineiros.*

Se não é desejável nem permitido arrancar o joio antes da colheita, é indispensável tirar mostras do terreno, analisar as sementes, acompanhar o trabalho dos agricultores, lançar mãos de algum fungicida ou – ai de mim por vós! – de algum herbicida de última geração, a menos que se opte por uma agricultura orgânica e de pequena escala.

Neste trabalho de acompanhamento, avaliação e discernimento, todos devem participar, pois todos receberam o Espírito para utilidade comum. Particular responsabilidade, porém, têm aqueles que, na Igreja, no seio do povo fiel e a seu serviço, debaixo da Palavra de Deus, ao lado dos profetas e dos doutores, receberam o "carisma dos apóstolos", responsável pela unidade da Igreja – com os apóstolos, entre as Igrejas, entre seus membros – na fé, na esperança e na caridade.

Nos últimos tempos, o Magistério se pronunciou, em diversas ocasiões e em vários níveis, direta ou indiretamente, a respeito da paróquia. O próximo capítulo recolhe, com atenção e respeito, o que, na fé, queremos acolher, da boca de nossos pastores.

5. A palavra do Magistério recente sobre a paróquia

O Magistério recente da Igreja tem se ocupado, em diversas ocasiões, da paróquia. Desde o Vaticano II, passando pelo magistério papal (João XXIII, Paulo VI, João Paulo II, Bento XVI), até o episcopal, seja através da palavra de bispos individuais, de conferências episcopais, nacionais ou continentais. Neste capítulo, vamos nos fixar, sobretudo, no Concílio, não tanto pela quantidade de suas intervenções nesta matéria – na verdade, o Concílio não se alonga a respeito –, mas pela qualidade de sua doutrina, especialmente no que diz respeito à Igreja local, referência obrigatória de qualquer reflexão sobre a paróquia. Na sequência, nos concentraremos na contribuição do episcopado latino-americano e caribenho, sobretudo, nas Conferências de Puebla e de Aparecida.

5.1. Vaticano II: paróquia e Igreja local

Concílio pastoral,[1] o Vaticano II repercutiu mais na prática pastoral das paróquias do que, propriamente, na reflexão teológica sobre elas. Assim, é difícil estabelecer qual a perspectiva dominante no Vaticano II sobre paróquia, dada a variedade, o caráter esporádico e a não linearidade do ensinamento conciliar a respeito do tema. Por isso, é necessário identificar um foco. Neste sentido, parece que a redescoberta da Igreja local seja importante chave de leitura do ensinamento conciliar sobre o tema "paróquia".

Por um lado, reflete-se, no Concílio, a forte exigência de renovação da praxe pastoral paroquial diante das profundamente mudadas condições sociais e culturais (Modernidade, urbanismo, mobilidade, secularização,

---

[1]   Cf. PESCH, *Il Concilio Vaticano Secondo*, pp. 55-56.

surgimento de novos movimentos civis e religiosos etc.). Por outro lado, esgotada a reflexão sociológica sobre a paróquia – levada adiante, sobretudo, pela Sociologia Religiosa de Le Bras e de seus continuadores[2] –, sente-se também a falta de uma reflexão teológica explícita e sistemática sobre a paróquia. O Concílio paga por essas carências.

Elementos diferentes convergem na concepção conciliar da Igreja local, destacando-se – até pela origem das vertentes de teoria e prática, no contexto maior dos contributos bíblicos, patrísticos e litúrgicos que, com outros, antecederam e prepararam o Concílio e permitiram sua (da Igreja local) presença no debate conciliar – a teologia da missão, a teologia do episcopado e a eclesiologia eucarístico-sacramental.[3] Também por isso a reconstrução e a interpretação da doutrina conciliar sobre a matéria são bastante complexas.

Em primeiro lugar, a ambiguidade da terminologia, que oscila entre "Igreja local" e "Igreja particular", expressões aplicadas a diferentes sujeitos eclesiais: ora à "diocese", ora a conjuntos mais amplos de Igrejas.[4] Depois, a polêmica questão da relação entre Igreja local e universal.[5] Por último, mas não menos importante, a hermenêutica conciliar, que não é concorde sobre a afirmação de uma primazia (ou primado) da Igreja local.[6]

Estando assim as coisas, não se trata simplesmente de dar uma ordem mais ou menos lógica e orgânica aos ensinamentos conciliares sobre Igreja local – que, insistimos, são ocasionais, assistemáticos e teologicamente

---

[2] Há quem diga que a "Sociologia Religiosa" de L. Bras seja, sobretudo, uma "sociologia da paróquia" (cf. LANZA, *La nube e il fuoco*, p. 10).

[3] Cf. CATTANEO, *La Chiesa locale*, pp. 18-23.

[4] Com a opção, feita pelo *Código de Direito Canônico*, de identificar "Igreja particular" e diocese – opção que não se radica nem na Escritura nem na Patrística, enquanto "Igreja local" é expressão que tem a seu favor longa tradição – há uma tendência crescente de adotar a terminologia canônica. Os teólogos preferem a expressão "Igreja local" para dizer a diocese justamente por causa de seu emprego tradicional. A questão de fundo, na verdade, é o valor e o significado da "localidade" ou "territorialidade" das Igrejas concretas como "lugar próprio" da fixação dos fiéis e do ministério episcopal e, portanto, da correspondente "comunhão das Igrejas".

[5] Cf. MCDONNEL, The Ratzinger/Kasper Debate: the Universal Church and Local Churches, pp. 227-250; SCHULZ, L'ecclesiologia attuale: la sua tendenza filosofica, trinitaria ed ecumenica, pp. 451-469.

[6] Cf. CONGREGAÇÃO PARA A DOUTRINA DA FÉ, *Communionis Notio*, pp. 1.774-1.807.

ainda pouco aprofundados[7] –, mas de inserir os elementos contidos no Concílio num quadro teológico mais amplo, capaz de oferecer uma hipótese sobre a natureza da Igreja local, seus elementos constitutivos e suas potencialidades operativas. Evidentemente, o resultado será, em cada proposta, sensivelmente diverso, dependendo do aspecto que, elevado à categoria de elemento contenutístico e hermenêutico cabal, se privilegie.

A primeira perspectiva pensa a Igreja local a partir da sinaxe eucarística e insiste sobre a concentração do evento Igreja na assembleia eucarística. Tal assembleia se manifesta plenamente quando presidida pelo bispo, ministro da unidade da Igreja local: a Igreja local como comunidade eucarística é, primeira e originariamente, a Igreja do bispo. Aqui, o referencial maior, na Igreja antiga, é a teologia de Santo Inácio de Antioquia.

Outra linha interpretativa é a que insiste na teologia da missão para a redescoberta da Igreja local. A missão, entendida aqui, sobretudo, no seu desfecho de implantação da Igreja (*plantatio Ecclesiae*), símbolo e fruto de toda uma ação evangelizadora precedente, levou à redescoberta dos elementos essenciais da Igreja, independentizando-os da imagem ocidental da Igreja, com a qual pareciam intrinsecamente identificados. Consequentemente, também a prática sobreposição entre imagem de Igreja ocidental e Igreja universal foi de embrulho. De fato, a Igreja que devia ser implantada não podia ser a Igreja universal, cujo centro é o papa: por mais que esta exprima uma dimensão real e essencial da Igreja, não pode oferecer, em primeira linha, os elementos constitutivos que definem o ser da Igreja. Sendo assim, a consideração missionária como que exigiu a recuperação da Igreja local, ou seja, a Igreja vista nos seus elementos essenciais no ato e no fato de se localizar num lugar e numa cultura determinados. "Lugar" porque a relação com a geografia e o território não podem simplesmente ser deixados de lado; "lugar", ainda, porque a comunidade eclesial não pode não estar situada num preciso contexto social, com o qual, de diversos modos, interage; "cultura" porque os

---

[7] Um clássico da teologia da Igreja local diz que esta teologia "surgiu no contexto de outras questões de maior urgência teológica, como a teologia do episcopado, as reflexões sobre a liturgia, sobre a misão da Igreja e sobre o ecumenismo" (VILLAR, *Teología de la Iglesia particular*, p. 529).

membros de uma Igreja local criam, inserem-se, vivem e se expressam numa cultura determinada e, em grande parte, determinante.

Finalmente, o ministério episcopal. O bispo constitui – ao lado dos fatores objetivos (Espírito Santo, Evangelho, Eucaristia) e da realidade substancial (uma porção do Povo de Deus onde está presente e operante a Igreja de Cristo) – o elemento ministerial. Se recorrêssemos à linguagem das diferentes causas analisadas pela Escolástica, o elemento ministerial seria justamente a "causa eficiente ministerial".[8]

Quanto à primeira perspectiva, o Concílio ensina que a Eucaristia é "fonte e cume de toda a vida cristã", exprimindo e realizando "a unidade de todo o Povo de Deus" (LG, n. 11). Nas Igrejas locais, graças à Eucaristia, com efeito, "está presente Cristo, por virtude do qual se congrega a Igreja una, santa, católica e apostólica" (LG, n. 26). O contexto desta última afirmação é aquela pérola de eclesiologia eucarística, tanto mais valiosa quanto especialmente encomendada para figurar nesta altura da *Lumen gentium*, que trata do múnus de santificar do bispo: "O bispo, revestido da plenitude do sacramento da ordem, é o administrador da graça do sumo sacerdócio, especialmente na Eucaristia que ele mesmo oferece ou manda oferecer, e pela qual a Igreja vive e cresce continuamente. Esta Igreja de Cristo está verdadeiramente presente em todas as legítimas assembleias locais de fiéis que, unidas aos seus pastores, recebem, elas também, no Novo Testamento, o nome de Igrejas. São, em cada território, o povo novo, chamado por Deus no Espírito Santo e em grande plenitude (cf. 1Ts 1,5). Nelas se reúnem os fiéis por meio da pregação do Evangelho de Cristo e se celebra o mistério da ceia do Senhor, "para que, pela carne e o sangue do Senhor, se mantenha estreitamente unida toda a fraternidade do corpo". Em cada comunidade reunida em volta do altar, sob o ministério sagrado do bispo, é oferecido o símbolo daquela caridade e "daquela unidade do corpo místico sem a qual não pode haver salvação". Nestas comunidades, por mais reduzidas, pobres e dispersas que sejam, está presente Cristo, em virtude do qual se congrega a Igreja una, santa, católica e apostólica. Na verdade, a participação no corpo e

---

[8] Cf. JOURNET, *L'Église du Verbe Incarné.*

no sangue de Cristo não opera outra coisa senão a nossa transformação naquilo que recebemos" (LG, n. 26).

No tocante à ótica missionária, o Concílio, que já no início da *Lumen gentium* diz que se propõe a "explicar com maior clareza aos fiéis e ao mundo inteiro, a sua natureza [da Igreja] e a missão universal" (LG, n. 1), e que, poucos números depois, afirma que a Igreja "recebe a missão de anunciar e instaurar em todas as gentes o Reino de Cristo e de Deus, e constitui ela própria na terra o germe e o início deste Reino" (LG, n. 5), vai apresentar a Igreja local como a atuação histórica deste desígnio. Com efeito, a atividade missionária – da qual nasce, pela acolhida do Evangelho, cada uma das Igrejas locais – é vista como "a manifestação, ou epifania dos desígnios de Deus e a sua realização no mundo e na sua história, na qual Deus, pela missão, atua manifestamente a história da salvação" (AG, n. 9). O tema da Igreja local reaparece no proêmio do decreto sobre as missões: "Os próprios apóstolos, em quem a Igreja se alicerça, seguindo o exemplo de Cristo, pregaram a palavra da verdade e geraram as Igrejas" (AG, Proêmio). Alguns números à frente, o mesmo decreto ensina que "o fim próprio desta atividade missionária é a evangelização e a implantação da Igreja nos povos ou grupos em que ainda não está radicada. Assim, a partir da semente da Palavra de Deus, é necessário que se desenvolvam por toda parte Igrejas particulares autóctones" (AG, n. 6). Após esta fase, "não acaba, contudo, a ação missionária da Igreja, embora seja sobre as Igrejas particulares já constituídas que recai o dever de continuá-la, pregando o Evangelho a todos aqueles que ainda tenham ficado de fora" (AG, n. 6).

O ministério episcopal, tratado, no Concílio, sobretudo, a partir da consideração da colegialidade episcopal, vai aparecer, consequentemente, em primeiro lugar, em sua dimensão universal. A despeito dessa perspectiva mais universalista e descendente, encontram-se, entretanto, passagens que contemplam a Igreja local: "Este colégio, porque se compõe de muitos, expressa a variedade e a universalidade do Povo de Deus; e porque se agrupa sob uma só cabeça, significa a unidade da grei de Cristo" (LG, n. 22). O bispo, dentro da união "colegial", é visto como elo entre Igreja particular e Igreja universal: "A união colegial manifesta-se também nas relações mútuas de cada bispo com as Igrejas particulares e a Igreja universal" (LG, n. 23). A relação entre Igreja universal e Igrejas particulares é apresenta num duplo movimento: "de fora para dentro" ("nelas") e "de dentro para fora ("a partir delas"), ou seja, as Igrejas particulares são formadas à imagem da Igreja universal e nelas (*in quibus*) e a partir delas (*ex quibus*) resulta a Igreja Católica una e única" (cf. LG, n. 23). Consequentemente, o ministério episcopal tem uma dimensão local e uma dimensão universal: "Cada bispo, posto à frente de uma Igreja particular, exerce o seu poder pastoral sobre a porção do Povo de Deus que lhe foi confiada, mas não sobre as outras Igrejas nem sobre a Igreja universal. Cada um, porém, enquanto membro do colégio episcopal e sucessor legítimo dos apóstolos, por instituição e preceito de Cristo, deve ter pela Igreja inteira uma solicitude, que, embora não se exerça por atos de jurisdição, contribui muito para o bem da Igreja universal. Na verdade, devem todos os bispos promover e defender a unidade de fé e a disciplina, comuns a toda a Igreja, instruir os fiéis no amor de todo o corpo místico de Cristo, especialmente dos membros pobres, dos que sofrem, e dos que são perseguidos por causa da justiça (cf. Mt 5,10); devem, enfim, promover toda a atividade comum à Igreja inteira, com o objetivo de dilatar a fé e fazer brilhar para todos os homens a luz da verdade total. É, aliás, evidente que, governando bem cada um a própria igreja, porção da Igreja universal, contribui eficazmente para o bem de todo o corpo místico, que é também o corpo das Igrejas" (LG, n. 23).

À luz dessas considerações, podem-se entender melhor o sentido e o alcance daquela descrição-definição de Igreja local (diocese) que aparece no Decreto *Christus Dominus* sobre o ministério episcopal: "Diocese é a porção do Povo de Deus que se confia aos cuidados pastorais de um bispo, coadjuvado pelo seu presbitério, para que, unida ao seu Pastor e reunida por ele no Espírito Santo por meio do Evangelho e da Eucaristia, constitua uma Igreja particular, na qual está e opera verdadeiramente a Igreja de Cristo, una, santa, católica e apostólica" (CD, n. 11). O caráter e a função do ministério do bispo na Igreja local são, na sequência, explicitados: "Cada bispo, a quem se confia uma Igreja particular, sob a autoridade do Sumo Pontífice, como pastor próprio, ordinário e imediato, pastoreia as suas ovelhas em nome do Senhor, exercendo em favor das mesmas o cargo de ensinar, santificar e governar" (CD, n. 11).

Na verdade, uma teologia da Igreja local, não obstante as contribuições conciliares e as reflexões que antecederam e se seguiram ao Concílio, está ainda sendo feita, não se tendo chegado a uma síntese plenamente satisfatória. O horizonte maior parece dever ser o do acontecimento e do acontecer da Igreja, que se estende entre o evento histórico-salvífico de Cristo e sua atuação e atualização nos homens e mulheres, sempre local e temporalmente situados. A Igreja local, nesta perspectiva, não é uma terceira realidade mais ou menos solta entre a salvação de Cristo e sua destinação à totalidade dos seres humanos, mas exatamente a forma e o sinal real – ainda que não exaustivo – da salvação destinada a todos os homens e mulheres, espacial e temporalmente.

O Concílio, na verdade, superando a visão patrimonialista e hierarcológica da paróquia, própria do Código de 1917,[9] situa, antes de tudo, a paróquia entre os mais importantes agrupamentos de fiéis (*coetus fidelium*), que o bispo deve necessariamente constituir na diocese: "Visto que nem sempre e em todos os lugares o bispo, em sua Igreja, pode presidir pessoalmente a todo o seu rebanho, deve necessariamente constituir assembleias de fiéis, entre as quais sobressaem as paróquias, confiadas a um pastor local, que as governa, fazendo as vezes do bispo" (SC, n. 42a). Com esta expressão *coetus christifidelium* ("comunidades, assembleias de fiéis"), aplicada à paróquia, o Vaticano II acentua, como o faz, de forma sistemática na *Lumen gentium* e em outros textos com os quais ela compartilha sua compreensão fundamental da Igreja (cf. AG, nn. 2-4, 14, 15, 19, 20, 37; UR, nn. 2, 15), a comum condição de todos os batizados, que, pela fé e pelos sacramentos de iniciação, constituem a Igreja e participam, cada um por sua parte e a seu modo (cf. LG, n. 31), do tríplice múnus de Cristo, na Igreja e no mundo. Vige, portanto, verdadeira igualdade entre

---

9   O Código de 1917, "herdeiro de uma longa tradição, privilegiava os direitos e os deveres dos encarregados do ofício [visão hierarcológica – N.A.] e uma abordagem patrimonial da paróquia, entendida antes de tudo como benefício, isto é, como dote ou dotação que assegurava a subsistência dos clérigos implicados" [visão patrimonialista – N.A.]" (BORRAS, *La parrocchia*, p. 32).

todos os batizados tanto na dignidade quanto no agir (cf. LG, n. 32; cân. 208). Nestes termos, "as paróquias representam, de algum modo, a Igreja visível espalhada por todo o mundo" (SC, n. 42).

Ao mesmo tempo, "a Santa Igreja é, por divina instituição, organizada e dirigida com uma admirável variedade *(mira varietate)*" (LG, n. 32; cf. Rm 12,4-5). Essa admirável variedade faz parte da estrutura da Igreja em virtude de vários fatores, mas, fundamentalmente, da ação multiforme do Espírito, que a edifica com os carismas – necessariamente vários e diversos – dados a cada um de seus membros em vista do bem comum (cf. LG, n. 32a.c; UR, n. 2b.f; Rm 12,6-18; 1Cor 12,7-10.28-31; 1Pd 4,10). Nesse sentido, pode-se falar de uma estrutura não só comunitária, mas também carismática da Igreja, que congrega, na unidade, a diversidade de vocações, carismas e ministérios a serviço da única e mesma missão (cf. LG, n. 13c). Assim, como reza antigo adágio, na Igreja, "todos fazem tudo", mas não "ao mesmo título": "Na ordem (cf. 1Cor 14,33), isto é, não no mesmo lugar, não no mesmo modo, não ao mesmo título".[10] Este "regime" da Igreja *tout court* há de verificar-se em cada paróquia, onde cada um deve ser reconhecido e acolhido como igual, diverso e complementar aos outros: "Somos todos iguais num povo convocado pelo Pai. Somos todos diversos no único Corpo de Cristo. Somos todos animados e unidos pelos dons do Espírito".[11]

No Concílio, ainda que se contemple a diferenciação entre os *christifideles* em termos de carismas, serviços e ministérios, prevalece ainda a visão pela qual há, na Igreja, três categorias de fiéis (como que três polos distintos) – os fiéis leigos, os fiéis ordenados e os fiéis comprometidos na vida consagrada – ou, mais precisamente, uma "estrutura da Igreja" – leigos e ministros ordenados – e uma "estrutura na Igreja" – consagrados e não consagrados.[12] Os três polos não se encontram necessariamente em

---

[10] "Nas celebrações litúrgicas, seja quem for, ministro ou fiel, exercendo o seu ofício, faça tudo e só aquilo que pela natureza da coisa ou pelas normas litúrgicas lhe compete" (SC, n. 28; cf. n. 26); CONGAR, Place et vision du laïcat dans la formation des prêtres après le Concile Vatican II, p. 63.

[11] RIGAL, *L'Église en chantier*, p. 213.

[12] Cf. CHARUE. In: *Acta synodalia* III, pp. 382-384. É preciso, porém, levar a sério as ponderações daqueles teólogos que, partindo de elementos dispersos no mesmo Concílio, advogam pela superação – não pela supressão – do binômio hierarquia–laicato ou do trinômio hierarquia–

todas as comunidades cristãs, entre elas as paróquias, mas, nem por isso, elas deixam de ser a Igreja de Cristo presente num lugar determinado mediante a celebração da Eucaristia (cf. LG, n. 26a). A eventual ausência de um polo lembra que uma comunidade cristã, por exemplo, a paróquia, não tem necessariamente todos os carismas; que ela deve, portanto, abrir-se a outras comunidades para ampliar sua catolicidade; que ela só encontra sua plenitude eclesial e ministerial na Igreja diocesana que, por ser plenamente Igreja, possui em si os três polos. Cada "comunidade de fiéis em Cristo" e, portanto, também essa comunidade específica que é a paróquia, é organicamente diferenciada.

O Vaticano II, nunca é demais repeti-lo, pôs em primeiro plano a condição comum de todos os batizados e, de modo e com intensidade distintos, a estrutura carismática da Igreja e o tríplice polo acima mencionado. Não é o caso de registrar aqui todas as passagens em que o Concílio reconheceu a igualdade fundamental de todos os batizados, com os direitos e deveres que lhe são conexos. Pagando, todavia, tributo a séculos de insistência na "desigualdade" entre os fiéis, estende-se particularmente nos direitos e deveres ligados à condição sacramental, carismática e canônica própria de cada fiel, que o situa, então, como leigo ou como ministro ordenado ou como consagrado.[13]

O leigo sai, sem dúvida, valorizado. Muito sinteticamente – pois a literatura sobre leigos no Vaticano II é extensa e abrangente[14] – tem o direito-dever de anunciar o Evangelho (cf. AA, nn. 2-4); goza da liberdade que toca a cada cidadão no âmbito da cidade terrena, no chamado regime de "autonomia" (cf. LG, n. 37; AA, n. 24; PO, n. 9; GS, n. 43); incumbem-

---

    laicato–religiosos pelo binômio Igreja–carismas/serviços/ministérios (cf. CONGAR, *Ministeri e comunione ecclesiale*; FORTE, *La Chiesa icona della Trinità*).

[13] A estrutura fundamental desse procedimento está na *Lumen gentium*, que é como a matriz dos demais textos conciliares. Depois de abordar a Igreja como um todo, sob as categorias de mistério (cap. I) e Povo de Deus (cap. II), a Constituição dogmática se debruça sobre seus componentes sociais: a hierarquia (cap. III), os leigos (cap. IV). Novamente, depois de considerar a vocação comum à santidade (cap. V), apresenta e aprofunda o caminho próprio dos consagrados e consagradas (cap. VI). Finalmente, como que em paralelismo com os dois primeiros capítulos, contempla o horizonte escatológico (cap. VII) e Maria como realização humana acabada da vocação de todos à comunhão filial e fraterna em Cristo (cap. VIII).

[14] Cf. ISTITUTO GIOVANNI PAOLO II PER STUDI SU MATRIMONIO E FAMIGLIA DELLA PONTICIA UNIVERSITÀ LATERANENSE, *Il laicato*; GOLDIE, *Laici, laicato, laicità*.

-lhe os deveres do estado conjugal (cf. AA, n. 11; GS, n. 42; GE, n. 3); tem direito a receber a doutrina cristã (cf. LG, n. 35; AA, n. 29), e, sob determinadas condições, o mandato de ensiná-la (cf. AG, n. 41; GS, n. 63); pode, dependendo de específica aptidão e idoneidade, receber encargos e funções também de tipo ministerial (cf. LG, nn. 33, 37; AA, nn. 4, 20, 26; CD, n. 27); pode associar-se a outros leigos e leigas (cf. AA, n. 18). Se, em alguns momentos, transparece uma visão supletiva da participação laical – "se, porém, [os párocos] não podem atingir por si mesmos certos grupos de pessoas, chamem em sua própria ajuda outros, mesmo leigos, que lhes prestem auxílio no que tange ao apostolado" (CD, n. 30) – no conjunto da obra conciliar, prevalece, quantitativa e qualitativamente, a consciência de que sua participação na vida e missão da paróquia tem fundamento e expressões próprios: "Nutridos pela participação ativa na vida litúrgica de sua comunidade, tomam parte, de maneira solícita, nas suas obras apostólicas; trazem para a Igreja as pessoas que porventura dela se encontram afastadas; colaboram intensamente na transmissão da Palavra de Deus, em especial pela obra da catequese; pondo à disposição sua competência, tornam mais eficaz a cura d'almas e a administração dos bens da Igreja" (AA, n. 10). Em seu apostolado, enfim, os leigos são chamados a manter duas relações: com o mundo e com a Igreja, devendo – e, aqui, temos uma menção explícita ao tema deste livro – habituar-se "a trabalhar na paróquia, intimamente unidos aos seus sacerdotes; a trazer para a comunidade da Igreja os problemas próprios e do mundo" (AA, n. 10).

O ministério ordenado – particularmente o episcopal –, ainda que afirmado com todo destaque e clareza, é, por assim dizer, relativizado, porquanto inserido constitucionalmente na Igreja e insistentemente colocado ao seu serviço. Dele se fala longa e largamente, de forma profusa e ao mesmo tempo específica. Além de, na *Lumen gentium*, ocupar todo o capítulo III (cf. LG, nn. 18-19), o ministério ordenado mereceu, na obra conciliar, vários documentos inteiros: *Christus Dominus* (bispos), *Presbyterorum ordinis* (presbíteros), *Optatam totius* (formação para o ministério ordenado).

Neste contexto, a paróquia é erigida pelo bispo diocesano, não depende da vida associativa na Igreja, nem provém sua criação da vontade dos fiéis, ou, em outras palavras, não é comunidade associativa, mas comunidade hierárquica.[15] A autoridade pastoral cria estruturas – no caso, a paróquia – "onde, em nome da Igreja, portanto, de modo oficial, será garantido o exercício das três funções confiadas por Cristo a toda a Igreja, ou seja, o ensinamento, a santificação e o governo".[16] As comunidades hierárquicas tornam-se, portanto, uma estrutura constitutiva da organização eclesial, em primeiro lugar da organização diocesana. Realizam a missão da Igreja "em tudo (= em todo o essencial)" – na totalidade da função pastoral – e "para todos" – isto é, para todos os fiéis da comunidade paroquial. Neste sentido, a paróquia pode ser designada como a Igreja (naquele lugar) "quanto ao todo" e "para todos", pois, aí, todos os fiéis podem encontrar todos os elementos necessários para a sua vida cristã e eclesial e para o desempenho de sua missão, na Igreja e no mundo. Daí a importância, melhor, a necessidade do pároco, que responde pelo pleno cuidado pastoral (*plena cura animarum*): as paróquias, de fato, são "confiadas a um pastor local, que as governe, fazendo as vezes do bispo (*sub pastore vices gerente episcopi*); pois, de algum modo, elas representam a Igreja visível estabelecida por toda a terra" (SC, n. 42). Os párocos, diz o Concílio, "a um título especial, são cooperadores do bispo; a eles, sob a autoridade do bispo, como a pastores próprios, se entrega a cura das almas em determinada parte da diocese" (CD, n. 30).[17] A importância dos párocos, no Concílio, é tanta que, salvo engano, se 22 vezes ocorre o termo "paróquia", nada menos que 19 ocorre o termo "pároco"!

A paróquia, portanto, só pode ser compreendida a partir da diocese, ou seja, da Igreja local ou particular: em termos mais eclesiológicos, é como que "célula da diocese" (AA, n. 10); em termos mais jurídicos, uma subdivisão territorial (da diocese) erigida pelo bispo diocesano e garante, aí, "quanto ao todo" e "para todos", o ser e a missão que Cristo entregou à Igreja. Neste sentido, enquanto a Igreja local ou particular é apresentada, no Concílio, como *portio* (porção) da Igreja universal, a paróquia, em

---

[15] Cf. VALDRINI, La constitution hiérarchique de l'Église, p. 145.

[16] Ibid., p. 145.

[17] Convém observar que os números 30, 31 e 32 do Decreto *Christus Dominus* se referem, respectivamente: aos párocos; à nomeação, transferência, remoção e renúncia dos párocos; e à ereção e inovação das paróquias.

que pesem seus elementos de eclesialidade, só pode ser vista como *pars* (parte) da Igreja local ou particular, que é a diocese. Há, portanto, uma relação de analogia entre Igreja local e comunidade paroquial, ou seja, de semelhança e de diferença entre a diocese, como Igreja local diocesana, e a paróquia, como Igreja "local", parcial e paroquial.[18] Coerentemente com isso, por exemplo, os leigos são instados a cultivar constantemente "o sentido da diocese, de que a paróquia é como a célula, prontos sempre a colaborar, a convite de seu Pastor, nas iniciativas diocesanas".[19]

Não sendo "Igreja local" em sentido estrito – embora, equivocadamente, possa ter sido, por alguns, pensada nestes termos – e não podendo não se referir à "Igreja local", a paróquia parece ter encontrado, no longo "pré-Concílio" e no ainda breve período pós-conciliar, no conceito de "comunidade" uma sua categoria explicativa e a forma ideal de sua realização histórica: "Haja esforço para que floresça o espírito de comunidade paroquial, mormente na celebração comunitária da missa dominical" (SC, n. 42); "A paróquia apresenta um exemplo luminoso do apostolado comunitário (*exemplum perspicuum apostolatus communitarii*), congregando num todo as diversas diferenças humanas que encontra e inserindo-as na universalidade da Igreja" (AA, n. 10). O Concílio, aliás, com toda clareza – já o mencionamos – designa a paróquia como "uma comunidade de fiéis que torna presente, de alguma maneira, a Igreja num determinado lugar" (LG, n. 28). E porque representa a Igreja num determinado lugar, "compartilha as atribuições próprias da Igreja local".[20] Neste sentido, a paróquia é *uma figura privilegiada do localizar-se da Igreja*. A qualidade "privilegiada" da paróquia em exprimir a Igreja "não deve levar a opô-la a outras figuras eclesiais, mas tem uma função *emblemática*. A paróquia representa a *forma típica de pertença eclesial*, porque exprime o sentido da Igreja *para todo crente*",[21] uma vez que, para se aproximar dela, bastam a fé e a vida cotidiana de cada um.

---

[18] Cf. BORRAS, *La parrocchia*, p. 66.

[19] Ibid.

[20] Cf. BRAMBILLA, La parrocchia del futuro, p. 567; COCCOPALMERIO, Il concetto di parrocchia, pp. 29-82, especialmente pp. 58-72.

[21] Cf. BRAMBILLA, La parrocchia del futuro, p. 569.

A partir daí, a paróquia apresenta-se como sujeito unitário – não o único, nem o mais importante – da ação pastoral. "Re-presentando" a Igreja num lugar determinado, compartilha as atribuições próprias da Igreja local, sujeito pleno da ação evangelizadora e pastoral. Porém, "se este é o sentido do impulso conciliar sobre a paróquia, a acentuação do seu caráter 'comunitário' deixa indeterminada a relação com as diversas configurações históricas que encarna e em que, de fato, ela se apresenta. O 'princípio comunidade', ainda que pertinente e valioso, mostra-se insuficiente para orientar, de modo determinado, a praxe paroquial".[22] A tarefa de fazer avançar e de dar corpo a este princípio, sem absolutizá--lo, concordamos, mas sem diminuir em nada seu caráter privilegiado, cabe à Igreja toda e particularmente às Igrejas locais em suas múltiplas realizações, com aquela liberdade para a qual Cristo nos libertou, com a criatividade que o Espírito Criador sempre de novo suscita, com a responsabilidade de quem recebeu um dom e dele deve prestar contas.

Enfim, tentando como que sintetizar, *per summa capita*, o aporte do Concílio à paróquia, poderíamos dizer que o Vaticano II realizou teoricamente e ensejou praticamente uma tríplice passagem: do territorial para o comunitário; do princípio único do pároco à multiplicidade de atores; do meramente sacral para a totalidade das dimensões da vida e da missão da Igreja. Pode parecer pouco, mas é muito, inédito e revolucionário, e, neste sentido, mais uma vez, "o Concílio está sempre à nossa frente".[23]

5.2. Puebla: paróquia, centro de comunhão e participação

O caráter de Puebla é eminentemente prático, mas, com raro equilíbrio, a III Conferência conjuga história, análise (sociológica, política, econômica, social, cultural, religiosa) da realidade, teologia, espirituali-

---

[22] BRAMBILLA, *La parrocchia oggi e domani*, p. 33.
[23] "Visto como apelo à conversão, o Concílio – como evento e como documento – conserva intacta a sua energia. Ainda que passem os anos, ele está sempre e ainda à nossa frente. Não é a lembrança de ontem apenas, é a esperança de amanhã" (MARTINI, Il Concilio è sempre e ancora davanti a noi, p. 11).

dade e pastoral. No contexto difícil em que foi celebrada a Conferência, a preocupação de alguns era "mais pela preservação da reta confissão do conteúdo inalienável da fé, enquanto, para outros, o valor decisivo a ser sempre de novo assumido consiste no dinamismo transformador do verdadeiro Evangelho, que deve inspirar o surgimento de uma sociedade nova. O *Documento de Puebla* levará na devida conta as preocupações doutrinais, mas não fará delas nem o ponto de partida, nem o núcleo portante, nem o fio condutor de seu projeto de evangelização da América Latina. Numa lógica de encarnação, contemplará, em seu discurso eminentemente engajado e pastoral, as exigências da verdade revelada [...] e as aspirações muito concretas e prementes de salvação dos homens latino-americanos, sobretudo dos pobres e oprimidos, a quem o próprio Senhor privilegiou no anúncio da Boa-Nova do Reino (cf. Lc 4,16-20)".[24]

Numa perspectiva mais teórica, idealizada, talvez, sob alguns aspectos, Puebla não faz uma definição de paróquia, mas arrisca uma descrição. Afirma que "a paróquia realiza uma função de Igreja em certo sentido integral, já que acompanha as pessoas e famílias no decorrer de toda a sua existência, na educação e no crescimento da fé. É centro de coordenação e animação de comunidades, grupos e movimentos. Aqui (na paróquia), se amplia mais o horizonte de comunhão e participação. A celebração da Eucaristia e dos demais sacramentos torna presente, de maneira mais clara, a totalidade da Igreja. O seu vínculo com a comunidade diocesana é garantido pela união com o bispo, que confia a seu representante (normalmente, o pároco) o cuidado pastoral da comunidade. A paróquia vem a ser para o cristão o lugar de encontro, de fraterna comunicação de pessoas e bens, superando as limitações próprias às pequenas comunidades. Na paróquia, se assume, de fato, uma série de serviços que não estão ao alcance das comunidades menores, sobretudo em nível missionário e na promoção da dignidade da pessoa humana, atingindo-se, assim, os migrantes mais ou menos estáveis, os marginalizados, os separados, os não crentes e, em geral, os mais necessitados" (DP, n. 644).

---

[24] ALMEIDA, *Teologia dos ministérios não-ordenados na América Latina*, p. 93.

Fugindo a todo esquematismo estruturalista, Puebla, em seu olhar sobre a realidade da paróquia no final da década de 1970, começa por ponderar que "a organização pastoral da paróquia, seja territorial seja pessoal, depende antes de tudo daqueles que a integram e da união que existe entre seus membros como comunidade humana" (DP, n. 110). A paróquia rural estaria geralmente identificada, em suas estruturas e serviços, "com a comunidade existente", e "tem procurado criar e coordenar CEBs que correspondam aos grupos humanos dispersos na área paroquial". Já as paróquias urbanas, sobrecarregadas pelo número de pessoas a que devem atender, "têm-se visto na necessidade de dar maior ênfase ao serviço litúrgico e sacramental", tornando necessária e urgente a "multiplicação de pequenas comunidades territoriais ou ambientais que correspondam a uma evangelização mais personalizante" (DP, n. 111). Essa análise, aliás, já fora feita anteriormente: "O crescimento demográfico excedeu a capacidade que a Igreja tem, presentemente, de levar a todos a Boa-Nova. Também faltam sacerdotes, escasseiam as vocações sacerdotais e religiosas, houve deserções, as Igrejas não contam com leigos mais diretamente comprometidos nas funções eclesiais, surgiram crises nos movimentos apostólicos tradicionais. Os ministros da Palavra, as paróquias e outras estruturas eclesiásticas são insuficientes para satisfazer à fome de Evangelho sentida pelo povo latino-americano" (DP, n. 78). Sob um ângulo mais qualitativo, "ainda subsistem atitudes que obstam ao dinamismo de renovação: primazia do administrativo sobre o pastoral; rotina; falta de preparação para os sacramentos; autoritarismo de certos sacerdotes e fechamento da paróquia sobre si mesma, sem considerar as graves urgências do conjunto" (DP, n. 633). O diagnóstico é claro, preciso, realista.

Diante disso, é preciso, numa visão prospectiva, que as paróquias prossigam "no esforço de renovação, superando os aspectos meramente administrativos; buscando maior participação dos leigos, mormente no Conselho Pastoral; dando prioridade aos apostolados organizados e formando leigos para que assumam, como cristãos, suas responsabilidades na comunidade e no ambiente social" (DP, n. 649). Faz-se necessário aderir com mais convicção à "pastoral de conjunto", envolvendo as comunidades religiosas e promovendo grupos, comunidades e movimentos, animando a todos a um "esforço constante de comunhão". A paróquia, dentro do princípio de subsidiariedade, deve tornar-se "o centro de promoção dos serviços que as comunidades menores não podem assegurar" (DP, n. 650). As experiências voltadas para o desenvolvimento da "ação pastoral de todos os agentes nas paróquias", bem como para "animar a pastoral vocacional dos ministérios consagrados (sic), dos serviços leigos e da vida religiosa" (DP, n. 651), precisam ser incentivadas.

Essas indicações são tanto mais pertinentes quanto é sabido que "a paróquia está conseguindo diversas formas de renovação, adequadas às mudanças desses últimos anos. Há mudança de mentalidade entre os pastores; os leigos são chamados para o Conselho Pastoral e demais serviços; há constante atualização da catequese; constata-se maior presença do presbítero no meio do povo, principalmente graças a uma rede de grupos e comunidades" (DP, n. 631). A paróquia, de fato, tem apresentado, na América Latina, uma "dupla relação de comunicação e comunhão pastoral: em nível diocesano, as paróquias se integram em regiões, vicariatos, decanatos; no interior de si mesma, a pastoral se diversifica de acordo com os diferentes setores e se abre à criação de comunidades menores" (DP, n. 632).

Segundo Puebla, finalmente, se todos os presbíteros são dignos de reconhecimento e têm direito a apoio, estímulo e solidariedade (cf. DP, n. 652), merece especial destaque "a figura do pároco, como pastor à semelhança de Cristo, promotor da comunhão com Deus e com os irmãos, a cujo serviço se dedica junto com seus coirmãos presbíteros em torno do bispo; atento (o pároco) a discernir os sinais dos tempos com o povo; animador de comunidades" (DP, n. 653).

5.3. Propostas da V Conferência: uma consistente "via média"

Para Aparecida, a renovação da paróquia – do ponto de vista estrutural – insistente e vigorosamente exigida, passa, sobretudo, por dois eixos:

o incremento das comunidades eclesiais menores e uma "nova pastoral urbana" (DAp, n. 517).

Dada a extensão do tema "comunidade" em Aparecida, vamos tentar desdobrá-lo em alguns pontos principais: paróquia, "comunidade de comunidades" (5.3.1); fundamentos teológicos (5.3.2); perfil ideal das comunidades (5.3.3); dimensão missionária e dimensão comunitária (5.3.4); comunidades na América Latina e Caribe (5.3.5); Comunidades Eclesiais de Base (5.3.5.1); pequenas comunidades (5.3.5.2); novas comunidades, movimentos e Igreja local (5.3.5.3); comunidades e Eucaristia (5.3.9); ênfase na tarefa missionária (5.3.6); investir em comunidades (5.3.7); paróquia aberta a "uma nova pastoral urbana" (5.4).

5.3.1. Paróquia, "comunidade de comunidades"

Aparecida está de tal modo convencida da importância e necessidade das comunidades que pede reiteradamente que as paróquias se transformem "cada vez mais em comunidades de comunidades" (DAp, nn. 99, 179, 309). Esta expressão, aliás, é o título de uma das seções do capítulo V: "A paróquia, comunidade de comunidades" (DAp, n. 5.2.2). Na sequência, porém, parece haver certa incongruência no texto, pois gasta três parágrafos para falar da paróquia como comunidade[25] e, só no último parágrafo daquele contexto, vai falar de "rede de comunidades": "A renovação das paróquias no início do terceiro milênio exige a reformulação de suas estruturas, para que seja uma rede de comunidades e grupos, capaz de se articular, conseguindo que os participantes se sintam realmente discípulos e missionários de Jesus Cristo em comunhão" (DAp, n. 172). Aliás, dizem os bispos, "conforme há anos estamos propondo, na América Latina, a paróquia chegará a ser comunidade de comunidades" (DAp, n. 309). Não só comunidades de vizinhança, mas também ambientais: (uma pastoral urbana que) "aposte mais intensamente na experiência de

---

[25] "Entre as comunidades eclesiais nas quais vivem e se formam os discípulos e missionários de Jesus Cristo, sobressaem as paróquias" (DAp, n. 170); "Todos os membros da comunidade paroquial são responsáveis pela evangelização dos homens e mulheres em cada ambiente" (DAp, n. 171); "O Espírito Santo que atua em Jesus Cristo é também enviado a todos, enquanto membros da comunidade, porque sua ação não se limita ao âmbito individual" (DAp, n. 171).

comunidades ambientais, integradas em nível supraparoquial e diocesano" (DAp, n. 517).

5.3.2. Fundamentos teológicos e pastorais

Aparecida traz uma série de textos, dispersos pelo conjunto do Documento, que, valorizando a "comunidade" – ainda que, muitas vezes, num sentido inespecífico e abrangente – servem à sustentação da vida comunitária em geral e das comunidades menores.

O primeiro fundamento é trinitário: "A consequência imediata deste tipo de vínculo (com o Pai pelo Filho no Espírito) é a condição de irmãos que os membros de sua comunidade adquirem" (DAp, n. 132).

A par deste, há um fundamento cristológico: "Jesus está presente em meio a uma comunidade viva na fé e no amor fraterno" (DAp, n. 256).

A raiz apostólica e a dimensão martirial das comunidades são explicitamente evocadas: "Nossas comunidades levam o selo dos apóstolos e, além disso, reconhecem o testemunho cristão de tantos homens e mulheres que espalharam em nossa geografia as sementes do Evangelho, vivendo valentemente sua fé, inclusive derramando seu sangue como mártires" (DAp, n. 275). Os mártires, de fato, foram, em virtude de seu amor apaixonado e total por Jesus Cristo, "membros ativos e missionários em sua comunidade eclesial" (DAp, n. 275).

De modo semelhante, o princípio mariano das comunidades também é explicitado: "Indica [Maria], além do mais, qual é a pedagogia para que os pobres, em cada comunidade cristã, sintam-se como em sua casa (NMI, n. 50)" (DAp, n. 272). "Em nossas comunidades, sua [de Maria] forte presença tem enriquecido e seguirá enriquecendo a dimensão materna da Igreja e sua atitude acolhedora, que a converte em 'casa e escola da comunhão' e em espaço espiritual que prepara para a missão (NMI, n. 43)" (DAp, n. 272). "Seu [de Maria] testemunho se mantém vigente e seus ensinamentos inspiram o ser e a ação das comunidades cristãs do continente" (DAp, n. 273). Não deixa, aliás, de ser significativo que "as mulheres constituem, geralmente, a maioria de nossas comunidades" (DAp, n. 455).

A pertença a uma comunidade, sendo uma "dimensão constitutiva do acontecimento cristão", garante tanto a experiência do discipulado (nível antropológico) como a da comunhão (nível eclesiológico): na comunidade, "podemos viver uma experiência permanente de discipulado e de comunhão com os sucessores dos apóstolos e do papa" (DAp, n. 156). De fato, não só "a vida em comunidade é essencial à vocação cristã" (DAp, n. 164), mas também "o discipulado e a missão sempre supõem a pertença a uma comunidade" (DAp, n. 164).

Os cristãos e as cristãs – que, muitas vezes, nos parecem arredios à vida comunitária – na verdade procuram comunidades cristãs "onde sejam acolhidos fraternalmente", "se sintam valorizados", tenham visibilidade e possam ser "eclesialmente incluídos" (DAp, n. 226). Homens e mulheres de hoje, frutos da modernidade que são, querem ser sujeitos e sujeitos corresponsáveis da vida comunitária: "É necessário que nossos fiéis se sintam realmente membros de uma comunidade eclesial e corresponsáveis por seu desenvolvimento" (DAp, n. 226).

Enfim, a Igreja local, chamada a ser "comunidade missionária" (ChL, n. 32), não é uma superestrutura formal e vazia, mas um todo orgânico, que envolve (e deve envolver, no nível do agir) comunidades, estruturas, organizações (DAp, n. 168). Dessa articulação e da adesão de todos à pastoral orgânica da diocese, depende a eficiência de toda a ação evangelizadora e pastoral: "Um projeto só é eficiente se cada comunidade cristã, cada paróquia, cada comunidade educativa, cada comunidade de vida consagrada, cada associação ou movimento e cada pequena comunidade se inserirem ativamente na pastoral orgânica de cada diocese" (DAp, n. 169).

5.3.3. Perfil ideal das comunidades

A V Conferência, narrando e descrevendo as comunidades, traça como que seu perfil ideal e, deste modo, desvela e revela sua identidade mais profunda: a Igreja primitiva de Jerusalém segundo os retratos que dela faz o evangelista Lucas (cf. At 2,42-47; 4,32-37; 5,12-16).

O retrato ideal e sempre inspirador está nas origens: "Igual às primeiras comunidades de cristãos, hoje nos reunimos assiduamente para 'escutar o ensinamento dos apóstolos, viver unidos e participar do partir do pão e nas orações' (At 2,42)" (DAp, n. 158). É aquela forma apostólica de viver (*apostolica vivendi forma*) que, em todas as épocas da história e em todos os quadrantes do mundo, fascinou e inspirou os espíritos e os movimentos renovadores na Igreja (cf. VC, nn. 12, 45, 93, 94).

As primitivas comunidades, com efeito, revelam a natureza comunial da Igreja: "A experiência da comunidade apostólica primitiva mostra a própria natureza da Igreja enquanto mistério de comunhão com Cristo no Espírito Santo" (DAp, n. 547). Por isso, constituem o paradigma – e o "método" original indicado por Bento XVI (DAp, n. 547) – que deve inspirar hoje a renovação comunitária e a evangelização inculturada: "Encontramos o modelo paradigmático desta renovação comunitária nas primitivas comunidades cristãs (cf. At 2,42-47), que souberam buscar novas formas para evangelizar de acordo com as culturas e as circunstâncias" (DAp, n. 369).

5.3.4. Dimensão missionária e dimensão comunitária

Aparecida articula, de forma adequada, dimensão comunitária e dimensão missionária: a missão cria comunidade, e toda comunidade deve ser missionária (cf. DAp, n. 156). A Igreja, com efeito, é por natureza missionária, "visto que tem a sua origem, segundo o desígnio de Deus Pai, na 'missão' do Filho e do Espírito Santo" (AG, n. 2).

Diante da tendência – que, para muitos, hoje é verdadeira tentação – a ser "cristãos sem Igreja"[26] e a buscas espirituais individualistas, os bispos deixam claro que "a fé em Jesus Cristo nos chegou através da comunidade eclesial e ela 'nos dá uma família, a família universal de Deus na Igreja Católica' (DI, n. 3)" (DAp, n. 156). Por isso, as novas gerações de discípulos missionários "são chamadas a transmitir a seus irmãos jovens, sem distinção alguma, a corrente de vida que procede de Cristo e a compartilhá-la em comunidade, construindo Igreja e sociedade" (DAp, n. 443). A missão, com efeito, "não se limita a um programa ou proje-

---

[26] Cf. SALA, *Essere cristiani e essere nella Chiesa*.

to", pois consiste "em compartilhar a experiência do acontecimento do encontro com Cristo, testemunhá-lo e anunciá-lo de pessoa a pessoa, de comunidade a comunidade, e, da Igreja, a todos os confins do mundo (cf. At 1,8)" (DAp, n. 145). Aquele que se converteu a Jesus e foi iniciado à vida cristã é convidado a inserir-se "cordialmente na comunidade eclesial e social", sendo solidário no amor e fervoroso missionário (DAp, n. 292).

Primeiro fruto da missão é a comunidade e a vida comunitária, que, por sua vez, abraçam e levam adiante a missão:[27] o amor-caridade, vivido segundo a medida de Jesus, como total dom de si, "além de ser o diferencial de cada cristão, não pode deixar de ser a característica de sua Igreja, comunidade discípula de Cristo, cujo testemunho de caridade fraterna será o primeiro e principal anúncio: 'Todos reconhecerão que sois meus discípulos' (Jo 13,35)" (DAp, n. 138).

Comunhão e missão formam, na verdade, uma única realidade, cuja fonte última é a Trindade, onde se vive a comunhão perfeita e de onde partem o Filho e o Espírito, enviados pelo Pai, em missão: "A Igreja, como 'comunidade de amor', é chamada a refletir a glória do amor de Deus, que é comunhão, e, assim, atrair as pessoas e os povos para Cristo. No exercício da unidade desejada por Jesus, os homens e mulheres de nosso tempo se sentem convocados e recorrem à formosa aventura da fé (DCE, n. 19)" (DAp, n. 169).

5.3.5. Comunidades na América Latina e Caribe

Na América Latina e no Caribe, a articulação entre comunidade e missão, ainda que imperfeita, já é realidade em muitas situações: nas paróquias em renovação, que favorecem "um encontro com o Cristo vivo mediante diversos métodos de nova evangelização, que se transformam em comunidade de comunidades evangelizadas e missionárias" (DAp, n. 99); nas CEBs, "que, com frequência, têm sido verdadeiras escolas que formam discípulos e missionários do Senhor, como testemunhas de uma entrega generosa, até mesmo com o derramar do sangue de muitos de seus

---

[27] Não só "a vida em comunidade é essencial à vocação cristã", mas também "o discipulado e a missão sempre supõem a pertença a uma comunidade" (DAp, n. 164; cf. DAp, n. 156).

membros" (DAp, n. 178), e, de forma diferente, é claro, nos movimentos eclesiais e novas comunidades, "que difundem sua riqueza carismática, educativa e evangelizadora" (DAp, n. 99). Naquelas situações, todavia, em que vida comunitária e ação missionária ainda não se deram as mãos – infelizmente, não faltam situações assim –, os bispos da V Conferência insistem para que se caminhe decididamente nesta direção (DAp, nn. 168, 171, 172, 203, 204, 226d, 291, 365, 368, 370).

As comunidades, na América Latina e no Caribe, na verdade, não são apenas uma ideia ou um ideal a ser perseguido, mas um fato em muitas Igrejas do continente: "Diante da nova realidade, novas experiências se realizam na Igreja, tais como a renovação das paróquias, sua setorização, novos ministérios, novas associações, grupos, comunidades e movimentos" (DAp, n. 513).

Constata-se, com efeito, "em muitos lugares, um florescimento de Comunidades Eclesiais de Base, em comunhão com os bispos e fiéis ao Magistério da Igreja" (DAp, n. 99). Na América Latina, as comunidades não são Igreja subterrânea, paralela, contestatária ou alternativa. São, sim, e não abrem mão de ser, "um novo modo de ser Igreja", que, por seu testemunho, inspiram e alavancam autênticas experiências de vida cristã e eclesial.

Longe de criar problemas ou dificuldades, a existência dessas comunidades tem beneficiado a pastoral orgânica e o atendimento aos fiéis: "A diversificação da organização eclesial, com a criação de muitas comunidades, novas jurisdições e organismos pastorais, permitiu que muitas Igrejas locais avançassem na estruturação de uma pastoral orgânica, para servir melhor às necessidades dos fiéis" (DAp, n. 101).

5.3.5.1. Comunidades Eclesiais de Base

São facilmente reconhecíveis os aspectos positivos e os benefícios das Comunidades Eclesiais de Base (CEBs): "Na experiência eclesial da América Latina e do Caribe, as Comunidades Eclesiais de Base, com frequência, têm sido verdadeiras escolas que formam discípulos e missionários do

Senhor, como testemunhas de uma entrega generosa, até mesmo com o derramar do sangue de muitos de seus membros" (DAp, n. 178).

Aparecida, que aponta a "forma de vida apostólica" como ideal a ser vivido pelas comunidades, reconhece que as CEBs têm abraçado "a experiência das primeiras comunidades, como estão descritas nos Atos dos Apóstolos (At 2,42-47)" (DAp, n. 178).

Em comunhão com o bispo e o projeto pastoral diocesano, "são um sinal de vitalidade na Igreja, instrumento de formação e de evangelização e ponto de partida válido para a missão continental permanente" (DAp, n. 179). É por isso que podem também "revitalizar as paróquias a partir de dentro, fazendo das mesmas uma comunidade de comunidades" (DAp, n. 179).

Como nos tempos da Igreja primitiva, quando Paulo – certamente lembrado da palavra das "colunas" (Tiago, Cefas e João) de que ele "não se esquecesse dos pobres" (Gl 2,10) – se sentiu no dever de organizar a famosa "coleta" das Igrejas por ele fundadas em favor da comunidade- -mãe de Jerusalém, hoje também, muitas de nossas comunidades pre- cisam da solidariedade de outras comunidades para sua vida e missão: "Conscientes de que a missão evangelizadora não pode seguir separada da solidariedade com os pobres e sua promoção integral, e sabendo que existem comunidades eclesiais que carecem dos meios necessários, é im- perativo ajudá-las, imitando as primeiras comunidades cristãs, para que, de verdade, se sintam amadas" (DAp, n. 550).

5.3.5.2. Pequenas comunidades

Aparecida coloca, com e ao lado das CEBs, outras formas de comu- nidade. É significativo, neste sentido, um dos subtítulos do capítulo V: "Comunidades Eclesiais de Base e pequenas comunidades" (DAp, 5.2.2). Ou seja: "Junto às CEBs, existem outras várias formas de pequenas co- munidades eclesiais, grupos de vida, de oração e de reflexão da Palavra de Deus, e inclusive redes de comunidades" (DAp, n. 172). Este variegado panorama é motivo de reconhecimento e gratidão: "Reconhecemos o dom da vitalidade da Igreja que peregrina na América Latina, sua opção pelos pobres, suas paróquias, suas comunidades, suas associações, seus movimentos eclesiais, novas comunidades e seus múltiplos serviços sociais e educativos" (DAp, n. 128).

5.3.5.3. Novas comunidades, movimentos e Igreja local

Num sentido mais específico, refere-se Aparecida às "novas comunidades", que, normalmente, são comunidades que surgem dos movimentos e a eles estão ligadas: "Neste contexto, é um sinal de esperança, o fortalecimento de várias associações leigas, movimentos apostólicos eclesiais e caminhos de formação cristã, comunidades eclesiais e novas comunidades, que devem ser apoiados pelos pastores" (DAp, n. 214). "Valoriza-se a presença e o crescimento dos movimentos eclesiais e novas comunidades que difundem sua riqueza carismática, educativa e evangelizadora" (DAp, n. 99).

O tratamento específico deste fenômeno encontra-se no capítulo VI: "Os movimentos eclesiais e novas comunidades" (DAp, 6.4.4), apresentados em paralelismo: "Os novos movimentos e comunidades são um dom do Espírito Santo para a Igreja" (DAp, n. 311).

Numa perspectiva mais institucional, movimentos e novas comunidades são vistos como muito úteis às dioceses: "Os movimentos e novas comunidades constituem uma valiosa contribuição para a realização da Igreja local" (DAp, n. 312).

Olhados sob o ponto de vista das pessoas a serem evangelizadas, "Os movimentos e novas comunidades são uma oportunidade para que muitas pessoas afastadas possam ter uma experiência de encontro vital com Jesus Cristo e, assim, recuperar sua identidade batismal e sua ativa participação na vida da Igreja (cf. DI, n. 4)" (DAp, n. 312).

Os bispos, em Aparecida, não se esquivaram de abordar o tema espinhoso e delicado das relações entre movimentos e Igreja local. Fazem-no num texto breve, porém denso e lúcido: "Para aproveitar melhor os carismas e serviços dos movimentos eclesiais no campo da formação dos leigos desejamos respeitar seus carismas e sua originalidade, procurando que se integrem mais plenamente na estrutura originária que acontece na diocese. Ao mesmo tempo, é necessário que a comunidade diocesana acolha a riqueza espiritual e apostólica dos movimentos. É verdade que os movimentos devem manter sua especificidade, mas dentro de uma profunda unidade com a Igreja local, não só de fé, mas de ação. Quanto mais se multiplicar a riqueza dos carismas, mais os bispos serão chamados a exercer o discernimento espiritual para favorecer a necessária integração dos movimentos na vida diocesana, apreciando a riqueza de sua experiência comunitária, formativa e missionária. Convém dar especial acolhida e valorização àqueles movimentos eclesiais que já passaram pelo reconhecimento e discernimento da Santa Sé, considerados como dons e bens para a Igreja universal" (DAp, n. 313).

Os bispos da V Conferência reconhecem, pois, que os movimentos têm sua originalidade e são portadores de carismas próprios. Circunscrevendo inicialmente a questão ao campo da formação dos leigos e visando à eficiência da ação eclesial, os bispos expressam o desejo de que os movimentos "se integrem mais plenamente na estrutura originária [da Igreja] que acontece na diocese". As dioceses, por sua vez, discernindo "tudo e ficando com o que é bom" (1Ts 5,21), são chamadas (o texto diz "é necessário") a acolher "a riqueza espiritual e apostólica dos movimentos". O princípio norteador das "mútuas relações" é o binômio "comunidade–carismas", em que os dois polos devem ser mantidos em sua identidade e tensão: "Os movimentos devem manter sua especificidade, mas dentro de uma profunda unidade com a Igreja local, não só de fé, mas de ação". Carisma e ministério não se opõem, sobretudo porque o ministério do bispo também é um carisma, o "carisma dos apóstolos",[28] que, entre outras coisas, tem a função de guiar a comunidade no discernimento: "Quanto mais se multiplicar a riqueza dos carismas, mais os bispos serão chamados a exercer o discernimento espiritual para favorecer a necessária integração dos movimentos na vida diocesana, apreciando a riqueza de sua experiência comunitária, formativa e missionária". Para tanto, um critério prudencial é o do eventual reconhecimento já dado a um movimento pelo papa: "Convém dar especial acolhida e valorização

---

[28] "Entre esses dons avulta a graça dos apóstolos à cuja autoridade o próprio Espírito submete até os carismáticos (cf. 1Cor 14)" (LG, n. 7c).

àqueles movimentos eclesiais que já passaram pelo reconhecimento e discernimento da Santa Sé, considerados como dons e bens para a Igreja universal" (DAp, n. 313).

Embora as relações institucionais e os programas pastorais sejam apenas um aspecto desta multissecular e intrincada questão, um projeto comum comunitariamente elaborado (não se trata de nenhuma tautologia) é, sem dúvida, útil para a comunhão, sendo, aliás, já seu primeiro passo: "Um plano de pastoral orgânico e articulado que se integre a um projeto comum às paróquias, comunidades de vida consagrada, pequenas comunidades, movimentos e instituições que incidem na cidade, e que seu objetivo seja chegar ao conjunto da cidade. Nos casos de grandes cidades nas quais existem várias dioceses, faz-se necessário um plano interdiocesano" (DAp, n. 518).

Na prática, porém, o *Documento de Aparecida* constata que, entre movimentos e Igrejas locais, há uma relação (ou falta de relação) simétrica: "Alguns movimentos eclesiais nem sempre se integram adequadamente na pastoral paroquial e diocesana; por sua vez, algumas estruturas eclesiais não são suficientemente abertas para acolhê-los" (DAp, n. 100).

5.3.5.4. Comunidades e Eucaristia

Um dos mais belos, densos e fortes textos sobre a Eucaristia encontra-se na primeira seção ("chamados a viver em comunhão") do capítulo quinto, que versa sobre "a comunhão dos discípulos missionários na Igreja": "Igual às primeiras comunidades de cristãos, hoje nos reunimos assiduamente para 'escutar o ensinamento dos apóstolos, viver unidos e tomar parte no partir do pão e nas orações' (At 2,42). A comunhão da Igreja se nutre com o Pão da Palavra de Deus e com o Pão do Corpo de Cristo. A Eucaristia, participação de todos no mesmo Pão de Vida e no mesmo Cálice de Salvação, nos faz membros do mesmo Corpo (cf. 1 Cor 10,17). Ela é a fonte e o ponto mais alto da vida cristã, sua expressão mais perfeita e o alimento da vida em comunhão. Na Eucaristia, nutrem-se as novas relações evangélicas que surgem do fato de sermos filhos e filhas do Pai e irmãos e irmãs em Cristo. A Igreja que a celebra é 'casa e escola de comunhão', onde os discípulos compartilham a mesma fé, esperança e amor a serviço da missão evangelizadora" (DAp, n. 158).

Encontro do discípulo com o Senhor, a Eucaristia nos põe ao mesmo tempo em relação com o Pai e com os irmãos e irmãs, o que implica a vivência das dimensões teologal (crer), litúrgica (celebrar) e ética (viver) da vocação cristã, dando "forma eucarística" e "pascal" à vida do discípulo missionário: "A Eucaristia é o lugar privilegiado do encontro do discípulo com Jesus Cristo. Com esse sacramento, Jesus nos atrai para si e nos faz entrar em seu dinamismo em relação a Deus e ao próximo. Existe estreito vínculo entre as três dimensões da vocação cristã: crer, celebrar e viver o mistério de Jesus Cristo, de tal modo que a existência cristã adquira verdadeiramente forma eucarística. Em cada Eucaristia, os cristãos celebram e assumem o mistério pascal, participando nele. Os fiéis devem, portanto, viver sua fé na centralidade do mistério pascal de Cristo através da Eucaristia, de maneira que toda a sua vida seja cada vez mais vida eucarística. A Eucaristia, fonte inesgotável da vocação cristã, é, ao mesmo tempo, fonte inextinguível do impulso missionário. Aí, o Espírito Santo fortalece a identidade do discípulo e desperta nele a decidida vontade de anunciar com audácia aos demais o que tem escutado e vivido" (DAp, n. 251).

Ao mesmo tempo, os bispos chamam a atenção para a "coerência eucarística" (cf. DAp, n. 436), ou seja, para as exigências eclesiais e éticas da Eucaristia: "A Eucaristia, sinal da unidade com todos, que prolonga e faz presente o mistério do Filho de Deus feito homem (cf. Fl 2,6-8), nos propõe a exigência de uma evangelização integral. A imensa maioria dos católicos de nosso continente vive sob o flagelo da pobreza. Esta tem diversas expressões: econômica, física, espiritual, moral etc. Se Jesus veio para que todos tenhamos vida e vida em abundância, a paróquia tem a maravilhosa ocasião de responder às grandes necessidades de nossos povos. Para isso, tem que seguir o caminho de Jesus e chegar a ser uma Igreja samaritana como ele. Cada paróquia deve chegar a concretizar em sinais solidários seu compromisso social nos diversos meios em que se move, com toda 'a imaginação da caridade'. Não pode ser alheia aos grandes sofrimentos que a maioria de nossa gente vive e que com muita frequência são pobrezas escondidas. Toda autêntica missão unifica a preocupação pela dimensão transcendente do ser humano e por todas as suas necessidades concretas, para que todos alcancem a plenitude que Jesus Cristo oferece" (DAp, n. 176).

Diante do fato desafiador de que muitos cristãos não participem da Eucaristia dominical, nem recebam com regularidade os sacramentos, nem se insiram ativamente na comunidade eclesial (cf. DAp, n. 301), os bispos afirmam insistentemente a importância da Eucaristia: "A Santíssima Eucaristia conduz a iniciação cristã à sua plenitude e é como o centro e fim de toda a vida sacramental" (DAp, n. 153; cf. SC, n. 17). Afirmam reiteradamente a relação entre Eucaristia e vida paroquial: "Seguindo o exemplo da primeira comunidade cristã (cf. At 2,46-47), a comunidade paroquial se reúne para partir o pão da Palavra e da Eucaristia e perseverar na catequese, na vida sacramental e na prática da caridade" (DAp, n. 175). Apresentam a Eucaristia como fonte de renovação da paróquia, de fortalecimento da comunidade dos discípulos e escola de vida cristã: "Na celebração eucarística ela [a paróquia] renova sua vida em Cristo. A Eucaristia, na qual se fortalece a comunidade dos discípulos, é para a paróquia uma escola de vida cristã [...]. A Eucaristia, fonte e ponto alto da vida cristã, faz com que nossas paróquias sejam sempre comunidades eucarísticas que vivem sacramentalmente o encontro com o Cristo Salvador" (DAp, n. 175). Com efeito, a Eucaristia é momento privilegiado do encontro das comunidades com o Senhor ressuscitado: "Com diversas celebrações e iniciativas, especialmente com a Eucaristia dominical, que é 'momento privilegiado do encontro das comunidades com o Senhor ressuscitado', os fiéis devem experimentar a paróquia como uma família na fé e na caridade, onde mutuamente se acompanhem e se ajudem no seguimento de Cristo (DI, n. 4)" (DAp, n. 305).

A Igreja una, santa, católica e apostólica existe e se manifesta – como ensinou o Concílio (cf. LG, n. 26, sobretudo) – na Igreja local, sobretudo, quando esta se reúne em assembleia para se deixar edificar por aqueles dois elementos essenciais de sua constituição, que são, justamente, a Palavra e a Eucaristia: "Reunida e alimentada pela Palavra e pela Eucaristia, a Igreja Católica existe e se manifesta em cada Igreja local em comunidade com o Bispo de Roma (ChL, n. 85)" (DAp, n. 165).

A Eucaristia, além disso, é vista, em Aparecida, não só em relação à edificação da Igreja, mas também em relação à construção da civilização do amor: "Só da Eucaristia brotará a civilização do amor que transformará a América latina e o Caribe para que, além de ser o continente da esperança, seja também o continente do amor!" (DI, n. 4; cf. DAp, n. 543). A V Conferência, aliás, vai mais longe, uma vez que afirma que "a Eucaristia é o centro vital do universo, capaz de saciar a fome de vida e felicidade: 'Aquele que se alimenta de mim, viverá por mim' (Jo 6,57)" (DAp, n. 354).

Constata-se, entretanto, a falta regular e assídua da celebração da Eucaristia em milhares de comunidades: "O número insuficiente de sacerdotes e sua não equitativa distribuição impossibilitam que muitíssimas comunidades possam participar na celebração da Eucaristia" (DAp, n. 100). Esta situação gera preocupação: "Recordando que é a Eucaristia que faz a Igreja, preocupa-nos a situação de milhares de comunidades cristãs privadas da Eucaristia dominical por longos períodos de tempo" (DAp, n. 253). Tem crescido a consciência da importância do preceito de "viver segundo o domingo",[29] "como uma necessidade interior do cristão, da família cristã, da comunidade paroquial" (DAp, n. 253). Donde o pedido de especial atenção para que os fiéis possam ter acesso à Eucaristia: "A experiência positiva destas comunidades *torna necessário que recebam uma especial atenção para que tenham a Eucaristia* [o itálico é meu] como centro de sua vida e cresçam em solidariedade e integração eclesial e social".[30] Do meu ponto de vista, trata-se do texto ao mesmo tempo

---

[29] Cf. DAp, n. 252; sobre a origem da expressão "viver segundo a Eucaristia" (na verdade, sobre o "sine dominico non possumus") (cf. RUIZ BUENO [ed.], *Actas de los mártires*, pp. 975-994).

[30] Este texto estava no texto aprovado pela Assembleia, mas não consta mais no texto que foi aprovado pelo Vaticano. O original espanhol dizia: "La experiencia positiva de estas comunidades hace necesaria una especial atención para que tengan a la Eucaristía como centro de su vida y crezcan en solidaridad y integración eclesial y social" ("A experiência positiva dessas comunidades torna necessária uma especial atenção a fim de que considerem a Eucaristia como centro de sua vida e cresçam em solidariedade e integração eclesial e social") (TA, n. 196). ["TA" significa Texto da

mais sábio e ousado da Conferência, em relação a essa questão da falta habitual da Eucaristia em milhares de comunidades latino-americanas: a experiência positiva das comunidades torna necessário que elas recebam uma especial atenção para que tenham a Eucaristia! As comunidades – que já são julgadas positivas – só serão plenas quando puderem ter a Eucaristia, justamente porque a Eucaristia é "centro de sua vida" e fonte de seu crescimento em "solidariedade e integração eclesial e social". A "especial atenção" só pode ter um sentido: não bastam medidas provisórias e paliativas; é preciso encontrar uma solução permanente e cabal para que essas comunidades "tenham a Eucaristia"!

A V Conferência, porém, só viu saída imediata, para a falta crônica de Eucaristia, na intensificação da celebração da Palavra: "Com profundo afeto pastoral às milhares de comunidades com seus milhões de membros, que não têm a oportunidade de participar da Eucaristia dominical, que também elas podem e devem viver 'segundo o domingo'. Podem alimentar seu já admirável espírito missionário participando da 'celebração dominical da Palavra', que faz presente o Mistério Pascal no amor que congrega (cf. 1Jo 3,14), na Palavra acolhida (cf. Jo 5,24-25) e na oração comunitária (cf. Mt 18,20)" (DAp, n. 253). Fora isso, a solução está nas mãos dos fiéis – que "devem desejar a participação plena na Eucaristia dominical" e "orar pelas vocações" (DAp, n. 253) – ... e, portanto, nas mãos de Deus! Aparecida teria, segundo muitos, perdido a chance de ser mais corajosa e criativa, simplesmente resgatando a prática da Igreja antiga em matéria de ministério eucarístico.[31] Diz jocosamente um teólogo espanhol que "rezar pelas vocações", dentro da atual estrutura ministerial da Igreja Católica, é tentar a Deus, pois, em princípio, mais da metade

---

Assembleia.] Em seu lugar, consta o seguinte: "Todas as comunidades e grupos eclesiais darão fruto à medida que a Eucaristia for o centro de sua vida, e a Palavra de Deus for o farol de seu caminho e de sua atuação na única Igreja de Cristo" (DAp, n. 180).

[31] Na linha sugerida, por exemplo, por LOBINGER; ZULEHNER, *Padres para amanhã*. Um grupo de bispos, em certa altura da Conferência, foi conversar com um alto dignitário do Vaticano sobre a questão da ordenação de ministros próprios para as comunidades que não têm acesso dominical regular à celebração da Eucaristia. Ouviram duas respostas. Primeira: *I tempi non sono ancora maturi* ("Os tempos ainda não estão maduros"). Segunda: *Questo non è lo spazio adeguato per una simile discussione!* ("Este não é o ambiente adequado para tal debate"). Quando é que os tempos estarão maduros? Qual seria o fórum adequado? Um concílio? Um sínodo universal? Mas por que não se poderia, ao menos, ventilar a questão numa conferência intercontinental?

dos membros da Igreja (as mulheres) estão excluídos, e também cerca de noventa por cento dos homens (que *grosso modo* são os que se casam)... Onde então encontrar vocações, nos pouco mais de dez por cento restantes, levando-se em conta ainda as demais exigências da Igreja Católica para a seleção dos candidatos?

5.3.6. Ênfase na tarefa missionária

O eixo principal da proposta pastoral da V Conferência é, com toda a clareza, a dimensão missionária. A dimensão missionária perpassa todo o *Documento de Aparecida*. No que toca ao nosso tema, não só as paróquias devem assumir, como prioridade, a ação missionária, mas também as comunidades, sejam elas de base, pequenas ou novas, segundo a tipologia adotada pelos bispos.

As comunidades, segundo Aparecida, devem, por imperativo evangélico e em resposta aos desafios postos à evangelização na conjuntura presente, ser missionárias: "A tarefa missionária se abre sempre às comunidades, assim como ocorreu em Pentecostes (cf. At 2,1-13)" (DAp, n. 171).

Maria é modelo de discípula e missionária para as comunidades: "A partir desse momento são incontáveis as comunidades que encontraram nela [Maria] a inspiração mais próxima para aprender como serem discípulos e missionários de Jesus" (DAp, n. 269).

Aspecto importante da missionariedade e da renovação comunitária é assumir o dinamismo da iniciação cristã: "Uma comunidade que assume a iniciação cristã renova sua vida comunitária e desperta seu caráter missionário" (DAp, n. 291). É um fato que, "nas pequenas comunidades eclesiais, temos um meio privilegiado para chegar à Nova Evangelização e para chegar a que os batizados vivam como autênticos discípulos e missionários de Cristo" (DAp, n. 207).

A missão – nunca é demais lembrar – é um todo complexo e dinâmico, não se reduzindo apenas a algum aspecto: "A missão não se limita a um programa ou projeto, mas em compartilhar a experiência do acontecimento do encontro com Cristo, testemunhá-lo e anunciá-lo de pessoa a pessoa, de comunidade a comunidade e da Igreja a todos os confins do mundo (cf. At 1,8)" (DAp, n. 145).[32]

Os bispos sabem, todavia, que o trabalho missionário não é fácil e que, apesar de todos os sinais de vida e de vitalidade em nossa Igreja, estamos passando por um momento doloroso de difícil cansaço: "Necessitamos que cada comunidade cristã se transforme num poderoso centro de irradiação da vida em Cristo. Esperamos um novo Pentecostes que nos livre do cansaço, da desilusão, da acomodação ao ambiente; esperamos uma vinda do Espírito que renove nossa alegria e nossa esperança" (DAp, n. 362). "Escutamos Jesus como comunidade de discípulos missionários que experimentaram o encontro vivo com ele e queremos compartilhar com os demais essa alegria incomparável todos os dias" (DAp, n. 364). Por isso, os bispos falam de "conversão pastoral de nossas comunidades", que exige que "se vá além de uma pastoral de mera conservação para uma pastoral decididamente missionária" (DAp, n. 370).

Para tanto, é urgente uma "conversão pastoral e renovação missionária das comunidades" (DAp, 7.2.2). Com efeito, "esta firme decisão missionária deve impregnar todas as estruturas eclesiais e todos os planos pastorais de dioceses, paróquias, comunidades religiosas, movimentos e de qualquer instituição da Igreja" (DAp, n. 365). Neste sentido, "nenhuma comunidade deve se isentar de entrar decididamente, com todas suas forças, nos processos constantes de renovação missionária, de abandonar as ultrapassadas estruturas que já não favoreçam a transmissão da fé" (DAp, n. 365). Sem prejuízo da conversão pessoal, sempre primordial e necessária, "a conversão pastoral requer que a Igreja se constitua em comunidades de discípulos missionários ao redor de Jesus Cristo, Mestre e Pastor [...]. Dali nasce a atitude de abertura, de diálogo e de disponibilidade para promover a corresponsabilidade e participação efetiva de todos os fiéis na vida das comunidades cristãs" (DAp, n. 368).

Não se pode, contudo, improvisar nem adiar algo tão sério como a missão. Com efeito, a formação é indispensável e urgente. Por isso, "a vocação

---

[32] Secundando o apelo do papa a uma missão evangelizadora que envolva todas as forças vivas da Igreja, explicam mais concretamente os bispos: "É um afã e anúncio missionários que precisa passar de pessoa a pessoa, de casa em casa, de comunidade a comunidade" (DAp, n. 145).

e o compromisso de sermos hoje discípulos e missionários de Jesus Cristo na América Latina e no Caribe requerem uma clara e decidida opção pela formação dos membros de nossas comunidades, para todos os batizados, qualquer que seja a função que desenvolvem na Igreja" (DAp, n. 276). Neste processo, de importância primordial são o encontro com Cristo e a iniciação cristã, que devem, porém, "se renovar constantemente pelo testemunho pessoal, pelo anúncio do querigma e pela ação missionária da comunidade" (DAp, n. 278).

5.3.7. Investir em comunidades

O *Documento de Aparecida* faz igualmente ver que as pequenas co-munidades não surgem espontaneamente ou por um passe de mágica, mas como fruto de um esforço sistemático: "Constata-se que nos últimos anos está crescendo a espiritualidade de comunhão e que, com diversas metodologias, não poucos esforços têm sido feitos para levar os leigos a se integrarem nas pequenas comunidades eclesiais, que vão mostrando frutos abundantes" (DAp, n. 307).

Essas pequenas comunidades, para serem sólidas e dinâmicas, preci-sam se sustentar na Palavra de Deus, na espiritualidade e na comunhão com a Igreja: "Se desejamos pequenas comunidades vivas e dinâmicas, é necessário despertar nelas uma espiritualidade sólida, baseada na Palavra de Deus, que as mantenha em plena comunhão de vida e ideais com a Igreja local e, em particular, com a comunidade paroquial" (DAp, n. 309).

O processo de formação de pequenas comunidades deve ser reassu-mido e reanimado no continente: "Destacamos que é preciso reanimar os processos de formação de pequenas comunidades no continente, pois nelas temos uma fonte segura de vocações ao sacerdócio, à vida religiosa e à vida leiga com especial dedicação ao apostolado" (DAp, n. 310). Além de serem – mais importante! – um espaço de acesso aos que, por diver-sos motivos, estão fora da Igreja: "Através das pequenas comunidades, poder-se-ia também conseguir chegar aos afastados, aos indiferentes e aos que alimentam descontentamento ou ressentimento em relação à Igreja" (DAp, n. 310).

5.4. Paróquia aberta a "uma nova pastoral urbana"

A paróquia, porém, além de investir em comunidades – que, apesar de toda a sua pertinência, relevância e prioridade, não esgotam nem teológica nem sociologicamente o ser e a missão eclesial[33] –, deve se abrir a outro mundo, extremamente complexo e desafiador, que é o mundo da cidade e, portanto, da pastoral urbana, que, aliás, não podia ficar ausente ou ser um tema marginal em Aparecida.

Depois de uma análise da cidade atual e de um juízo teológico alicerçado, sobretudo em textos bíblicos (cf. DAp, nn. 509-516) – que, aqui, nos eximimos de compendiar –, Aparecida entra nas considerações e propostas pastorais sobre a evangelização da cidade.

O grande obstáculo da pastoral urbana são o medo e a falta de abertura diante do novo: "Percebem-se atitudes de medo em relação à pastoral urbana; tendência a se fechar nos métodos antigos e de tomar uma atitude de defesa diante da nova cultura, com sentimentos de impotência diante das grandes dificuldades das cidades" (DAp, n. 513).

---

[33] Observa Legrand que, embora toda uma corrente pastoral e teológica tenha concluído que, sendo a Igreja "comunhão", sua realização deva ser "necessariamente comunitária", não se pode exigir que se conceba a Igreja *apenas* sob a dimensão comunitária em todos os contextos sociais. Os valores comunitários e as formas comunitárias de realização da Igreja não podem, de forma alguma, perder-se; ao contrário, a Igreja tem e é legítimo que tenha também expressões não comunitárias. Alguns fatores apontam nessa direção: (a) os diversos níveis de pertença eclesial – que, sociologicamente, são um fato e, teologicamente, aceitáveis numa Igreja que não se conceba como uma seita ou uma comunidade de puros – não cabem no modelo *exclusivamente* comunitário; (b) o modelo comunitário *também* não é capaz de responder sozinho aos conflitos, tensões e desafios da vida econômica, social, política e cultural, com suas múltiplas relações, que exigem uma complexa e articulada presença pública da Igreja; (c) na Igreja local, há outros vários grupos (equipes ministeriais, paróquias, movimentos) que, juntamente com as comunidades, são sujeitos de ação e de palavra para a edificação da Igreja e para o testemunho desta na sociedade. Sociologicamente, este modelo (que não despreza as expressões comunitárias, mas contempla outras modalidades de realização eclesial) difere do modelo comunitário. "Não privilegia as relações interpessoais, mas deixa todo o espaço que corresponde às múltiplas relações, quer dizer, aos problemas estruturais e às mediações requeridas para sua solução. Teologicamente, podem descrever-se como Igrejas-sujeito das Igrejas locais, nas quais se reconhece e se avalia a diversidade de grupos e de pessoas como benéfica para o testemunho evangélico numa sociedade muito diversificada". Daí por que "a manutenção dos dois polos, o minoritário e o multitudinário, na Igreja, constitui um desafio teológico importante" (LEGRAND, La Iglesia local, pp. 168ss).

Partindo, porém, do "trabalho renovador que já se realiza em muitos centros urbanos, a V Conferência propõe e recomenda uma nova pastoral urbana que":

a) responda aos grandes desafios da crescente urbanização;

b) seja capaz de atender às variadas e complexas categorias sociais, econômicas, políticas e culturais: pobres, classe média e elites;

c) desenvolva uma espiritualidade da gratidão, da misericórdia, da solidariedade fraterna, atitudes próprias de quem ama desinteressadamente e sem pedir recompensa;

d) abra-se a novas experiências, estilos e linguagens que possam encarnar o Evangelho na cidade;

e) transforme as paróquias cada vez mais em comunidades de comunidades;

f) aposte mais intensamente na experiência de comunidades ambientais, integradas em nível supraparoquial e diocesano;

g) integre os elementos próprios da vida cristã: a Palavra, a liturgia, a comunhão fraterna e o serviço, especialmente aos que sofrem pobreza econômica e novas formas de pobreza;

h) difunda a Palavra de Deus, anuncie-a com alegria e ousadia e realize a formação dos leigos de tal modo que possam responder às grandes perguntas e aspirações de hoje e se inseriram nos diferentes ambientes, estruturas e centros de decisão da vida urbana;

i) fomente a pastoral da acolhida aos que chegam à cidade e aos que já vivem nela, passando de um passivo esperar a um ativo buscar e chegar aos que estão longe com novas estratégias tais como visitas às casas, uso dos novos meios de comunicação social e constante proximidade ao que constitui para cada pessoa a sua cotidianidade;

j) ofereça atenção especial ao mundo do sofrimento urbano, isto é, que cuide dos caídos ao longo do caminho e dos que se encontram nos hospitais, dos encarcerados, excluídos, dependentes das drogas, habitantes das novas periferias, nas novas urbanizações, e das famílias que, desintegradas, convivem de fato;

k) procure a presença da Igreja, por meio de novas paróquias e capelas, comunidades cristãs e centros de pastoral, nas novas concentrações humanas que crescem aceleradamente nas periferias urbanas das grandes cidades devido às migrações internas e situações de exclusão.[34]

Para que os habitantes das cidades, cristãos ou não cristãos, possam encontrar em Cristo a plenitude da vida, os agentes de pastoral, na qualidade de discípulos e missionários, devem, segundo Aparecida, se esforçar por desenvolver urgentemente algumas atitudes, pessoais e institucionais:

a) um estilo pastoral adequado à realidade urbana com atenção especial à linguagem, às estruturas e práticas pastorais assim como aos horários;

b) um plano de pastoral orgânico e articulado que se integre a um projeto comum às paróquias, comunidades de vida consagrada, pequenas comunidades, movimentos e instituições que incidem na cidade, e que seu objetivo seja chegar ao conjunto da cidade (nos casos de grandes cidades, nas quais existem várias dioceses, faz-se necessário um plano interdiocesano);

c) uma setorização das paróquias em unidades menores que permitam a proximidade e um serviço mais eficaz;

d) um processo de iniciação cristã e de formação permanente que retroalimente a fé dos discípulos do Senhor integrando o conhecimento, o sentimento e o comportamento;

e) serviços de atenção, acolhida pessoal, direção espiritual e do sacramento da reconciliação, respondendo à sociedade, às grandes feridas psicológicas que sofrem muitos nas cidades, levando em consideração as relações interpessoais;

f) uma atenção especializada aos leigos em suas diferentes categorias: profissionais, empresariais e trabalhadores;

g) processos graduais de formação cristã com a realização de grandes eventos de multidões, que mobilizem a cidade, que façam sentir que a cidade é um conjunto, que é um todo, que saibam responder à afetividade de seus cidadãos e, em uma linguagem simbólica, saibam transmitir o Evangelho a todas as pessoas que vivem na cidade;

---

[34] A citação é literal, só tendo havido pequenas alterações na forma (uso de maiúsculas e minúsculas, pontuação, introdução das alíneas).

h) estratégias para chegar aos lugares fechados das cidades como grandes aglomerados de casas, condomínios, prédios residenciais ou nas favelas;

i) uma presença profética que saiba levantar a voz em relação a questões de valores e princípios do Reino de Deus, ainda que contradiga todas as opiniões, provoque ataques e se fique só no anúncio; isto é, que seja farol, cidades colocada no alto para iluminar;

j) uma maior presença nos centros de decisão da cidade, tanto nas estruturas administrativas como nas organizações comunitárias, profissionais e de todo tipo de associação para velar pelo bem comum e promover os valores do Reino;

k) a formação e acompanhamento de leigos e leigas que, influindo nos centros de opinião, organizem-se entre si e possam ser assessores para toda a ação social;

l) uma pastoral que leve em consideração a beleza no anúncio da Palavra e nas diversas iniciativas, ajudando a descobrir a plena beleza que é Deus;

m) serviços especiais que respondam às diferentes atividades da cidade: trabalho, descanso, esportes, turismo, arte etc.

n) uma descentralização dos serviços eclesiais de modo que sejam muito mais os agentes de pastoral que se integrem a esta missão, levando em consideração as categorias profissionais;

o) uma formação pastoral dos futuros presbíteros e agentes de pastoral capaz de responder aos novos desafios da cultura urbana (cf. DAp, n. 518).

Quinta conclusão parcial

O ensinamento do Vaticano II sobre a paróquia não é extenso nem tão inovador. O substantivo "paróquia" aparece 22 vezes; o adjetivo "paroquial", 10. O princípio teológico da paróquia é apresentado em coerência com sua origem histórica: "Visto que nem sempre e em todos os lugares o bispo, em sua Igreja, pode presidir pessoalmente a todo o seu rebanho, deve necessariamente constituir assembleias de fiéis, entre as quais sobressaem as paróquias, confiadas a um pastor local, que as governa, fazendo as vezes do bispo" (SC, n. 42). Contada entre as "legítimas comunidades locais de fiéis", nela está "verdadeiramente presente a Igreja de Cristo", sendo, "no seu lugar", graças à pregação da Palavra, à celebração da Ceia do Senhor e ao ministério dos pres-bíteros (cf. LG, n. 28), "o Povo novo chamado por Deus" (cf. LG, n. 26; cf. AG, n. 20), razão pela qual a paróquia, de algum modo, torna presente a Igreja: "As paróquias representam, de algum modo, a Igreja visível espalhada por todo o mundo" (LG, n. 26). Daí a necessidade de cultivar, em todos os seus membros, a vida litúrgica, a comunhão com o bispo e o espírito comunitário: "Por isso a vida litúrgica da paróquia e sua relação com o bispo devem ser cultivadas no espírito e no modo de agir dos fiéis e do clero, e é preciso fazer com que floresça o sentido da comunidade paroquial, especialmente na celebração comunitária da missa dominical" (SC, n. 42).

A maior contribuição do Concílio para uma teologia da paróquia e sua renovação pastoral vem da redescoberta da Igreja local, ou seja, da diocese, que é "a porção do Povo de Deus que se confia aos cuidados pastorais de um bispo, coadjuvado pelo seu presbitério, para que unida ao seu Pastor e reunida por ele no Espírito Santo por meio do Evangelho e da Eucaristia, constitua uma Igreja particular, na qual está e opera verdadeiramente a Igreja de Cristo, una, santa, católica e apostólica" (CD, n. 11). Enquanto a Igreja local é "porção" (portio) do Povo de Deus, a paróquia é "parte" (pars) da Igreja local. Com efeito, nas Igrejas locais e pelas Igrejas locais, formadas à imagem da Igreja universal, "existe a Igreja Católica una e única" (LG, n. 23); as paróquias, por sua vez, embora não sejam Igreja local, "representam (tornam presente), de algum modo, a Igreja visível espalhada por todo o mundo" (LG, n. 23).

O desenvolvimento das perspectivas conciliares, na América Latina (e Caribe), coube às conferências gerais do episcopado. Essas conferências procuraram situar a paróquia dentro da Igreja local, e fomentar comu-nidades menores no interior das paróquias ou ao menos referenciadas à paróquia. Medellín fala das Comunidades Eclesiais de Base como "célula inicial da estruturação eclesial" (cf. Medellín, Pastoral de Conjunto 10). Puebla, mesmo avançando uma que outra crítica, faz uma avaliação positiva das Comunidades Eclesiais de Base e das intervenções pastorais visando à renovação da paróquia (cf. Puebla, nn. 617-657). Santo Domingo falará da paróquia como "comunidade de comunidades e movimentos" (Santo Domingo, nn. 58 e 142) Aparecida fala muito positivamente das CEBs e contempla, com elas e junto a elas, as pequenas comunidades. Além disso, Aparecida insiste na "conversão pastoral e renovação missionária das comunidades" (DAp, 7.2.2). De um ponto de vista mais operacional, urge a setorização da paróquia em comunidades menores e, dentro dessas unidades menores, a criação de grupos de famílias (ou por outro critério), animados por coordenadores leigos.

Nota-se todo um esforço por resgatar a forma das domus Ecclesiae *do cristianismo primitivo: comunidades que surgiam do trabalho missionário, formadas por pequeno número de pessoas (em geral, a família ampliada das sociedades antigas), animadas por lideranças que se manifestavam em seu próprio interior, centradas na Palavra, na Eucaristia e na caridade, tendo à sua frente um ministro que, de alguma maneira, tornava presente o apóstolo-fundador; unidas às demais "Igrejas da casa" da cidade, formando, assim, a* paroikía, *ou seja, a Igreja de Deus naquele lugar.*

Como aproximar, nas circunstâncias atuais, não por saudosismo, idealismo ou conservadorismo, mas por uma infinidade de razões (teológicas, espirituais, pastorais, sociológicas, psicológicas), a forma social da Igreja de hoje da forma social das antigas domus Ecclesiae?

A forma paroquial tradicional (centrada no culto, concentrada no pároco, delimitada territorialmente, autossuficiente) – quase a única estrutura eclesial a que o povo cristão tem acesso – está totalmente defasada. É pequena demais para ser Igreja toda num lugar; é grande demais para ser comunidade; é insuficiente e inadequada para assumir e responder aos desafios da missão, sobretudo nas grandes cidades.

Urge renovar a paróquia, inserindo-a profundamente na Igreja local, estrutura essencial da Igreja, e abrindo-a amplamente às comunidades menores, de um lado, e, nas cidades, à pastoral urbana, de outro. Trata-se de retomar, ainda que em outras circunstâncias, o mesmo procedimento estrutural que, no século IV, deu origem às paróquias. Devido ao crescimento da Igreja, propiciado pela libertas Ecclesiae e por uma sistemática evangelização das zonas rurais, o bispo urbano não tinha mais condições de presidir pessoalmente a todo o rebanho. O que se fez então? A Igreja decidiu criar comunidades menores, sempre ligadas ao bispo urbano e dependentes dele, confiando-as a presbíteros ou ao menos a diáconos. De forma semelhante, hoje, é imperativo incrementar, por todos os meios, comunidades menores (e, dentro delas, pequenos grupos de vivência, reunindo preferencialmente famílias) formadas pelo critério de vizinhança ou outro, respeitando a estrutura e a dinâmica própria dos pequenos grupos existentes na sociedade envolvente. (Aqui é importante ouvir o grande exegeta do Novo Testamento, R. Aguirre: "O que teologicamente está em jogo, nas Igrejas domésticas, antes de tudo, não é a sacralização de uma estrutura social – a casa-família – mas a busca de uma possibilidade social para que se estabeleçam os vínculos de fraternidade e vida nova que exprimam a fé em Jesus Cristo. Este valor teológico terá que dirigir o discernimento sobre a realidade atual!".[35]) A paróquia, desta forma, tem a chance de se renovar estruturalmente a partir de dentro, tornando-se "comunidade de comunidades". Essas comunidades não serão paróquias dentro da paróquia, mas deverão tender, pelo próprio dinamismo da vida cristã e eclesial,[36] ainda que limitadamente, à plenitude da vida eclesial, pela acolhida e pelo anúncio da totalidade da Palavra, pela celebração dos sacramentos, sobretudo da Eucaristia, o que não é pensável sem o dom do ministério sacerdotal.

Aparecida não chega a esse ponto, mas sua insistência na necessidade da Eucaristia para a plenitude da vida cristã e eclesial e na escassez de presbíteros para garanti-la dominicalmente, de alguma maneira, aponta nessa direção. Uma citação por todas: "A experiência positiva destas comunidades torna necessário que recebam uma especial atenção para que

---

[35] AGUIRRE, *Del movimiento de Jesús a la Iglesia cristiana*, p. 109.
[36] Cf. MAYER, Il solo battesimo, pp. 273-279.

tenham a Eucaristia *[o destaque é meu] como centro de sua vida e cresçam em solidariedade e integração eclesial e social*" *(cf. DAp [TA, n. 196])*.

A organização da Igreja local não pode parar na paróquia, sobretudo na paróquia tradicional avessa à renovação. A paróquia não pode ser, como ainda acontece hoje em muitos lugares, a única estrutura eclesial a que os fiéis têm acesso. Ela pode, contudo, deixar-se contagiar por um dinamismo de fundo e assumir coerentemente um processo de multiplicação e aglutinação de comunidades, recriando, não as domus Ecclesiae *– seria mimetismo anacrônico – mas comunidades de pessoas que se conheçam e possam compartilhar suas vidas, em que o Evangelho seja ouvido e anunciado, em que a salvação possa ser celebrada em íntima união com a vida concreta, em que seus próprios membros assumam responsabilidades ministeriais a partir dos dons do Espírito e das necessidades comunitárias, em que a missão seja abraçada por todos e cada um, no serviço pobre e humilde ao Reino que vem no escondimento e na insignificância.*

Nas cidades, não basta, porém, a inserção da paróquia na Igreja local e a disseminação de pequenas comunidades articuladas em nível supraparoquial ou diocesano. A paróquia deve estar igualmente aberta à pastoral urbana, superando o paroquialismo, aprendendo a perceber e a respeitar as dinâmicas próprias da cidade, e, sobretudo, a ler e a reagir evangelicamente diante dos problemas, desafios e dramas da vida humana nas cidades.

Este complexo milagre pode acontecer se nossa fé for do tamanho de um grão de areia, se nos convertermos evangelicamente, e se nossas comunidades se converterem pastoralmente e se transformarem missionariamente. Se a nós parece impossível, a Deus nada é impossível, pois, sendo ele Amor, para nós tudo é graça!

Os especialistas em pastoral, tanto que são chamados de pastoralistas, podem assessorar-nos a partir de sua ciência, de sua competência técnica, de sua experiência e de sua sensibilidade. O próximo capítulo nos brinda com suas propostas em relação à paróquia, às comunidades menores e à pastoral urbana.

6. O QUE DIZ A TEOLOGIA PASTORAL?

A teologia pastoral, em que pese a discussão sobre seu estatuto epistemológico (ciência da autorrealização da Igreja;[1] ciência da práxis eclesial;[2] ciência da práxis transformadora dos cristãos e outros[3]), tem uma palavra a nos dizer – a partir do saber regrado, sistemático e competente dos especialistas – sobre a "conversão pastoral e [a] renovação missionária" (DAp, 7.2) de nossas paróquias e sobre a pastoral urbana. Sem deixar de lado o "porquê" e o "para quê" da teologia pastoral fundamental, a palavra que dela se espera, no âmbito desse trabalho, situa-se bem mais no "quê" da teologia pastoral especial e no "como" da teologia pastoral aplicada.[4]

Desde seu nascimento como disciplina acadêmica, no final do século XVIII, "a teologia pastoral está diante de um dilema. Por uma parte, tem que aparecer como uma disciplina científica, se não quiser ser marginalizada por outras disciplinas teológicas; por outra, as expectativas dos 'práticos' vão em direção oposta: só se interessam pelas ajudas concretas que facilitem sua tarefa cotidiana nos diferentes campos da ação pastoral. A história de duzentos anos mostra que tem havido uma constante oscilação entre teoria e prática".[5] Afinal, "o alicerce sobre o qual se assenta o estatuto epistemológico da teologia pastoral é a relação intrínseca entre teologia e ação".[6]

---

[1] Cf. RAHNER (ed.), *Handbuch der Pastoraltheologie.*

[2] Cf. ZERFASS, *Praktische Theologie als Handlungswissenschaft*, pp. 89-98; HILTNER, *Pastoral Counseling*; HILTNER, *The Counselor in Counseling.*

[3] Cf. SOBRINO, Revelación, fe, signos de los tiempos, pp. 443-466; BOFF; BOFF, *Como fazer teologia da libertação*; SOBRINO, Teologia e realidade, pp. 277-309; LIBANIO, *Teologia da libertação*; LIBANIO; MURAD, *Introdução à teologia.*

[4] Cf. BRIGHENTI, *A pastoral dá o que pensar*, pp. 69ss.

[5] CALVO, Teología pastoral, pp. 716-729.

[6] Cf. BRIGHENTI, *A pastoral dá o que pensar*, p. 79.

À teologia pastoral não compete a última palavra, mas, tanto para a comunidade eclesial quanto para seus pastores, assim como para os que, não sendo nem pastoralistas nem pastores, refletem sobre questões que desafiam e interessam a todos, é extremamente recomendável – para não dizer indispensável – que se recorra aos especialistas e técnicos na área. Da mesma maneira que em medicina a indicação terapêutica supõe um bom diagnóstico – e este, via de regra, só pode ser dado por um profissional competente, oficialmente reconhecido –, em pastoral as indicações técnicas do "que" e do "como" fazer devem ser buscadas, dentro do contexto maior da práxis eclesial, com seus inúmeros e variados atores, agindo em níveis distintos de competência, na teologia pastoral. A comunidade e seus membros, depois, vão fazer o que, dentro de seus horizontes e condições concretas, considerarem oportuno e viável no aqui e agora de sua vida e de seus projetos. Quando não fizerem o que muitos pacientes – geralmente impacientes – fazem com as orientações dos médicos e os remédios prescritos. Levam a sério o tratamento por uns dias... ou esperam para começar segunda-feira... ou interrompem o uso dos medicamentos por conta própria porque já estão se sentindo bem... ou porque o remédio não está servindo para nada... ou porque esse médico não entende nada e eu vou tomar o chazinho que a vovó fazia e é tiro e queda! E assim vai. Se há uma recepção extremamente complexa e heterogênea das definições, decisões e diretrizes do Magistério, há uma "recepção" muitíssimo mais seletiva e crítica das propostas que saem dos laboratórios dos *experts* em pastoral.

A reflexão teológico-pastoral sobre a paróquia, especificamente, é vastíssima e, senão para o especialista, é praticamente impossível acompanhá-la em todas as suas áreas (história da paróquia, teologia da paróquia, figura pastoral da paróquia, pastoral paroquial, unidades pastorais na pastoral de conjunto, paróquia e Igreja local, ministérios, práticas religiosas e sociais paroquiais etc.) e em sua constante evolução.

A teologia pastoral, porém, graças às suas referências teóricas e às suas análises práticas, também tem algumas indicações a oferecer para a renovação da paróquia, instituto bimilenar e ainda importante para a maioria dos cristãos católicos. De peso diferente e, portanto, de repercussão também diferenciada, essas indicações, evidentemente não exaustivas e não tão sistemáticas, seriam as abaixo relacionadas.

6.1. Criar comunidades que vivam a fé e abracem a missão

Sendo que, a não ser em casos excepcionais, a paróquia não é senão um conglomerado ou um aglomerado social, com todas as características de uma sociedade institucionalizada, nossa primeira preocupação deve ser fazer que surja, em seu interior, uma ou várias comunidades cristãs.

Para tanto, deve-se aproveitar a tensão, existente em todas as paróquias, entre aquelas pessoas que vivem o aspecto institucional (estático, permanente, rotineiro, estatístico) e as que desejam viver o aspecto comunitário (dinâmico, carismático, vital, qualitativo). A paróquia historicamente tem acentuado mais o estilo de Igreja "grande instituição" do que o estilo "comunidade" ou "rede de comunidades". Há, porém, fiéis que aspiram por autenticidade, comunidade, compromisso mais do que simplesmente por sacramentalização, doutrinação e moralização. (Sem entrar na consideração daquelas pessoas e públicos que estabelecem relações ainda mais tênues e de outros níveis com a comunidade eclesial.[7]) Essa realidade enseja dois tipos básicos de pastoral: a dos que vivem uma "religiosidade popular", que, apesar de seus valores, não vai além da devoção ao santo, do cumprimento de determinadas práticas religiosas e de uma ligação pontual com a paróquia (festa do padroeiro, procissões, novenas, "pagamento" de promessas), e a dos que buscam uma pastoral mais comunitária e missionária. Os pastores deveriam ser capazes de tocar uma pastoral de "duplo teclado" (ou animar uma orquestra!), privilegiando prospecticamente a pastoral comunitária, carismática, missionária, profética, incrementando e sustentando comunidades e lideranças nesta linha.

Nem todos abraçarão o modelo comunitário-carismático. Seria uma utopia. Todos os que tiverem este perfil, porém, deveriam ser cuidadosamente incentivados. Estes poderão tornar-se alavancas de uma paróquia

---

[7] Cf. AZEVEDO, Dinâmicas atuais da cultura brasileira, pp. 15-47.

a caminho de renovação. A vida sacramental e a estrutura administrativa serão devidamente renovadas e propostas com novo espírito e estilo, sem se perder o foco da vida filial e fraterna, que é o núcleo essencial da paróquia, enquanto comunidade cristã.

6.2. Definir uma "linha pastoral" afinada com o Concílio... e com Aparecida

O Vaticano II, diante de uma Igreja-sociedade, optou por uma Igreja-mistério; diante de uma Igreja sociedade desigual, optou por uma Igreja Povo de Deus; diante de um Igreja-sociedade perfeita, optou por uma Igreja sacramento de comunhão; diante de uma Igreja de todos, optou por uma Igreja sobretudo dos pequenos e pobres.[8] Estas opções básicas do Concílio devem repercutir na paróquia, chamada a ser sinal libertador da presença de Deus, a tornar-se família divina, verdadeira fraternidade, casa aberta para todos, a instalar sua tenda no meio do mundo, envolvendo-se com seus problemas e com suas buscas, comprometida com as grandes causas da humanidade, mas ligada sobretudo aos pequenos e pobres, destinatários privilegiados do Reino de Deus.

As lideranças da paróquia deverão estar sintonizadas com essa linha – e, evidentemente, seus desdobramentos, dentro de um plano de ação paroquial –, senão o projeto de renovação da paróquia não sai do lugar. Se, por exemplo, pároco e vigário paroquial não se entenderem em torno dessa opção fundamental por uma pastoral autenticamente conciliar, a renovação se torna impossível ou muitíssimo difícil, pois essas lideranças se neutralizam e, com isso, se prejudica todo o processo. Quando, em nível de diocese, não há um esforço sério e sereno de sintonia com o horizonte, os grandes ideais e as propostas inovadoras do Vaticano II, onde se vai encontrar um "referencial teórico?"[9] Diretamente no Evangelho? Nos textos do Magistério? Na linha do último (ou do penúltimo) papa? No carisma de algum personagem? Em algum movimento eclesial? Na última

---

[8]   Cf. ALMEIDA, *Lumen gentium*.

[9]   BRIGHENTI, *A pastoral dá o que pensar*, pp. 215ss.

moda religiosa? No teólogo de sucesso no momento? Na academia? Na praça? Nos joelhos?

6.3. Abrir-se à realidade própria da cidade

Sem deixar de dar a devida atenção ao território, de modo geral, não se deve pensar a paróquia a partir do território para implantar aí um estilo comunitário. O *Código de Direito Canônico*, aliás, neste sentido, embora afirme a territorialidade, a reinterpreta em termos de fiéis (cf. cân. 518). Ao contrário, dever-se-ia partir de certa "unidade pastoral" onde existam instituições humanas suficientes – educativas, recreativas, econômicas (setor produtivo, comércio, serviços), culturais, de comunicação e outras – para, a partir daí, trabalhar pastoralmente.[10]

Em outras palavras: é necessário que, naquela unidade pastoral, haja um mínimo de vida econômica, social, cultural e política. Negativamente falando: não tem sentido criar uma paróquia passando por cima das estruturas que formam determinado bairro, por exemplo, respeitando, digamos, mais o rio ou a ferrovia ou a rodovia e deixando de lado as dinâmicas econômicas, sociais, culturais daquela área. Se, no passado, determinadas estruturas da Igreja serviram de modelo para a administração pública e privada, talvez hoje tenhamos que aprender com a sociedade civil a nos estruturar e organizar de forma mais condizente com a realidade social, para podermos ser mais significativos, eficientes e eficazes.

Além disso, é fundamental articular pastoralmente – através de um pequeno organismo coordenador, sem muita burocracia – paróquias de feitio semelhante. A paróquia isolada e centrada em si mesma – como é o caso da maioria delas ainda hoje – é um perigo para a evangelização e para o futuro da Igreja. Seu território é "pequeno demais" para ser campo de evangelização, uma vez que os valores circulam e se transmitem muito mais nos "ambientes" da cidade, da região e do país do que

---

[10] A bibliografia recente a respeito de "unidades pastorais" é extensa (cf. BRAMBILLA, *La parrocchia oggi e domani*, pp. 319-322), sinal de que a sensibilidade de pastoralistas e de pastores está captando um "sinal dos tempos" que deveria merecer mais atenção, análise, reflexão, experimentação.

naquela uma hora – sem dúvida, importante – em que os fiéis se reúnem para a celebração; por outro lado, a paróquia é "grande demais" para ser comunidade eucarística, o que exige que, dentro dela, se formem grupos e comunidades menores. A criação de foranias, decanatos, setores, zonas pastorais, regiões pastorais – afinal, organismos de articulação de um conjunto de paróquias dentro de uma mesma diocese – supõe uma criteriologia e uma análise da realidade para estabelecer as coordenadas que balizarão o processo: modelo territorial? modelo cultural? modelo ambiental? modelo misto? modelo que, numa cidade grande, conjuga centro e periferia?

A paróquia, na verdade, consciente de que não é Igreja local (teologicamente, só a diocese o é!), deve estar articulada e coordenada com outras paróquias de um modo real, dinâmico e eficaz; se, por alguma razão, isso não for possível em âmbito infradiocesano (= dentro e subordinadamente à diocese), essa articulação e coordenação é obrigatória, necessária e indispensável, em nível diocesano.[11] Se teologicamente é impensável uma paróquia autocéfala e autônoma dentro da Igreja local, pastoralmente este monstro teológico seria também ineficiente, dada a complexidade dos desafios que se colocam à ação evangelizadora e, a longo prazo, fatal para o testemunho cristão. A recuperação do princípio diocesano-episcopal da Igreja antiga – indo, evidentemente, além da letra do tripé "uma cidade, um bispo, uma eucaristia"! – é imprescindível para a saúde da pastoral paroquial e para a eficiência da pastoral urbana.

6.4. Explorar com sabedoria a função simbólica do culto

É preciso capitalizar o culto e sua crítica. Justamente porque tem sido criticada – e com razão – por ser lugar quase exclusivamente cultual (escasso profetismo, pouca evangelização, muitas cerimônias), a paróquia deve redescobrir a importância vital da liturgia como expressão da fé,

---

[11] Cf. TANA, Comunidad, infraestructura y ministerio, pp. 289-406; TANA, La ciudad como unidad pastoral, pp. 722-734.

profissão de fé, encontro de legítimas pluralidades num patrimônio simbólico comum, ponto de partida de compromissos individuais, grupais e comunitários, valorização da dimensão festiva da fé. Se, em determinadas áreas, nada distingue os cristãos dos demais cidadãos, pelo menos o culto deve distinguir-nos!

As missas (e os demais sacramentos!), seja na sede da paróquia seja nas comunidades, devem ser bem preparadas e bem celebradas para atraírem os fiéis, reforçarem sua fé, apoiarem seus compromissos. Entre a missa-show e a missa-tédio,[12] há espaço para missas que valorizem a assembleia, que deem espaço para o diálogo, para uma boa homilia, para cantos envolventes, para símbolos que falem por si mesmos,[13] que deixem nos fiéis a vontade de voltar (parábola do "filho pródigo") e inspirem o impulso para partir (discurso "missionário" em Mateus e Lucas).

6.5. Despertar pessoas para os carismas, serviços e ministérios

A paróquia não pode ser monoministerial, e os ministérios não podem ser só litúrgicos. É preciso criar um dinamismo de fundo e um espírito que despertem e valorizem todos os dons e carismas presentes na comunidade.[14] "Ministério é carisma em forma de serviço reconhecido pela Igreja"![15]

Os ministérios brotam do encontro entre a consciência coletiva das necessidades e a consciência pessoal dos dons. Não se dando esta relação, o que há é artificialismo, burocratismo e voluntarismo.

Ministérios novos não nascem nem da descentralização de funções nem da delegação de tarefas (destes procedimentos só surgem ministérios de "suplência"). Ministérios autênticos são serviços precisos (identidade

---

[12] SUESCUN, *A Missa me dá tédio.*

[13] Há quatro coisas que não devem ser feitas: explicar uma piada; parafrasear uma poesia; transferir em linguagem racional o Evangelho de João e explicar um símbolo!

[14] ALMEIDA, *Os ministérios não-ordenados na Igreja latino-americana*; ALMEIDA, *Teologia dos ministérios não-ordenados na Igreja da América Latina.*

[15] CNBB, *Missão e ministérios dos cristãos leigos e leigas*, nn. 83-86.

própria), importantes (pertinência e relevância em relação à missão da Igreja), relativamente permanentes (duração no tempo e no espaço), assumidos por pessoas ou grupos realmente capazes (o carisma é dom da natureza e da graça que habilita alguém ou alguns para o serviço eclesial), assumidos como responsabilidade própria (aquele indivíduo ou aquelas pessoas respondem "em primeira pessoa" por aquele aspecto da vida eclesial),[16] no horizonte maior do Reino e da missão da Igreja, que os reconhece como tais. O reconhecimento do ministério pela Igreja é devido e necessário porque todo e qualquer ministério, no seu âmbito, no seu nível e a seu modo, representa a Igreja: o ministério é reconhecido porque representa; o ministério representa porque tem em si o "DNA" da Igreja e de um carisma eclesial.

Ministérios não são só os litúrgicos; há, evidentemente, ministérios também no âmbito da palavra e da caridade. Certa linguagem trai uma compreensão equivocada ou mesmo distorcida de ministério. Porque, numa comunidade, os responsáveis leigos pela distribuição da comunhão são chamados de "ministros" extraordinários da sagrada comunhão, e os responsáveis por tarefas muito mais complexas que esta não são chamados de ministros (ou ministras), conclui-se que só aqueles são ministros. Na verdade, toda vez que, numa comunidade, temos um serviço preciso, importante (para a missão da Igreja), relativamente permanente, assumido por pessoas aptas para tanto, reconhecido pela Igreja, temos um ministério. Determinante é o fato; o nome é secundário. Sob o aspecto formal, tanto o catequista quanto o líder da Pastoral da Criança quanto o animador do grupo de vivência quanto o "ministro extraordinário da comunhão eucarística" são ministros ou ministras.

Para sua vida e missão, toda comunidade exige pluralidade de ministérios. A missão é única e a mesma, mas seus portadores são muitos e diferentes. A missão é de todos e assumida por todos, mas cada um a assume a partir da sua condição existencial concreta – gênero, temperamento, caráter, personalidade, condição social, competência – e de um

---

[16] Cf. Y. CONGAR. In: CONFÉRENCE ÉPISCOPALE FRANÇAISE, *Tous responsables dans l'Église?*

carisma próprio – também este "encarnado" de maneira única ou, ao menos, peculiar, naquela pessoa –, o que dá origem às mais diferentes expressões e traduções da missão. Além disso – ou, se quiserem, antes disso – a mesma e única missão se desdobra em alguns múnus (em latim, *munera*) – classicamente a *martyría* (Palavra), a *diakonía* (Serviço) e a *koinonía* (Comunhão) (que engloba a *leitourghía*) – e os múnus, por sua vez, são assumidos por muitos e diferentes ministérios e serviços. Na história da Igreja, dois momentos foram verdadeiros *kairói* ("momentos privilegiados") de exuberância ministerial: a Igreja primitiva, como nos atestam os livros do Novo Testamento,[17] e – sem ilusão nem ufanismo – as décadas de 1960 e 1970 na América Latina.[18]

As pastorais e os movimentos eclesiais, cada um a seu modo, são verdadeiros ministérios e, em seu interior, pode haver vários e diferentes ministérios. Ambos são ministérios coletivos, isto é, assumidos por um conjunto, mais ou menos amplo, mais ou menos diferenciado, de pessoas e grupos. Tanto uns como outros têm um momento mais carismático, em sua origem e, com o passar do tempo, se rotinizam e se institucionalizam. As pastorais, porém, têm um caráter mais institucional que os movimentos: enquanto as "pastorais" são expressões várias, (relativamente) permanentes e necessárias da própria missão da Igreja, portanto, uma realidade eclesial mais institucional, os "movimentos"[19] são associações de fiéis, originariamente espontâneas, guiadas por um (ou mais) líder(es) carismáticos, formadas a partir de uma determinada experiência espiritual, e que crescem a partir da "disseminação" dessa mesma experiência, atraindo outras pessoas para o mesmo caminho. Estruturalmente, os movimentos eclesiais se assemelham às ordens ou

---

[17] DELORME (ed.), *Le ministère et les ministères selon le Nouveau Testament*.

[18] Cf. ALMEIDA, *Os ministérios não-ordenados na Igreja latino-americana*.

[19] "Chamam-se 'movimentos' porque são grupos de pessoas, originalmente espontâneos, em geral guiados por alguns líderes carismáticos, que os conduzem a determinadas experiências espirituais ou apostólicas, transmitindo-lhes, outrossim, com frequência, uma visão global da realidade. São 'eclesiais' porque se consideram a si mesmos dentro da Igreja – como um modo de 'ser Igreja' – e servidores do Reino de Deus, sob a autoridade dos pastores da Igreja, ou, pelo menos, com sua aprovação tácita. São 'contemporâneos' porque, em geral, são de fundação recente ou são uma refundação radical de um movimento anterior" (Movimientos eclesiales. In: O'DONNELL; PIÉ-NINOT, *Diccionario de eclesiología*, p. 247).

congregações religiosas; do ponto de vista da ministerialidade, exercem um "ministério coletivo".[20]

As funções ministeriais, sejam quais forem, devem ser bem definidas, e os "candidatos" a assumi-las devem se preparar para tanto. O tipo de preparação vai depender do ministério que se assume, indo desde a chamada "formação na ação", típica da antiga JOC, passando por cursos assistemáticos, disponibilizados pelas paróquias ou dioceses, até uma proposta de formação mais sistemática, que, dada em geral semestralmente, pode se estender por anos. Toda a questão da formação, porém, mereceria um aprofundamento à parte.[21]

Numa Igreja toda ministerial, o pároco não perde seu valor nem sua função. Apenas se torna – além de sinal do Cristo que está diante da Igreja como seu pastor e cabeça – animador do conjunto da paróquia, "comunidade de comunidades", articulador dos ministérios, ministro da síntese. O presbítero – sobretudo o pároco – não é a síntese dos ministérios, mas o ministério da síntese!

6.6. Dar sentido evangélico, eclesial e missionário às finanças

É urgente superar – apesar de todos os avanços – o atual sistema financeiro da Igreja, ainda centralizado, conservador e clerical. Em muitas paróquias, os fiéis ainda ignoram o volume de entradas e sua destinação... e criam-se mitos. Em algumas paróquias, ainda não se distingue o que é pessoal (do pároco) e o que é eclesial (da paróquia). Há paróquias em que ainda se misturam o sistema de espórtulas e o sistema de dízimo. Ainda há párocos que, no domingo à noite, contam a coleta, na segunda de manhã, depositam o dinheiro no banco e controlam a movimentação bancária, e, na terça, tiram seu merecido descanso. Ufa!

O dinheiro da paróquia mantém certo número de entidades e algumas pessoas, em primeiro lugar o pároco. Há dioceses em que não existe um

---

[20] Cf. DIANICH, *Teologia del ministero ordinato*.

[21] Cf. CNBB, *Os leigos na Igreja e no mundo*, nn. 123, 175, 186-187.

regime único de remuneração do clero, ficando tudo a critério do pároco ou da paróquia, variando a remuneração de acordo com a capacidade financeira da paróquia, o que dá origem a escandalosas diferenças entre padres ricos e padres pobres, alguns passando dificuldades ou... até necessidade!

O dinheiro da Igreja deve voltar à sua precípua função originária: a evangelização e os pobres. Mais do que para edificações materiais – também necessárias –, deveria destinar-se à promoção de novos projetos missionários, subsidiando pessoas dispostas e capazes, estudos e pesquisas, materiais e equipamentos úteis e necessários na evangelização. A Igreja deveria considerar-se não proprietária mas sim administradora dos bens dos pobres, "tesouro da Igreja".

A transparência, sobretudo nas atuais circunstâncias de luta contra a corrupção (Ah! Como é fácil apontar o dedo contra os pecados dos outros), tornou-se um dever: conseguir honestamente o dinheiro; gastar criteriosamente o que se arrecada; publicar regularmente balancetes; informar sobre bens móveis e imóveis; prestar as informações que forem legitimamente solicitadas.

Além disso, como prevê o *Código de Direito Canônico*, toda paróquia deve estar dotada de um competente Conselho de Assuntos Econômicos (cf. cân. 537), que, com o pároco, vai administrar a economia e as finanças da paróquia, primando pelo senso de responsabilidade, competência, transparência, ética, consciência social, eclesial e pastoral. Diferentemente do Conselho Paroquial, que é aconselhado pelo Código (mas pode e deve ser exigido pela diocese, cf. cân. 536), o Conselho Econômico é obrigatório.[22] Diz Aparecida, numa passagem: "O Conselho de Assuntos Econômicos, junto a toda a comunidade paroquial, trabalhará para obter os

---

[22] Comentando o cân. 537, diz o Pe. Jesús Hortal: "O Conselho Econômico é obrigatório, como o é em todas as pessoas jurídicas canônicas (cf. cân. 1280). Poderia coincidir com o Conselho Pastoral Paroquial? Não há nenhuma norma que o proíba. Talvez o mais prático seria, como se faz em muitos lugares do Brasil, distinguir entre um Conselho Pastoral, que trata dos assuntos mais importantes [pastorais, N.A.] e uma diretoria, que forma parte do conselho e intervém na administração econômica ordinária" (HORTAL, *Código de Direito Canônico*, p. 255). Mais orgânico ainda seria haver dois conselhos distintos, sendo que o presidente do Conselho Econômico participa também, como membro igual aos demais, do Conselho Pastoral.

recursos necessários, de maneira que a missão avance e se faça realidade em todos os ambientes" (DAp, n. 219). Mas há outros textos bem mais concretos e incisivos, que deixo ao leitor como tarefa de casa.

6.7. Dotar a paróquia de um Conselho Pastoral consciente, corresponsável e eficaz

Algumas medidas relativamente simples são decisivas para uma saudável renovação da instituição paroquial.

Antes de tudo, a criação e o funcionamento do Conselho Paroquial. Do conselho devem participar, além do pároco, os representantes dos serviços, pastorais, movimentos e associações presentes e atuantes na paróquia, e os animadores das comunidades. Este pequeno grupo de pessoas – vinte, trinta, quarenta – representa, coordena e anima a comunidade paroquial. Sua liderança coletiva evita o espontaneísmo, o dirigismo, o protagonismo, e canaliza a boa-vontade. Além de avaliar e refletir sobre as questões paroquiais, cabe, outrossim, ao Conselho Paroquial tomar decisões que norteiem a ação evangelizadora e pastoral da paróquia.[23]

O Conselho Paroquial de Pastoral poderia, eventualmente, ser enriquecido por outras pessoas. Enquanto os membros, antes citados, fariam parte do Conselho Paroquial *ex officio* (em razão da sua função ou ministério), outras pessoas o integrariam a partir de outras competências e em vista de outros objetivos, sempre no horizonte da missão da Igreja. Neste sentido, pode ser útil que do conselho participem representantes

---

[23] O Documento 62 da CNBB dá a seguinte orientação: "É preciso dar continuidade e novo vigor à nossa orientação de 1981, que pedia: '*fazer com que todos os fiéis*, diretamente ou através de representantes eleitos, participem, quanto possível, não só da execução, mas também do *planejamento e das decisões* relativas à vida eclesial e à ação pastoral; para isso podem promover-se periodicamente assembleias e sínodos do Povo de Deus, *devendo-se manter, em todos os níveis, Conselhos Pastorais*, como recomenda o Concílio (CD, n. 27; AA, n. 26) e *Puebla* (DP, n. 645) o reafirma' (CNBB, *Vida e ministério do presbítero*; Pastoral Vocacional. São Paulo: Paulinas, 1981. p. 152 [Documento 20]; cf. também PRNM, nn. 88-89). Haja o cuidado, nos conselhos, de não buscar simplesmente a vontade da maioria, mas, quando possível, o consenso de todos ou soluções que conciliem direitos e interesses da maioria e dos grupos minoritários. Diante do consenso do conselho, o pároco assuma sem hesitar a decisão, a não ser que motivos de consciência lhe imponham um momento de reflexão ou consulta ao bispo diocesano, para voltar novamente a dialogar com o conselho" (CNBB, *Missão e ministérios dos cristãos leigos e leigas*, n. 122).

dos professores, dos que atuam no comércio, dos profissionais da área da saúde, dos profissionais das comunicações, das entidades sociais atuantes na cidade, das associações de bairro etc. Em cada realidade, ponderar-se-á sobre a utilidade, oportunidade e amplitude dessas representações. No ano, por exemplo, em que a Campanha da Fraternidade fosse sobre, digamos, meio ambiente, seria desejável que no conselho estivesse presente um pequeno grupo envolvido com esta questão (ativistas, técnicos, professor de alguma disciplina mais diretamente ligada ao assunto etc.).

A organização da paróquia, é bom sempre ter presente, não procede de algo exterior a ela, mas de seu próprio ser, condição e objetivo: viver, testemunhar e comunicar o Evangelho (a Boa-Nova!) no contexto concreto em que a paróquia está "acampada". Por isso, a organização não pode nem de longe imitar a de uma empresa ou a de um ente público, mas diferenciar-se pela simplicidade, essencialidade, funcionalidade, flexibilidade, adaptabilidade, cambialidade, disposição à conversão, atenção à realidade em torno de si. Não é a realidade que deve se moldar à organização, mas a organização que deve mudar, quando a realidade, de um lado, e o Evangelho, de outro, o exigem. Literariamente, até o único Evangelho ("boa notícia") é expresso em quatro "Evangelhos" diferentes entre si! Tomar distância e diferenciar-se dos padrões "civis" não significa, porém, ser "incivilizado", espontaneísta, desorganizado, sem regras claras e dinâmicas bem definidas. Ao contrário, há toda uma sabedoria cristã e eclesial que, em diálogo crítico com a cultura ambiente, pode contribuir com elementos valiosos à nossa organização e às nossas organizações.

As estruturas não são neutras nem inocentes. Elas traduzem determinadas "estruturas mentais", que implicam decisões e compromissos de diferentes tipos. Algumas são nitidamente estruturas de poder; outras, de serviço; algumas mascaram o poder através de estruturas que deveriam ser de serviço. Discernir é preciso. E o princípio básico deveria ser o agostiniano-roncalliano "no essencial, unidade; no secundário, liberdade; em tudo, caridade". Não há lei sem exceção; não há lei que não comporte pluralidade de interpretação; não há lei, em cuja aplicação concreta, a prudência não ditará soluções diferenciadas.

Não há uma estrutura ou uma organização universal que sirva a todas as paróquias. Cada paróquia, dentro de alguns parâmetros estabelecidos em nível diocesano, deve encontrar sua própria organização. No Novo Testamento, além de traços mais ou menos comuns a todas as Igrejas, encontramos muitos elementos presentes em algumas e ausentes noutras. Não há um Evangelho em si, mas sempre em situação. Não há uma Igreja em si, mas sempre em algum lugar. Não há uma estrutura a ser copiada por todos, mas todos podem, com consciência e responsabilidade, ajudar a construir uma, que ao mesmo tempo respeite o ser e a missão da Igreja, as diretrizes diocesanas e sirva à realidade local.

Sexta conclusão parcial

Tenho a alegre sensação de que a respeitável reflexão dos teólogos, a autorizada palavra do Magistério e a competente voz dos especialistas, além de afinadas, estão sintonizadas.

A diferença é que a reflexão dos teólogos se esforça por levar ao conceito a experiência vivida da fé, da esperança e da caridade, com as quais acolhemos o Deus que se revela e tudo aquilo que ele revela. A teologia é docta fides, docta spes e docta charitas! A palavra do Magistério, que não está apenas diante da Igreja, mas, antes de tudo, na Igreja e a seu serviço, é discernimento, incentivo ao que é considerado bom, correção de rumo quando necessário, para não corrermos em vão, encorajamento para assumir compromissos e levá-los adiante, alerta diante dos perigos, interpretação autêntica da Palavra de Deus, ministério da unidade, respeito e valorização a toda expressão da verdade e da bondade. A voz dos pastoralistas é proposta sistematicamente buscada e organicamente oferecida para que toda a comunidade dos fiéis encontre, estribada numa séria análise da realidade e numa evangélica interpretação desta mesma realidade, os melhores caminhos para servir o Reino de Deus no aqui e agora em que somos chamados a ser discípulos missionários do Crucificado Ressuscitado, para que todos tenham vida e a tenham em plenitude (cf. Jo 10,10).

Os pastoralistas não têm receitas prontas. Têm elementos que, ponderados por nós conjuntamente no Espírito, podem se constituir em luzes, pistas, quiçá respostas, aos desafios que a missão evangelizadora encontra pela frente.

No tocante à renovação da paróquia, como que sete candelabros são oferecidos para iluminar nossa prática, seja apontando para a meta, seja apontando para os meios, seja apontando para as pessoas que poderão traduzir em realidade uma e outros: criar comunidades vivas no interior das paróquias; estabelecer uma linha pastoral afinada com o Vaticano II, o concílio que está sempre à frente de nós; abrir-se à realidade própria da cidade; explorar com sabedoria a função simbólica do culto; despertar pessoas para os carismas, serviços e ministérios; dar sentido evangélico, eclesial e missionário às finanças; dar vida a um Conselho Paroquial consciente, corresponsável e eficaz.

Munidos de todos esses apetrechos – retrospectiva histórica, análise sociológica, descrição dos modelos, visitação das principais propostas de renovação, acolhida da palavra autorizada do Magistério, tomada de consciência das propostas dos pastoralistas –, estamos finalmente aptos a levantar e analisar os principais desafios colocados, hoje, à pastoral urbana. Ajuda-nos, nesta empreitada, a distinção, proposta pelo Pe. Alberto Antoniazzi, à época diretor do Instituto Nacional de Pastoral, acolhida pela Assembleia da CNBB nas Diretrizes Gerais para a Ação Evangelizadora da Igreja no Brasil para os anos 1991-1994, substancialmente retomadas nos anos 1995-1998: nível da pessoa, nível dos grupos, nível da sociedade. Distinção que está de volta nas Diretrizes 2008-2010.

7. Atuais desafios da pastoral urbana

A primeira atitude do evangelizador, que só pode ser construída grupalmente, é *debruçar-se sobre a cidade*, não para chorar sobre ela, como fez Jesus à entrada de Jerusalém (cf. Lc 19,41) – embora não faltassem motivos, nem para Jesus nem para nós, hoje – mas sim para conhecê-la em todos os seus aspectos e âmbitos, em profundidade, e captar seus principais desafios.[1]

Não arrisco fazer uma análise da cidade – não é meu campo, vejam só, um termo rural! –, mas outros especialistas podem ajudar-nos a fazê-lo: sociólogos e economistas, para conhecê-la em sua lógica econômica, em suas estruturas sociais, em sua dinâmica própria, com seus desafios permanentes e emergentes; cientistas políticos, para nos fazerem ver as relações entre os grupos, seus esforços para se firmar e se afirmar no espaço urbano, suas lutas pelo poder nas várias esferas e nos vários níveis; antropólogos culturais, para nos ajudarem a perceber as distintas identidades e as diversas mentalidades que existem e interagem no espaço urbano, onde convivem "mundos" culturais vários; estudiosos de Sociologia da Religião, com suas várias tendências; e especialistas em ética social, para nos fornecerem critérios de discernimento moral dos processos e projetos que dão sentido às ações, grandes e pequenas, e decidem as atitudes que os cidadãos tomam no espaço urbano.[2] Especialistas em tudo isso ao mesmo tempo, nunca vamos encontrar... a menos que voltemos, pelo "túnel do tempo", à Alta Idade Média, quando estas ciências ainda não existiam,

---

[1] Cf. COMBLIN, *Pastoral urbana*, pp. 16ss.

[2] Cf. SPOSATI, *Vida urbana e gestão da pobreza*; SPOSATI, *Cidade em pedaços*; SANTOS, *Metamorfoses do espaço habitado*; SANTOS, *A urbanização brasileira*; LIBANIO, *As lógicas da cidade*; SOUZA, *Mudar a cidade*; COMBLIN, *Os desafios da cidade no século XXI*; ROLNIK, *O que é cidade*; VERAS (ed.), *Hexapolis*; SILVA, *A presença da religiosidade afro no centro de São Paulo*; SOARES; PASSOS (eds.), *A fé na metrópole*.

mas existiam especialistas (quer dizer, generalistas) em tudo! Mesmo não fazendo uma análise formal e circunstanciada da cidade, explicitaremos, pouco adiante, os desafios estruturais que a cidade coloca à pastoral urbana

A segunda atitude é aprender a *considerar a cidade como um todo e na pluralidade de suas "partes"*, atitude tanto mais importante quanto mais a paróquia viciou o nosso olhar a visualizar tudo a partir de uma realidade parcial artificialmente cortada do todo,[3] institucionalmente fragmentada, incapaz de exprimir o "todo no fragmento" (H. Urs von Balthasar). A paróquia não é um todo – nem teológica nem sociologicamente –, mas, geralmente, vive a falsa consciência de sê-lo. Teologicamente, o resultado é agir como *ecclesiola* – como se fosse Igreja local plenamente constituída precisando das outras paróquias, da diocese e do bispo só jurídica e pontualmente (nomeação do pároco, crisma) – diocese na diocese, bispado no bispado, onde o pároco é papa, bispo e presbítero. Sociologicamente, o agregado paroquial toma dimensões de mundo, e o mundo vira um entorno desimportante, olhado ora com desinteresse, ora com desdém, nunca como o todo que dá significado às partes.

Terceira atitude seria *destacar três núcleos estruturais*[4] que estão a sofrer, na atualidade, impactantes mudanças na sociedade e na cultura e, consequentemente (não deterministicamente), também na religião, no bojo do mais amplo processo de modernização (e pós-modernização) de nosso país: *o nível do indivíduo* (e, aí, uma nova emergência da subjetividade e do individualismo); *o nível dos grupos* (privilegiando o dinâmico pluralismo social, cultural e religioso) e, finalmente, *o nível da sociedade* (com as persistentes contradições sociais e suas causas estruturais).

De fato, nós nos encontramos diante de mudanças qualitativas – verdadeira *mudança de época*, não mera *época de mudança*! – que exigem de

---

[3] "O sistema paroquial esconde radicalmente a cidade: uma cidade dividida em paróquias carece de atendimento pastoral como cidade. Cada pároco é zeloso da sua independência e defende a sua autonomia com unhas e dentes. A paróquia refere-se à diocese, não à cidade" (COMBLIN, *Pastoral urbana*, p. 46).

[4] "Estruturais" porque correspondem a estruturas permanentes à individualidade-pessoalidade do ser humano, à sua interpersonalidade e socialidade, com todas as suas expressões (cf. FLICK; ALSZEGHY, *Antropología teológica*; RUBIO, *Unidade na pluralidade*; RUBIO, *Elementos de antropologia teológica*).

toda a Igreja, mas, particularmente, de nós, bispos, presbíteros e agentes de evangelização, respostas pastorais novas, criativas, ousadas. Uma nova percepção, novas atitudes e novas estruturas devem ser buscadas e elaboradas no nível da pessoa, no nível do grupo e no nível da sociedade, para não só não sermos engolidos, mas, positivamente, para não perdermos a oportunidade – melhor, a graça! – dos novos desafios. O deus romano da oportunidade era representado por um jovem que só tinha um tufo de cabelos no alto da cabeça; corria sempre, mas nunca passava duas vezes pelo mesmo lugar; quem conseguisse agarrá-lo era agraciado. Assim, a oportunidade: ou se pega ou se perde; ela não volta outra vez!

O Documento *Ecclesia in America* reconhece que, nas cidades, as dificuldades são tão grandes que "as estruturas pastorais normais se tornam inadequadas" e, diante disso, incentiva a procurar "meios com os quais a paróquia e as suas estruturas pastorais se tornem mais eficazes nas zonas urbanas", sugerindo a transformação das paróquias em comunidades "de comunidade e de movimentos" (EA, n. 41; cf. n. 21). Embora essas sugestões sejam válidas, é preciso ir além da paróquia e, num passo à frente, ir além da mera preocupação – não dispensável – com a organização de novas formas de comunidades ou de serviços pastorais: "Ainda mais forte é o desafio das modalidades de experiência religiosa, da espiritualidade e da linguagem que as novas gerações urbanas esperam de uma comunidade cristã criativa, fiel ao Evangelho e, ao mesmo tempo, atenta às mudanças da cultura e das formas de vida".[5] É o que tentaremos, ainda que limitada e sucintamente, delinear a seguir.[6]

7.1. No nível da pessoa

A realidade da cidade exige, em primeiro lugar, que o presbítero, aliás, todo agente de evangelização, leve em conta *a nova e onipresente emergência da subjetividade* e, consequentemente, incorpore o respeito pelo

---

[5] CNBB, *Missão e ministérios dos cristãos leigos e leigas*, n. 125.

[6] Cf. A. ANTONIAZZI, Princípios teológico-pastorais para uma nova presença da Igreja na cidade. In: ANTONIAZZI; CALIMAN (eds.), *A presença da Igreja na cidade*, pp. 77-96.

indivíduo e valorize a participação, mais ainda, a corresponsabilidade da pessoa.

Se a pastoral tradicional esteve centrada na "objetividade da fé" (expressa na confissão da reta doutrina, na eficácia *ex opere operato* dos sacramentos, na disciplina moral e canônica rigidamente universal), a nova pastoral deverá (re)centrar-se no "sujeito da fé", para que o homem urbano possa aceder à fé ou, então, vivê-la significativamente nos contextos diferenciados em que a complexa realidade urbana o coloca.

Correlativamente, na ação pastoral, trata-se de *deslocar o acento do "emissor"* (guardião da fé, dos sacramentos e da disciplina) *para o "receptor"* (com toda a sua carga de experiências pessoais, de necessidades, de anseios, de interpretações subjetivas do mundo). Mais concretamente ainda: trata-se de substituir um processo de comunicação vertical e unidirecional (pastor→fiéis) por um processo de diálogo ou intercomunicação (pastores↔fiéis; fiéis↔fiéis).

Dessa indicação geral decorrem *algumas exigências específicas*, que assinalamos, sem a pretensão de ser exaustivos:

a) Deve-se levar a sério a *experiência religiosa subjetiva dos fiéis*, ainda que esta se apresente em formas bastante afastadas dos conteúdos objetivos ou normativos da experiência cristã. A experiência religiosa dos fiéis será acolhida pedagogicamente como busca e como ponto de partida. Não será reprimida, recusada ou corrigida *a priori*, mas trabalhada dialogicamente pelo pastor e pelo fiel num contexto tendencialmente comunitário. No campo moral – onde a distância entre as orientações do Magistério e a consciência dos fiéis é geral e universalmente muito grande –, esta postura implica, de um lado, todo um trabalho de formação da consciência e, de outro, o respeito total ao primado da consciência e à liberdade individual (cf. GS, nn. 14, 16, 17; DH, nn. 3, 14 etc.).

b) A ação pastoral – consciente da globalidade de suas dimensões – deverá estar atenta à *globalidade da pessoa*, evitando acentuar unilateralmente um aspecto em detrimento dos outros (cf. GS, n. 3). Nesse sentido, se a pastoral tradicional acentuou demasiadamente a dimensão intelectual em detrimento de outras, de um lado, e os aspectos institucionais e jurídicos, de outro, a nova pastoral haverá de resgatar a dimensão afetiva e simbólica da experiência cristã.

c) Os pastores têm que tomar cada vez mais consciência de que grande parte dos "fiéis" necessita de uma verdadeira e própria *iniciação*[7] e *mistagogia*, que os ajude a introduzirem-se progressiva e dinamicamente na mensagem, no mistério cristão e numa comunidade cristã. O presbítero não pode supor facilmente que isto já tenha sido feito, simplesmente pelo fato de a pessoa se declarar católica ou procurar determinados serviços religiosos. Esse processo incluirá, sim, num dado momento, o anúncio missionário claro e global da mensagem cristã (que muitos "fiéis" – não temos o direito de nos iludir a respeito – ainda não receberam de forma válida), mas isso deverá ser feito num contexto que contemple e contenha outros elementos da experiência cristã: a presença dos cristãos no ambiente e no conjunto da vida humana, a solidariedade com os pequenos, pobres e necessitados, o testemunho, a acolhida do outro em sua diferença e com sua pluralidade de demandas, o acompanhamento dos já iniciados, o aconselhamento dos que, de alguma forma, já estão integrados na comunidade cristã. Se a nossa formação cristã e presbiteral durou tantos anos e se valeu de infinitos recursos – e nunca pode se considerar acabada –, por que os outros fiéis não deveriam passar igualmente por um itinerário formativo pedagogicamente arquitetado e sabiamente executado?

d) A pastoral deve ajudar o indivíduo a *ligar fé e vida*. O divórcio entre fé e cultura (entendida aqui como o mundo vital das pessoas)[8] já foi apontado e denunciado por muitos como o grande drama da nossa época (cf., por exemplo, EN, n. 20). Isso se deve, entre outros, a três fatores fundamentais: antes de tudo, o muro levantado

---

[7] Em nossa Igreja devemos oferecer a todos os nossos fiéis um "encontro pessoal com Jesus Cristo", uma experiência religiosa profunda e intensa, um anúncio querigmático e o testemunho pessoal dos evangelizadores, que leve a uma conversão pessoal e a uma mudança de vida integral"(DAp, n. 242).

[8] Cf. HABERMAS, *A teoria do agir comunicativo*.

entre uma hierarquia sujeito de toda a operosidade eclesial e um rebanho reduzido a objeto dos cuidados pastorais, impedindo que o Evangelho fosse vitalmente traduzido pelos leigos estruturalmente presentes no mundo; além disso, à própria ação pastoral, que se afastou sempre mais da vida real e cotidiana dos fiéis; finalmente, à própria estrutura da vida moderna, que tende a separar e a autonomizar as diferentes esferas da atividade humana (economia, política, cultura, religião, lazer, arte...), transformando, assim, a religião num departamento entre outros e privatizando-a. Uma consequência disso é a fragmentação da vida do indivíduo, o que dificulta a sua unidade pessoal ou, em outros termos, a elaboração da sua própria identidade pessoal, deixada hoje à sua frágil onipotência ou... à sua onipotente fragilidade.[9]

e) A "crise de identidade pessoal" dos indivíduos, bem como a "crise das instituições" (família, escola, Estado, Igreja...), abre para a pastoral um desafio e uma chance: a comunidade eclesial deve contribuir para *a elaboração da identidade pessoal dos fiéis*. Onde a família não estiver em condições de realizar esta função de "personalização", internalização (interiorização) e iniciação à fé cristã, caberá à comunidade cristã – à cuja frente está o presbítero – assumir um eficaz trabalho missionário e pedagógico de iniciação à fé e de educação da fé. Temos que ser capazes de pôr em ação – em nossas comunidades eclesiais – um verdadeiro *discipulado*, em que o anúncio de Jesus e do Reino, o *seguimento* de Jesus e do seu Evangelho, a inserção vital nele pela fé e pelos sacramentos, vão formando o "homem novo em Cristo", meta central de toda evangelização.

7.2. No nível dos grupos

A "invenção" de novas formas comunitárias de vida cristã, no atual contexto urbano, deverá levar em conta não só a estrutura social e a dinâmica própria da cidade, mas também *o pluralismo cultural e o*

---

[9]   Cf. ZULEHNER, *Teologia Pastorale*, v. 1, pp. 201-202.

comportamento diversificado dos fiéis no plano religioso, que também desafiam a Igreja, especialmente, a pastoral urbana.[10]

Neste sentido, a tipologia sugerida por Marcelo Azevedo,[11] distinguindo *cinco faixas* na população brasileira, pode ser útil:

a) os que seguem a religiosidade popular (basicamente católica, mas com elementos sincréticos);

b) os que seguem o catolicismo tradicional, com prática sacramental, mas recusando ou desconfiando das inovações;

c) os que entraram na "Modernidade" e que, geralmente, não têm uma perspectiva religiosa marcante;

d) os que procuram viver a fé cristã de modo crítico, mais através de um compromisso social do que pelo culto;

e) os que estão marginalizados social e religiosamente, vítimas da miséria e da violência.[12]

Um quadro tão diversificado – apesar de sua simplificação cognitiva – impõe que igualmente *a ação pastoral seja diversificada*. Os presbíteros e demais agentes de evangelização devem tomar urgente consciência dessa realidade e dispor-se a buscar propostas e estruturas pastorais diferenciadas onde ainda impera quase absoluto o modelo paroquial medieval. Mesmo onde se descentralizou a estrutura paroquial e se criaram CEBs, pastorais específicas e outras comunidades, urge um passo à frente.

Podemos discernir, coerente e consequentemente, *vários modelos a exprimir a pertença e a agregação à comunidade eclesial*. Simplificando muito, podem-se distinguir:

a) num extremo, comunidades e movimentos que procuram orientar toda a vida de seus membros, oferecendo, ao lado das atividades "religiosas", outros serviços e obras, "substituindo", assim, de algum modo, a sociedade tradicional;

b) no outro extremo, aqueles católicos – na verdade, a maioria – que, modernos ou não, estão, de fato, afastados da prática eclesial, man-

---

[10] Cf. CNBB, *Missão e ministérios dos cristãos leigos e leigas*, nn. 23, 35, 125.

[11] Cf. AZEVEDO, Dinâmicas atuais da cultura brasileira, pp. 15-47.

[12] Cf. ANTONIAZZI; CALIMAN (eds.), *A presença da Igreja na cidade*, p. 89.

tendo, quando muito, contatos ocasionais com a Igreja (batizados, casamentos, missa de sétimo dia etc.).

c) entre os dois extremos, além de outros grupos específicos, a massa dos praticantes, que resumem seu contato com a comunidade eclesial à missa dominical, que, de modo geral, é a única experiência religiosa comunitária que a paróquia urbana oferece à maioria das pessoas.

7.2.1. O que fazer com os católicos que são só "praticantes"?[13]

Diante da não desprezível "massa" de *praticantes*, a pastoral urbana está desafiada a:

- melhorar a *qualidade das liturgias e das homilias*, aproveitando um contato que já existe e que, no caso da Eucaristia, se situa, objetivamente, no centro da experiência religiosa cristã;

- levar o maior número possível de católicos a acrescentar à missa dominical ao menos *um encontro semanal de reflexão e de partilha* de suas vivências cotidianas, em confronto com a palavra do Evangelho;

- transformar estes encontros – inicialmente, talvez eventuais e episódicos (Quaresma, Natal, preparação para algum sacramento etc.) – em "*grupos de vivência*", cujas reuniões contemplem momentos de oração, interação, partilha confiante da vida e solidariedade, sustentando, dessa maneira, a experiência cristã de seus membros e articulando-os com a vida paroquial, com a Igreja urbana e com a diocese;

- estimular estas pessoas a assumirem *responsabilidades progressivamente precisas*, de acordo com suas capacidades e possibilidades, dentro do projeto pastoral do grupo ou comunidade, da paróquia ou da Igreja local, acompanhando-as e formando-as no próprio processo.

---

[13] "Praticante" é uma categoria – ainda muito genérica – da Sociologia Religiosa; não é uma avaliação ética. "Praticante", no caso, é o católico que freqüenta regularmente a missa dominical. Desde Le Bras, porém, tem-se ido além deste critério, assumindo como parâmetros os valores da comunidade, as atitudes e as opções dos membros de um grupo religioso (cf. LE BRAS, *Statistique et histoire religieuse*, pp. 425-449).

7.2.2. O que fazer com os "afastados"?

Diante dos *mais afastados* – que frequentam esporadicamente, mas ainda solicitam certos sacramentos – impõe-se uma *revisão profunda da pastoral sacramental*, seja para aproximá-los mais da comunidade eclesial, seja para superar a "secularização" da prática sacramental (reduzida – em várias situações – a meros "ritos sociais" revestidos de signos religiosos). Neste âmbito, nossa maneira – ou nossas "manias" – muitas vezes mais afastam do que aproximam da Igreja as pessoas. Por comodidade burocrática, rigidez mental ou submissão infantil a determinações superiores, temos as mesmas normas para todos (engajados, praticantes, frequentadores esporádicos, afastados); erigimos exigências absolutamente secundárias em princípios absolutos; tratamos as pessoas como se fossem números, como se números também não nos interessassem. Nossas lentes estão muito mais focadas na burocracia eclesiástica do que nas pessoas de dentro e de fora que procuram nossos serviços!

Ainda em relação aos mais afastados, outras estratégias pastorais deveriam ser colocadas em ato para atingi-los, desde um uso adequado dos *meios de comunicação social* até o *corpo a corpo*, fundamental na evangelização no início do cristianismo e que volta a ser utilizado por alguns "novos grupos religiosos".

7.3. No nível da sociedade

Sobre estas bases, e cientes de que só uma Igreja atenta aos novos desafios e disposta a converter suas estruturas mentais e sociais estará em condições de garantir uma *presença pública significativa na cidade*, podemos pensar na presença da Igreja na cidade e, então, no protagonismo dos leigos e leigas neste espaço. A Igreja não poderá contentar-se com o espaço de uma religião privada, como lhe concede a sociedade secular. Não poderá, contudo, também se arrogar triunfalmente o direito de pensar, dizer e fazer o que quer, sem reconhecer e aceitar confrontos que lhe sejam apresentados por quem vive em mundos diferentes do seu, mas dentro do mesmo Estado democrático de direito.

O "nível da sociedade" – ainda que interesse e envolva diferenciadamente a Igreja como um todo e a Igreja toda, e a função dos bispos, presbíteros e diáconos tenha também uma dimensão secular, irrenunciável ao cristianismo – será, *fundamentalmente, espaço dos leigos e leigas* (cf. EN, n. 70):

- o protagonismo dos leigos e leigas no processo de urbanização se dará por sua inserção natural no mundo da família e das relações sociais, onde serão arautos da nova evangelização ao anunciarem a Boa-Nova do Reino, que acontece no mundo dos homens;
- no mundo da educação e da comunicação, da política e da economia, do trabalho e do lazer (e em outros), eles deverão viver de tal modo a fé cristã que se tornem capazes "de forjar a história segundo a práxis de Jesus" (DP, n. 279);
- serão promotores da dignidade humana enquanto se empenharem na defesa da vida em todas as situações em que esta se encontre ameaçada;
- serão criadores da cultura cristã quando se inserirem na realidade em que vivem, promovendo os valores que conduzem à realização pessoal e à libertação integral do ser humano e denunciando os contravalores, que desvirtuam a vida e desfiguram a imagem divina original de cada pessoa.

Em contrapartida, os bispos, mas, especialmente, os presbíteros, são convidados a avaliar suas atitudes para com os leigos e leigas, uma vez que, numa Igreja toda ela evangelizadora, seus atores estão necessariamente em relação:

- bispos e presbíteros, embora se ocupem de atividades em primeiro plano intraeclesiais, não podem desconhecer o mundo em que vivem os leigos e as leigas, nem se desinteressar por ele;
- devem conhecer as dificuldades cotidianas por que passam leigos e leigas na manutenção da família, na luta pela sobrevivência, no empenho pela vida de fé num mundo muitas vezes hostil, marcado pelo rolo compressor da modernização, Pós-Modernidade, urbanização e globalização;

- vivendo sem família, sem uma profissão que os coloque no mundo do trabalho, os bispos, presbíteros e mesmo diáconos tendem a perder o contato com a vida real, com o mundo urbano, até mesmo com o mundo daqueles leigos e leigas que são seus mais próximos colaboradores;
- o clero vive, às vezes, confinado num mundo cercado de mistério, dotado de pequenos, mas ambicionados, privilégios, apoiado numa competência religiosa que o distancia e o separa da massa, isso quando não desliza para o clericalismo;
- a distância e a diferença entre o mundo de bispos, presbíteros e diáconos e o mundo dos leigos e leigas leva à criação de imagens também diferentes de Deus, da Igreja e da vida, do mundo e do ser humano.

Esta situação, que propriamente não é pessoal nem moral, mas social e, de alguma maneira, estrutural, levanta uma *série de indagações*, provocando-nos a uma reflexão séria, a uma serena avaliação e a uma revisão de nossas atitudes:

- Será que o Evangelho anunciado pelos membros do clero é o mesmo ouvido pelos leigos e leigas, sobrecarregados por seus deveres familiares e profissionais? Se a vida dos leigos não é a mesma vivida – ou ao menos intencionalmente apropriada – pelo clero, será a mensagem do clero compreensível, compreendida, significativa, aceitável pelos leigos?
- As exigências que fazemos aos leigos e leigas partem de nosso ponto de vista – que não é neutro nem universalmente válido, mas sempre situado, particular e parcial; em vista disso, não precisaríamos recorrer, sistematicamente e com maior frequência, a sondagens, consultas, "audiências públicas", para ouvirmos o que eles têm a dizer?
- O tempo que solicitamos a leigos e leigas – para diversas tarefas da evangelização e da pastoral intraeclesial – não os distancia de seu mundo, exatamente onde deveriam permanecer para o anúncio do Evangelho no mundo?
- Que espaços efetivos, e efetivamente seus, têm leigos e leigas na ação evangelizadora e pastoral da Igreja? De que autonomia gozam os leigos naquilo que lhes é próprio e peculiar, ou seja, sua condição secular, sua

atuação no mundo, no vasto mundo da política e da ciência, da cultura e da economia, da família nuclear e da imensa família humana...?[14]

- Participam efetivamente da discussão e da tomada de decisão sobre o que implica a presença da Igreja no processo de urbanização, ou simplesmente executam um projeto arquitetado pelo clero?

- A evangelização, para atingir os ambientes profissionais e sociais dos homens e mulheres de hoje, deverá contar com uma presença maciça e capilar dos leigos e leigas: sua experiência de homens e mulheres do mundo urbanizado no coração da Igreja (e da Igreja no coração do mundo urbanizado) é seriamente levada em conta?

- Como os presbíteros e outros membros do clero ouvem e valorizam a experiência e a palavra dos leigos e leigos, quando se trata do ver–julgar–agir da Igreja sobre os vários mundos que formam o mundo dos leigos?

- Será que o presbítero, de entender tanto e somente de teologia (se é que entende!), não acaba por não entender o mundo real das pessoas, devendo por isso estudar também alguma outra "ciência" – ou aprender na "academia da rua" – para que seu trabalho pastoral seja mais eficiente (cf. PDV, n. 52)?

- O presbítero, além de ser homem de Igreja, não deveria ser também homem do mundo? A inserção no mundo do trabalho – ainda que parcial – não poderia qualificá-lo melhor para o conhecimento da vida dos leigos e leigas com quem trabalha e a quem serve na pastoral? Se Paulo tinha que evangelizar o Império Romano e ainda encontrava tempo para fabricar tendas, será mesmo que trabalho pastoral, trabalho profissional e trabalho doméstico são tão excludentes assim?

- Afinal, não está na hora de revermos, com mais profundidade, a relação entre presbíteros e leigos/leigas, de um lado, e entre presbíteros e "mundo", de outro, para podermos declinar com lucidez as relações entre Igreja e mundo?

---

[14] "Hoje como ontem, estou profundamente convicto de que a Igreja do terceiro milênio não realizará a virada para a qual a história, os acontecimentos humanos e os impulsos internos a incitam, com clamores e sinais inequívocos, se os leigos não forem formados e, com coragem, enviados de dentro da Igreja para o mundo com respeito da sua autonomia na comunhão" (MINCUZZI, *Servi di tutti schiavi di nessuno*, p. 103).

Perguntar não ofende, e quem pergunta não tem respostas, mas preocupações e provocações, e está aberto a ouvir respostas, mesmo muito diferentes das que gostaria de ouvir. Aliás, o ditado diz que "quem pergunta o que quer ouve o que não quer". Ou então: "Quem tem medo da resposta não faz a pergunta". É preciso correr o risco, e alguém tem que corrê-lo. O importante é ter coragem de fazer perguntas, do lado de cá, e abertura para ouvi-las, do lado de lá, e vice-versa. Mais importante que os resultados – que também se há de buscar – é a disposição de construir juntos um discurso e, sobretudo, uma nova relação.

Sétima conclusão parcial

Os desafios da pastoral urbana só vêm à tona se, de um lado, nos debruçarmos sobre a cidade, com o interesse de conhecê-la para poder intervir nela pastoralmente, e, de outro, se não só confrontarmos a realidade da cidade com a mensagem evangélica, mas também se deixarmos que a Palavra de Deus julgue e ilumine nossa presença cristã e eclesial na cidade.

Neste texto, renunciamos a fazer uma análise da cidade; primeiro porque não estamos competentes para isso – outros profissionais o fazem com reconhecida competência; segundo porque o que deveria ser um estudo breve já está se alongando demais.

Seja como for, precisamos aprender a olhar a cidade como um todo e na pluralidade de suas "partes", atitude tanto mais importante porquanto o nosso olhar está viciado a ver a cidade a partir de uma realidade parcial artificialmente cortada do todo,[15] institucionalmente fragmentada, como é a paróquia.

Tendo que escolher, sem abrir mão da possibilidade de perceber o conjunto, destacamos três núcleos estruturais da vida humana, da sociedade e da cultura, que estão sofrendo, na atualidade, impactantes mudanças: o nível do indivíduo (e, aí, uma nova emergência da subjetividade e do

---

[15] "O sistema paroquial esconde radicalmente a cidade: uma cidade dividida em paróquias carece de atendimento pastoral como cidade. Cada pároco é zeloso da sua independência e defende a sua autonomia com unhas e dentes. A paróquia refere-se à diocese, não à cidade" (COMBLIN, *Pastoral urbana*, p. 46).

individualismo); o nível dos grupos (privilegiando o dinâmico pluralismo social, cultural e religioso) e, finalmente, o nível da sociedade (com as persistentes contradições sociais e suas causas estruturais).

Essas mudanças são qualitativas e não meramente quantitativas. De fato, não estamos mergulhados numa "época de mudanças", mas numa "mudança de época". Uma transição epocal exige posturas e respostas novas, criativas, ousadas. Em termos pastorais, uma nova percepção, novas atitudes e novas estruturas devem ser buscadas e elaboradas no nível da pessoa, no nível dos grupos e no nível da sociedade, para não só não sermos engolidos, mas, positivamente, para não perder a oportunidade – melhor, a graça! – implicada nos novos desafios.

Toda Igreja e a Igreja toda devem se pôr ao mesmo tempo diante dessa realidade nova – extensa, complexa, assustadora e fascinante – e diante de Deus, e se perguntar: Senhor, que queres que façamos? Como agir pastoralmente na cidade se não sabemos unir a tua palavra e a palavra dos teus filhos e filhas urbanos? Por que insistes em enviar-nos a evangelizar a cidade se somos ainda crianças, e mal conseguimos balbuciar o teu Evangelho na linguagem do mundo urbano? Não seria preferível deixar--nos protegidos no ventre da baleia a lançar-nos no chão duro da cidade?

A evangelização da cidade, com efeito, exige um constante exame de consciência pessoal e eclesial, um estado permanente de conversão, uma renovada motivação, que, suscitados por Deus, se traduzam, antes de tudo, na prática da fé, da esperança e, de todos o dom maior, da caridade.

Por isso, antes de pensarmos e passarmos às estruturas da pastoral urbana, precisamos responder à pergunta mais fundamental de todas, àquela a que nenhum apóstolo, de ontem, de hoje e de sempre, pode fugir, diante do olhar apaixonado e exigente de Jesus: "Tu me amas?" Se, com Pedro, pudermos responder "Senhor, tu sabes que te amo", ouviremos a palavra que nos confia o dom e o ministério da evangelização da cidade: "Apascenta minhas ovelhas" (cf. Jo 21,15-17). O amor precede o envio. O amor sustenta a missão. O testemunho do amor é a forma mais sublime e perfeita de evangelização.

8. Estruturas novas para uma pastoral nova

A cidade não pode ser encarada como a somatória das paróquias nem dos bairros nem das zonas que a compõem. A *cidade é um todo e como tal deve ser encarada*. Esse todo, evidentemente, tem "partes", mas essas partes normalmente têm uma estrutura e uma dinâmica muito diferentes da estrutura e da dinâmica paroquial.

Se quisermos realizar um trabalho adequado à realidade da cidade, temos que ter *pessoas especialmente dedicadas à evangelização da cidade*, e nos dar ao trabalho de criar estruturas eclesiais novas adequadas à cidade: "A pastoral urbana supõe que haja um grupo de pessoas dedicadas a ela e, na frente, um bispo ou um vigário episcopal com poderes de bispo. Essas pessoas têm por responsabilidade a evangelização da cidade. Pois a Igreja tem por fim a evangelização do mundo e não tem o seu fim em si própria".[1]

As *estruturas eclesiais* mencionadas acima, em princípio, não serão nem diocesanas nem paroquiais, mas *especificamente urbanas*. Se forem simplesmente diocesanas, a pastoral urbana pode se perder no emaranhado de tantas outras instâncias diocesanas, acabando por morrer por indiferença, irrelevância e asfixia; se forem paroquiais, morrerá no ovo... antes de ver a luz. As estruturas da pastoral urbana deverão ser de nível urbano, em função da cidade, e da cidade como um todo!

Além disso, diante das diferenças entre as cidades e da diversidade da presença da Igreja nelas, é preciso *estar atentos a cada situação*: "As cidades mais importantes são sedes de bispado. Nesse caso, às vezes e até certo ponto, o bispado é a cabeça visível da Igreja na cidade, e a cúria diocesana funciona como centro pastoral da cidade. Quando a diocese consta de uma cidade, é o que acontece. Quando a cidade está dividida em

---

[1]   COMBLIN, *Pastoral urbana*, p. 46.

várias dioceses, já não é assim: ninguém se preocupa mais pelo conjunto da cidade. Em outros casos, a diocese tem mais interesse pelo território que abrange, com áreas rurais e cidades pequenas, do que pelas cidades importantes".[2] São, portanto, *três situações diferentes*, que demandam soluções estruturais – ou, pelo menos, organizativas – diferentes. Na primeira, uma comissão diocesana dedicada especificamente à evangelização do conjunto da cidade seria o ponto de referência da pastoral urbana; na segunda, deve-se pensar num organismo interdiocesano; na terceira, há que se despertar a Igreja local pela cidade ou pelas cidades presentes em seu território (sem, é claro, abandonar o mundo rural) (cf. DAp, n. 519).

Chamo atenção para *algumas "estruturas" ou "aspectos"*, que, de qualquer maneira e com as necessárias adaptações a cada realidade, deveriam ser pensadas. São sete, mas, é claro, poderiam ser menos ou, eventualmente, mais. A reflexão sobre a realidade local é que vai indicar, na prática, o que é melhor, em termos de necessidade, oportunidade, urgência.

8.1. Um projeto de evangelização da cidade[3]

O projeto de evangelização da cidade *não poderia ser paroquial* (cada paróquia poderia legitimamente – embora sempre parcialmente – ter um projeto paroquial dependente e integrado) *nem multiparoquial* (a mera somatória dos vários projetos paroquiais presentes na cidade), *nem diocesano* (embora deva depender dele e expressá-lo quanto às opções e diretrizes gerais básicas), *mas verdadeiramente urbano*. Deve ser um projeto da Igreja na cidade a serviço da vida da cidade no horizonte maior do Reino.

Esse projeto deverá ser *elaborado por todas as forças eclesiais* presentes e atuantes na cidade. Em termos de estruturas: paróquias, comunidades, movimentos, pastorais, grupos, associações, comunidades de vida

---

[2] Ibid.

[3] Quando se reconhece que a evangelização não está terminada – como se pensava na Cristandade –, "tudo muda, inclusive a pastoral urbana. A finalidade de tudo o que existe na Igreja está na evangelização. Tudo deve convergir para esse fim prioritário" (COMBLIN, *Pastoral urbana*, p. 47).

consagrada, institutos seculares. Em termos de agentes: bispo(s), padres, diáconos, assessores de pastoral, leigos e leigas, religiosos e religiosas, pessoas engajadas na vida e nos trabalhos da Igreja, liberadas ou não.

O *Conselho Diocesano de Pastoral* ou, pelo menos, a equipe de Coordenação Diocesana de Ação Evangelizadora, daria o chute inicial, convocando algumas pessoas, propondo uma pauta, ouvindo propostas; em seguida, acompanharia a elaboração do projeto da pastoral urbana daquela cidade.

Uma *comissão*, formada por pessoas (não precisam ser muitas) efetivamente engajadas na evangelização da cidade, assumiria a *coordenação do processo*, pelo menos inicialmente – impulsionados pelo bispo ou pela coordenação diocesana de pastoral –, de modo que se deem os passos necessários à elaboração do projeto de pastoral urbana.[4] Alguém ou alguns sempre têm que dar o primeiro impulso: é o dom da iniciativa, da criação do novo, da "fundação".

A Igreja, em cada cidade, vai, por um lado, *eleger os âmbitos* – ou, desde que o termo seja tomado num sentido amplo, os ambientes – em que vai realizar um trabalho evangelizador, e, por outro, vai *escolher as dimensões* específicas e tipicamente eclesiais que não poderão deixar de ser contempladas num projeto de evangelização da cidade (relativas, portanto, para nos entendermos, à Palavra, à Liturgia, à Comunhão e ao Serviço). Esta escolha não pode ser emocional, mas racional; não pode ser autoritária, mas democrática; não pode ser apressada, mas ponderada; não pode ser voluntarística, mas brotar da própria consideração da realidade, respeitando-a.

Alguns "âmbitos" – no nosso entender – *nunca deveriam ficar fora* de uma atenção especial da Igreja: crianças, família, educação, trabalho, saúde, política, cultura, comunicação, ecumenismo, juventude, excluídos, idosos, e eventualmente outros – ou menos que esses, por que não? – dependendo das circunstâncias locais e temporais. É aconselhável iniciar por

---

4   Não é o caso de apresentar, aqui, os passos da elaboração de um "plano" de pastoral ou de um "projeto" de pastoral urbana, sobretudo, em seus detalhes técnicos, o que podemos encontrar em obras especializadas (cf. CNBB, *É hora de mudança*; BRIGHENTI, *Reconstruindo a esperança*; BRIGHENTI, *A pastoral dá o que pensar*, pp. 215ss).

poucos âmbitos e, conforme o andamento do processo, que deve ser permanentemente avaliado, eventualmente alargar para outros. A experiência ensina que, em termos "administrativos", sempre que um grupo limitado assume muitos e complexos objetivos, o risco de fracasso é muito grande, gerando descontentamento, frustração, deserção. É melhor começar com pouco e ir gradualmente avançando para outro ou outros âmbitos.

Um *grupo de trabalho por âmbito* – formado por pessoas dotadas de carisma, sensibilidade e alguma experiência na área,[5] – apresentaria uma *proposta de trabalho* para o seu âmbito: crianças, família, educação, trabalho etc. Seriam tantos grupos de trabalho quantos fossem os âmbitos previamente eleitos. O grupo não deveria ser grande, mas pequeno, enxuto, de modo a garantir agilidade e eficiência. Seus membros podem perfeitamente sair das pastorais (ou outras práticas) já existentes: para o âmbito "crianças", pessoas da Pastoral da Criança, de creches, de escolas etc.; para o âmbito "educação", agentes da Pastoral da Educação, pais, professores, estudantes; e, assim, sucessivamente. As propostas de trabalho, uma vez aprovadas pela assembleia da pastoral urbana, integrarão o projeto comum.

O *projeto* global deverá, é claro, contemplar também aqueles *elementos* mais organizativos e práticos que não podem faltar em todo projeto (ou, mais amplamente, plano) que se preze: metas, atividades permanentes, atividades específicas, cronogramas, lugares, pessoas responsáveis, assessorias, materiais.[6]

Elaborado o projeto, uma *comissão de articulação* – que pode ser a mesma da fase de elaboração (parece o ideal) ou outra adrede escolhida – vai animar, subsidiar e acompanhar a execução do projeto propriamente dito. Essa comissão deverá ser formada por pessoas competentes, de boa aceitação entre as lideranças eclesiais da cidade, liberadas, pelo menos por um tempo determinado, para o projeto. Não precisa ser grande (quatro

---

[5] "Cada vocação é diferenciada e somente pode agir num setor bem delimitado. Não há vocação para fazer qualquer coisa em qualquer lugar do mundo. O evangelizador é um trabalhador especializado que deve preparar-se cuidadosamente para o setor para o qual foi chamado. Sem isso, a produtividade será nula. E muitas vidas de missionários ou missionárias serão vidas perdidas" (COMBLIN, *Pastoral urbana*, p. 52).

[6] Cf. CNBB, *É hora de mudança*; BRIGHENTI, *Reconstruindo a esperança*.

ou cinco pessoas deveriam ser suficientes), mas ser afinada com o projeto, disposta a torná-lo realidade, ter autoridade reconhecida.

Em termos de *prazo de vigência*, o projeto de evangelização da cidade deve ser, por um lado, algo *permanente*, e, por outro, algo *temporário*, mais ou menos como os planos diocesanos. A diocese, em comunhão com as Igrejas vizinhas e de toda a região e do país, precisa ter um plano diocesano sempre. Não se concebe, sobretudo nos dias atuais, uma Igreja local que caminhe a esmo, navegando ao sabor das intuições de alguém ou seguindo as ondas e modas do momento. Assim como o plano diocesano tem sua periodicidade, também o projeto de pastoral urbana terá a sua, podendo modificá-lo e/ou atualizá-lo a cada três ou quatro anos, conforme os parâmetros locais.

8.2. Ações evangelizadoras e pastorais

A primeira coisa que a pastoral urbana deve projetar são "ações" e, a partir delas, alocar os agentes e predispor as estruturas adequadas. É preciso, na verdade, distinguir "ações" de nível paroquial e "ações" de nível urbano.

A pastoral urbana, em princípio, não preconiza o fim da paróquia, ainda que, para a pastoral urbana acontecer, seja necessária uma radical conversão pastoral e uma profunda transformação missionária das paróquias.

Uma redistribuição de funções e tarefas se faz necessária: a paróquia não fará tudo o que faz (ou deveria fazer) agora; a pastoral urbana assumirá responsabilidades que, até o momento, recaíam sobre a paróquia, e outras que, coerentemente com sua perspectiva, venham a se impor.

8.2.1. Ações de nível paroquial

Neste contexto, "ações" de nível paroquial são: (1) aquelas que, em tese, não poderiam faltar em nenhuma paróquia (por exemplo, as relativas à iniciação cristã, catequese, liturgia, promoção humana); (2) aquelas que se definem mais por sua relação ao território do que por sua relação aos ambientes; (3) aquelas que desenvolvem atividades muito simples, pontuais, bem localizadas, rotineiras.

8.2.2. Ações de nível urbano

"Ações" de nível urbano, por sua vez, seriam: (1) aquelas que têm por alvo a cidade inteira e não simplesmente alguma determinada área; (2) aquelas que se definem, sobretudo ou exclusivamente, pela relação ao ambiente e não ao território; (3) aquelas que, por seus destinatários, conteúdo e meios, seria praticamente impossível ou muito difícil realizar em nível paroquial.

8.3. Agentes eclesiais na cidade

De nada vale projetar e organizar ações, se não houver quem as traduza em realizações práticas e concretas. A fé, porém, nos dá a certeza de que, confiada a missão, não faltará às pessoas e à comunidade a graça para acolhê-la e realizá-la. Ou por outra perspectiva: o Espírito enriquece os membros de uma comunidade com tantos carismas quantas são as necessidades da comunidade. Ação e graça, ação e carisma, portanto, se conjugam na economia divina.

8.3.1. Presença difusa e capilar dos cristãos e cristãs

Os primeiros agentes a serem valorizados e cultivados, na evangelização da cidade, não são os agentes especializados, mas sim os cristãos "sem acréscimo", como dizia Congar. A *presença difusa, espontânea, muitas vezes anônima, mas capilar, dos cristãos e cristãs* na vida e nas estruturas da cidade é fundamental para a evangelização.

Neste sentido, a atividade missionária, no cristianismo antigo, pode nos dar *algumas lições importantes*:

a) a valorização das relações pessoais e das redes sociais mais do que da difusão de ideias e doutrinas;

b) a primazia da união, participação e corresponsabilidade nas comunidades;

c) o reconhecimento do papel das mulheres, que foi decisivo no cristianismo até meados do século II e que é inestimável também hoje;

d) o envolvimento com as dores e os dramas das pessoas, dos grupos sociais, das camadas mais sofridas da sociedade;

e) o testemunho (é preciso passar da prática do discurso ao discurso da prática!), seja de indivíduos seja de comunidades alternativas (todas as comunidades cristãs deveriam ser "comunidades de contraste"!),[7] com seu poder de atração;

f) a capacidade de adaptação, fator decisivo de todo movimento que queira ter êxito histórico;

g) a concentração do foco da mensagem em alguns temas teológicos "exclusivos" ou peculiares da mensagem cristã, que, no cristianismo antigo, eram: o monoteísmo; o caráter pessoal de Deus; a comunhão trinitária; a salvação da morte e a vida eterna; a salvação como participação por graça, em Cristo, da vida do próprio Deus (divinização); a libertação das alienações que subjugam o espírito humano; a mensagem de fraternidade, que brota de Deus como Pai; a misericórdia e as virtudes cristãs centrais.[8]

O primeiro elemento, portanto, a ser valorizado e cultivado, na evangelização da cidade, não é propriamente uma estrutura, mas a *presença difusa, espontânea, muitas vezes anônima, mas capilar, dos cristãos e cristãs* nas estruturas e na vida da cidade.

8.3.2. O bispo

No cristianismo antigo, o bispo era a figura central e principal da Igreja na cidade. Rodeado por seu presbitério e por um conjunto de diáconos, ele presidia a vida e a missão da Igreja naquele lugar. Sendo a Eucaristia o centro da vida da Igreja local, era o bispo que a presidia;

---

[7] Cf., por exemplo, KING, *La forza di amare*, pp. 31, 39-40.

[8] Cf. VON HARNACK, *Die Mission und Ausbreitung des Christentums in den ersten drei Jahrhunderten*; BARDY, *La conversion au christianisme durant les premiers siècles*, especialmente pp. 250-293.

tanto assim que, nos primeiros séculos, o bispo é que era chamado de "sacerdote". Os presbíteros concelebravam a Eucaristia com o bispo e só extraordinariamente a presidiam; por isso, ainda não eram chamados de "sacerdotes", pois não ofereciam, sem o bispo, o santo sacrifício. Em Roma, por exemplo, quando, devido ao crescimento do número de cristãos, de "Igrejas da casa" e, posteriormente, de "títulos", os presbíteros passam a presidir a Eucaristia nessas comunidades, cria-se o chamado rito do *fermentum*: um fragmento do pão "eucaristicizado" pelo bispo era lançado, pouco antes da comunhão, no cálice consagrado pelo presbítero, justamente para simbolizar a unidade da Eucaristia do presbítero com a Eucaristia do bispo.

Muito cedo se tornou impossível manter o princípio, mais ideal do que real, de "uma cidade, um bispo, uma Eucaristia", mas o caráter episcopal da Igreja local (até o século IV, urbana) sempre foi mantido.

Quando se fala, hoje, de pastoral urbana, este princípio tem que ser tido em conta e chamado à consciência. O bispo urbano é o primeiro elemento e o primeiro elo entre todos os agentes eclesiais atuantes na cidade. Numa cidade com vários bispos, não podendo o titular assumir em primeira pessoa a presidência da pastoral urbana, o ideal seria que esta função fosse entregue a um dos bispos auxiliares ou ao menos a um vigário episcopal.

8.3.3. Os presbíteros

Os presbíteros – mais concretamente os *párocos*, elementos importantíssimos em todo projeto pastoral, mais ainda num projeto novo e difícil, como é o da pastoral urbana – devem participar ativamente, desde o início do processo, em sua discussão, elaboração, execução, avaliação. A ação pastoral de nossa Igreja é muito dependente do clero, e esse dado deve ser levado atentamente a sério.

Os presbíteros precisam ser *esclarecidos, motivados, cativados, fundamentados* para a proposta da pastoral urbana, de modo a aderirem a ela não só intelectual mas também emocionalmente. Sabe-se, de antemão, que uns poucos a abraçarão com entusiasmo; um bom número, com menor intensidade, mas com boa disposição; e outros poucos serão tácita ou explicitamente contra. E é preciso aprender a conviver com essa situação, que não é apanágio da Igreja, mas de todo grupo humano.

É muito oportuno, necessário mesmo, *manter os párocos constantemente informados* do que está acontecendo, do que irá acontecer e do que se espera deles. Querendo ou não, muita coisa implicará a participação da paróquia, e a paróquia só participará se o pároco não só permitir mas também colaborar. No mínimo, um boletim mensal deveria circular, mantendo todo o mundo a par do que vai acontecendo em termos de pastoral urbana.

Uma prática benéfica, já existente em algumas cidades de médio porte, é um *encontro* – em alguns lugares, semanal; em outros, mensal – dos presbíteros da cidade. Não se trata de um encontro oficial, formal, com pauta, mas propositalmente *leve, agradável, fraterno, descontraído*. Em certos lugares, os padres da cidade se encontram de manhã, cada vez numa casa paroquial diferente, rezam juntos a oração da manhã, tomam o café, conversam sobre assuntos vários, lembram-se mutuamente das coisas pendentes ou planejadas... e basta. Se alguns quiserem, depois, fazer alguma reunião mais "oficial", a ocasião ajuda. Práticas desse tipo, além do valor que têm em si, ajudam, e muito, a atividade pastoral. Os padres precisam se ver, se encontrar, conversar, jogar pra fora o que lhes vem à telha, atualizar "fofocas", trocar informações rápidas, rezar juntos, "perder tempo" juntos... A pastoral só tem a ganhar com isso.

Por último, mas nem por isso menos importante, uma representação dos presbíteros atuantes na cidade, especialmente dos párocos, devem ter assento no Conselho Urbano de Evangelização e, consequentemente, na Assembleia Eclesial Urbana.

8.3.3.1. O que se espera dos presbíteros

A atitude básica que se espera dos presbíteros é a "abertura para o novo", tanto em termos de renovação pessoal quanto de conversão pastoral e transformação missionária. O pároco tem que deixar de ser tudo, para ser só parte; tem que deixar de ser dono, para ser administrador e servidor; tem que deixar de ser onipotente, para dividir as responsabilidades e as decisões com a comunidade e com as lideranças;[9] tem que abrir espaço para uma participação adulta e uma efetiva corresponsabilidade dos leigos e leigas.

8.3.3.2. Renovação da vida e do ministério dos presbíteros

A nova realidade urbana está exigindo, particularmente do presbítero que queira se envolver evangélica e pastoralmente com ela, um *perfil pessoal* com os seguintes traços:

- um homem de personalidade dinamicamente integrada, capaz de relações pessoais fortes, diálogo, respeito pelo outro, trabalho em equipe (com o bispo, os demais presbíteros, os leigos e as leigas, os cidadãos em geral);
- um discípulo no seguimento de Cristo, que, além disso, o associou a si em sua missão de enviado (apóstolo e missionário), servo e pastor;
- um ministro de Cristo, da Igreja e do povo, com boa formação bíblica, teológica, espiritual, pastoral e socioanalítica;
- um agente qualificado nos vários campos de sua missão, consciente da necessidade de formação integral permanente;
- um cristão sensível aos "sinais dos tempos", isto é, aos desafios do contexto social, político, cultural e eclesial, lidos à luz da fé;
- um pastor "generalista" no essencial de seu ministério (presidir à edificação da Igreja numa cultura e sociedade determinada), "especialista" em determinada área da pastoral (por exemplo, a educação), "solidário" com os outros agentes eclesiais;
- um pastor aberto ao conjunto da evangelização e da pastoral e à pastoral de conjunto (de sua Igreja local, da Igreja no Brasil e na América Latina, da Igreja universal), no horizonte de uma Igreja de participação, corresponsabilidade e missão a serviço do Reino;

---

[9]   Cf. CNBB, *Missão e ministérios dos cristãos leigos e leigas*, n. 122.

- um animador, formador e articulador de pastorais e comunidades diversificadas, com serviços e ministérios vários, engajadas, em diálogo com o mundo, no testemunho de Jesus e do Reino.

A renovação do ministério dos presbíteros, neste sentido, deveria passar – a lista não é exaustiva, mas indicativa – pela *mudança das seguintes atitudes*:

- tornar a ação evangelizadora e pastoral menos dependente dos ministros ordenados, reconhecendo a responsabilidade e corresponsabilidade dos leigos e leigas na vida interna da Igreja e sua autonomia nas realidades terrenas (cf. GS, n. 43; AA, n. 24), bem como de seus serviços e organizações;
- superar uma pastoral de mera manutenção por uma pastoral verdadeiramente evangelizadora e missionária;
- entregar aos leigos e leigas inúmeras tarefas burocráticas e administrativas, que, hoje, ainda absorvem desnecessariamente grandíssima parte do tempo e das energias, já parcas, dos presbíteros;
- recuperar a vivência colegial do ministério ordenado (presbitério), pois "é ao presbitério como um todo e não aos presbíteros separadamente, nem ao bispo isolado, que é confiado o pastoreio da Igreja particular" (DGAP, n. 276);
- direcionar o ministério presbiteral prioritariamente à formação de uma comunidade eclesial adulta, responsável, atuante, o que exige, de um lado, o acolhimento das pessoas, a valorização dos carismas, a abertura aos novos ministérios, além do reconhecimento da legítima autonomia dos estados de vida na Igreja e de suas organizações (cf. DGAP, n. 277);
- diversificar o perfil e o exercício do ministério ordenado, empenhando cada presbítero, ao mesmo tempo, no projeto evangelizador da cidade, em outras tarefas pastorais (p. ex., assessoria e acompanhamento de alguma pastoral; coordenação de algum projeto em âmbito urbano etc.) e na paróquia (cf. DGAP, n. 278);
- dedicar-se à evangelização pelo contato e diálogo pessoal, superando o distanciamento clerical da vida concreta das pessoas, em parte devido ao próprio excesso de atividades e, em parte talvez

maior, à falta de um planejamento sério, necessário à boa atuação de qualquer profissional e de toda instituição;

- dar maior atenção à pastoral vocacional, à formação inicial e à formação permanente de todas as lideranças, visando, diferenciadamente, à globalidade da pessoa (dimensões humano-afetiva, espiritual, teológica e pastoral) e do ministério (dimensão da palavra, do culto e da caridade).

Só um presbítero que, dinamicamente, se conhece e se aceita, com suas qualidades, limites e pecados, e se coloca, sempre de novo, na sincera busca da identidade de seu ministério evangelizador e pastoral poderá *abrir espaços para uma efetiva participação e corresponsabilidade de outros atores eclesiais, especialmente dos leigos e leigas.*

8.3.4. Os diáconos têm um lugar na pastoral urbana?

Pastoralmente, a figura do diácono é algo ainda por definir. Em algumas dioceses, o exercício do seu ministério está ligado a uma comunidade pequena dentro da paróquia: são animadores da totalidade da comunidade; são chamados a suscitar e a acompanhar os grupos de vivência, normalmente formados por famílias; devem organizar as pastorais mais fundamentais: catequese, liturgia, promoção humana, dízimo; encaminham a criação e presidem o conselho comunitário; presidem às celebrações da Palavra, batizam, celebram as exéquias, dão bênçãos, assistem aos matrimônios etc. Outras dioceses criaram diaconias urbanas, no sentido de comissões responsáveis, sobretudo, por pastorais sociais: diaconia da educação, do mundo do trabalho, da comunicação etc. Algumas dioceses – e alguns diáconos – estão tentando desenvolver a diaconia da caridade, uma dimensão peculiar do ministério diaconal, uma forma de evitar que o diácono restrinja sua atuação à dimensão litúrgica, onde, de fato, a maioria exprime o seu ministério. Em certos lugares, o diácono é uma espécie de pau-para-toda-obra, um "bombril" pastoral, um tapa-buraco ordenado, noutras palavras, uma espécie de "homem sem qualidades" (sem identidade) de Robert Musil.

O diácono certamente poderia criar espaço para o desempenho de seu ministério na pastoral urbana: criando e animando comunidades tipicamente urbanas; assumindo, a partir de seu engajamento profissional e de sua experiência, uma pastoral de ambiente (educação, trabalho, saúde, comunicação etc.); assistindo pastoralmente a animação ou ao menos prestando seu serviço, por exemplo, na pastoral dos moradores de rua, entre os catadores de materiais recicláveis, celebrando exéquias a serviço da cidade toda ou de um setor da cidade (em Apucarana, por exemplo, um diácono atua em tempo pleno na capela mortuária) etc.

Os diáconos não podem ficar esperando que seu perfil pastoral seja elaborado pelas cúpulas eclesiais; precisam eles próprios, a partir das bases e da prática concreta, construir seu perfil (ou seus perfis), dando corpo ao específico do seu ministério, que não consiste em fazer isso ou aquilo, mas em ser, na Igreja e na sociedade, símbolos do Cristo que serve, da Igreja que serve, do cristão que serve. Não os serviços que presta, mas o serviço que simboliza e que pode, de diversas maneiras, corporificar é que define ministerialmente o diaconato!

8.3.5. Ativa e consciente participação dos leigos e leigas

A evangelização da cidade é impossível sem os cristãos leigos e leigas. A missão, ao longo da história da Igreja, embora fosse responsabilidade de todos, de fato, foi passando de um grupo a outro. Neste sentido, podemos falar de distintas épocas: a época dos missionários e missionárias cristãos (século I), a época dos mártires (séculos II-III), a época dos monges (IV-XV), a época dos sacerdotes (XV-XIX) e, agora, a época dos leigos e leigas (XX-XXI).

Os pressupostos teológicos da missão dos cristãos leigos e leigas podem ser assim compendiados:

- a clara consciência de que a fé e os sacramentos de iniciação fazem do "homem pecador" um cristão, ou seja, um homem novo em Cristo, participante de sua realeza, profecia e sacerdócio, o que o habilita radicalmente a assumir, num modo peculiar a ele, a única missão de Cristo e da Igreja na Igreja e no mundo;
- a certeza de que o Espírito, na sua liberdade e liberalidade, dá a cada pessoa uma sua manifestação para utilidade comum (cf. 1Cor

12,7), o que faz de cada cristão um carismático, ou seja, alguém habilitado a assumir, de acordo com o seu dom e a sua vocação, um particular serviço ou, eventualmente, um específico ministério na Igreja a serviço da única missão;

- a clareza de que, exercendo uma função na comunidade eclesial ou testemunhando o Evangelho na sociedade, o leigo traz, para a comunidade eclesial, a marca do mundo (o vasto e complicado mundo da política, da realidade social e da economia, da família, da educação, do trabalho...), com sua consistência própria e sua efetiva autonomia, e leva, para o mundo, o sal, o fermento, a luz do Evangelho, uma vez que a índole secular, embora não lhe seja exclusiva, é-lhe própria e peculiar;

- a convicção de que, numa nova distribuição de tarefas, exigida pelos atuais desafios da evangelização, e, muito mais, pela nativa variedade de dons, carismas, funções, papéis, ministérios, os ministros ordenados – mas, muito especialmente os presbíteros – não são relegados a atividades secundárias, mas redescobrem seu indispensável ministério de animação e de unidade, numa Igreja Povo de Deus, Corpo de Cristo e Construção do Espírito, articulada segundo uma pluralidade de dons, vocações e funções, a serem acolhidas com gratidão, promovidas com carinho e coragem, respeitadas com humildade.

Com base nestes pressupostos, a participação dos leigos e leigas na Igreja em geral, mas, sobretudo, na pastoral urbana, implica e exige:

- que cada Igreja local tenha um projeto de evangelização da cidade capaz de mobilizar todas as energias latentes ou mal utilizadas presentes no meio dos fiéis;

- que todos os segmentos do Povo de Deus sejam convocados, ao longo de todo o processo, a participarem ativamente em todas as fases do mesmo, ou seja, não apenas da execução, mas também da reflexão, da tomada de decisão, da avaliação;

- que os leigos tenham acesso à formação (geral e específica), de modo a se prepararem convenientemente para as suas atividades na comunidade eclesial e para o testemunho cristão na sociedade civil;

- que aos leigos seja efetivamente reconhecido o direito de se organizarem para fins espirituais, apostólicos e outros (cf. ChrL, n. 29), em todos os níveis da Igreja, o que não deveria ser objeto de reivindicação e conquista, mas de consciência e reconhecimento;
- que os leigos e leigas possam desenvolver e viver uma autêntica espiritualidade laical, que sustente sua condição cristã e eclesial, inspirando seu empenho na Igreja e no mundo.[10]

8.3.6. Os consagrados e as consagradas

Os consagrados e consagradas têm um lugar peculiar na pastoral urbana. Não tanto pelo que fazem, mas, sobretudo, pelo que são. De fato, "missão peculiar da vida consagrada é *manter viva nos batizados a consciência dos valores fundamentais do Evangelho*, graças ao seu 'magnífico e privilegiado testemunho de que não se pode transfigurar o mundo e oferecê-lo a Deus sem o espírito das bem-aventuranças'. Deste modo, a vida consagrada suscita continuamente, na consciência do Povo de Deus, a exigência de responder com a santidade de vida ao amor de Deus derramado nos corações pelo Espírito Santo (cf. Rm 5,5), refletindo na conduta a consagração sacramental realizada por ação de Deus no Batismo, na Confirmação, ou na Ordem. Na verdade, é preciso que da santidade comunicada nos sacramentos se passe à santidade da vida cotidiana. A vida consagrada existe na Igreja precisamente para se pôr ao serviço da consagração da vida de todo o fiel, leigo ou clérigo" (VC, n. 33). Através de caminhos distintos e complementares – religiosos e religiosas dedicados integralmente à contemplação, pessoas consagradas de vida ativa, membros dos Institutos Seculares –, servem ao advento do Reino de Deus no mundo. Na cidade, dão testemunho do seguimento de Jesus pobre, obediente e casto; esforçam-se por viver a radicalidade da proposta evangélica; em meio aos desafios e às tentações próprios do

---

[10] Em relação a estes dois últimos números (8.4.2 e 8.4.3), cf. ANTONIAZZI; CALIMAN (eds.), *A presença da Igreja na cidade*, em cujo manuscrito se inspirou a parte pastoral – redigida por este autor – do caderno "O presbítero no processo de urbanização. V Encontro Nacional dos Presbíteros do Brasil. Instrumento Preparatório", publicado pela Conferência Nacional dos Bispos do Brasil – Comissão Nacional do Clero, em 1993.

mundo urbano, apontam para o absoluto de Deus e a suficiência do seu amor: "Sólo Dios basta".

Quando se dedicam formalmente à evangelização e à pastoral, são chamados a impregnar os serviços da Palavra, do culto e da caridade com o espírito das bem-aventuranças e o carisma próprio de sua instituição.

Muitas vezes, porém, presbíteros diocesanos, consagrados e consagradas, leigos e leigas, em vez de testemunharem a comunhão, entram em disputas escandalosas e estéreis, prejudicando, com isso, a vida da Igreja e a missão.

Nada disso, porém, diminui o inestimável valor da vida consagrada para a Igreja e para a cidade, com inicial maiúscula ou minúscula. Monges se tornaram grandes bispos: Gregório de Nazianzo, João Crisóstomo, Agostinho, Gregório Magno; outros, insignes missionários: Cirilo, Metódio, Bonifácio, Agostinho de Canterbury; fundadores e membros de ordens religiosas dedicaram-se em modo sublime à evangelização: Francisco de Assis, Domingos de Gusmão, Inácio de Loyola, Francisco Xavier, Carlos Borromeu; consagrados e consagradas de vida ativa enalteceram a ação evangelizadora e o trabalho pastoral da Igreja: Vicente de Paulo, João Bosco, Teresa de Calcutá, Paulina do Coração Agonizante de Jesus; contemplativos serviram à missão sem sair de seus conventos: Clara de Assis, Teresa de Ávila, João da Cruz, Teresa de Jesus; membros de Institutos Seculares souberam unir, com inigualável sabedoria, consagração religiosa e atividade secular: Giuseppe Lazzati, Adrianne von Speyer...

8.4. Estruturas paroquiais e urbanas

A evangelização da cidade exige algumas *estruturas próprias*, que não sejam nem as diocesanas nem as paroquiais. A pastoral urbana deve, para ser eficiente e eficaz, contar com estruturas específicas, próprias e típicas.

Essas estruturas não podem ser *nem muitas nem muito poucas*. Se forem muitas, o excesso de fragmentação pode prejudicar os trabalhos; se forem muito poucas, é fácil que realidades significativas da cidade fiquem sem receber atenção, e a evangelização não teria a tríplice *univer-*

salidade que precisa ter: universalidade do sujeito (todos são convidados a evangelizar),[11] universalidade do Evangelho (todo o Evangelho deve ser anunciado), universalidade dos destinatários e destinatárias (todos devem poder ouvir o Evangelho).[12]

Na perspectiva de uma pastoral urbana, é preciso concretamente distinguir dois níveis: o *nível das paróquias* e o *nível da pastoral urbana*.

As paróquias evidentemente continuarão funcionando, com suas comunidades, seus serviços, suas pastorais, seu Conselho Econômico, seu Conselho Pastoral. Ao mesmo tempo, porém, as ações de âmbito paroquial desenvolvidas pelas várias paróquias presentes na cidade (e suas respectivas estruturas) precisam se articular em nível urbano.

Para que isso aconteça, os grupos e estruturas (comunidades, serviços, comissões, pastorais etc.) *de nível paroquial* precisam se articular com seus congêneres de todas as paróquias da cidade para formarem *uma "rede" urbana específica*: uma rede de iniciação, uma rede de catequese, outra de liturgia, outra de promoção humana (ação social básica), da Pastoral da Criança, da Pastoral da Terceira Idade, e assim por diante. Cada uma dessas "redes", de base paroquial, mas também de abrangência urbana, identificaria seus desafios em nível de cidade, os analisaria em termos de cidade (e até mais amplamente), definiria prioridades, levaria adiante projetos comuns, avaliaria permanentemente sua atuação etc. Os ganhos são claros para as paróquias e para os diversos "grupos" (comunidades, serviços, pastorais, movimentos etc.): economia de energia, de tempo, de pessoal, de dinheiro; ampliação de horizontes; enriquecimento que advém das trocas de experiências, de ideias, de propostas, que fortaleceriam as pessoas e aumentariam as motivações etc. Uma pequena equipe de cada "grupo", em nível urbano, animaria os agentes, coordenaria as atividades comuns, distribuiria tarefas, prepararia encontros, cobraria dos responsáveis.

A evangelização da cidade como um todo requer, porém, além disso, uma pastoral de conjunto no conjunto da cidade. É o nível da pastoral urbana propriamente dita. Em algumas cidades onde existem várias pa-

---

[11] Cf. DIANICH, *Chiesa in missione*, pp. 261ss.
[12] Cf. FORTE, *Igreja ícone da Trindade*, p. 55.

róquias, normalmente já existe um embrião de organização urbana da pastoral. Os padres se reúnem para discutir problemas comuns e decidir ações comuns ou ao menos conjugadas. As pessoas que atuam numa mesma pastoral – por exemplo, a catequese – já se encontram para planejar juntas e, depois, executar juntas determinados trabalhos. Os animadores das comunidades menores – às vezes, elas próprias – também se reúnem, de tempos em tempos, em nível de cidade. Ou seja, muitas vezes já existe alguma articulação entre as paróquias existentes na cidade, através de, pelo menos, duas estruturas fundamentais: o presbitério urbano, formado pelos presbíteros atuantes na cidade, aos quais eventualmente se poderiam acrescentar os diáconos; e as comunidades, serviços, pastorais, associações e movimentos atuantes na cidade. Mas isso ainda não é suficiente.

A pastoral urbana vai, portanto, desenvolver "ações" própria e tipicamente urbanas. As "ações" (e, em dependência delas, suas respectivas estruturas) própria e tipicamente urbanas, embora devam ter um "gancho" com a paróquia, não seriam de base paroquial, mas *de nível propriamente urbano*. Pense-se, por exemplo, na Pastoral da Educação, na Pastoral da Comunicação, na Pastoral do Mundo do Trabalho, na Pastoral dos Moradores de Rua, na Pastoral Política, na Pastoral da Saúde em sua dimensão institucional etc. Cada um desses grupos e estruturas também se deve organizar em "rede", não, porém, a partir das paróquias, mas da cidade como um todo e dos ambientes. Com efeito, as atividades-fim das estruturas de base paroquial acontecem normalmente na paróquia, enquanto as atividades-fim de âmbito urbano vão acontecer nos ambientes ou na cidade toda, independentemente do nível paroquial, ainda que, sempre que for possível, as paróquias devam participar.

Essas "ações" (e suas correspondentes estruturas) terão, de um lado, uma abrangência urbana e, do outro, uma localização nos "ambientes": escolas, meios de comunicação, unidades econômicas (industriais, comerciais, de serviço), rede de saúde etc. Algumas atividades se desenrolarão em espaços físicos desses "ambientes"; outras na cidade como um todo, envolvendo as unidades de base e transcendendo-as, dado que interessarão não só todo o ambiente (por exemplo, o mundo da educação), mas também a cidade toda (pois, por exemplo, a educação afeta tudo e todos na cidade). Os grupos e estruturas propriamente urbanos desenvolverão projetos próprios e, articulados com outras instituições eclesiais (por exemplo, serviços, pastorais, associações, movimentos, grupos, comunidades etc.) e instituições não eclesiais, poderão desenvolver projetos conjuntos. A Pastoral Ecológica, só para dar um exemplo, poderia articular-se com as Pastorais da Educação, do Trabalho, da Política, grupos ambientalistas etc., para todos levarem adiante um projeto conjunto, que seria muito mais consistente e, certamente, mais eficaz que o projeto de um grupo só para a cidade toda. Aliás, dependendo da questão e da situação, muitas vezes, não é a pastoral que vai "puxar" determinada ação, mas alguma instância da sociedade civil, um grupo alternativo; neste caso, a pastoral, sem perder sua identidade, vai integrar-se num projeto maior, do interesse de toda a cidade ou de determinado âmbito.

8.5. O Conselho Urbano de Pastoral

O Conselho Urbano de Pastoral (ou de Evangelização) – responsável pela animação, articulação, coordenação, acompanhamento, fixação de critérios comuns, além da elaboração e aprovação do projeto global de pastoral urbana – seria formado por um representante (leigo ou não) de cada paróquia; por um representante das comunidades menores de cada paróquia; por um representante de cada grupo (no sentido de serviço, pastoral, associação, movimento) de base paroquial, escolhido, dentre seus pares, dentro da sua "rede" urbana; por um representante de cada grupo (de novo, no sentido de serviço, pastoral, associação, movimento) de âmbito urbano. O Conselho Urbano de Pastoral seria presidido pelo bispo, ou por um bispo (no caso de dioceses com vários), ou por um vigário episcopal liberado para a pastoral urbana. Esse conselho poderia ter, além do presidente, eventualmente um coordenador – de perfil talvez mais "técnico" – e um pequeno secretariado, de caráter executivo e burocrático.

Deve ficar claro que o Conselho Urbano de Pastoral não é, em princípio, nem Conselho Diocesano de Pastoral nem a soma dos Conselhos Paroquiais de Pastoral. É algo específico para a evangelização da cidade. O Conselho Urbano, semelhantemente ao Conselho Diocesano, tem a responsabilidade de refletir sobre a realidade, discernir os sinais dos tempos nas várias realidades, fazer opções pastorais, planejar a ação pastoral, animar, dinamizar e acompanhar os trabalhos, promover sua avaliação etc., porém, só para a cidade.[13]

Sendo que o Conselho Urbano de Pastoral poderá acabar sendo um organismo relativamente grande, seria muito útil – se não necessário, em certos casos – que uma comissão menor (formada pelo presidente, pelo coordenador, por alguém do secretariado executivo e por alguns representantes dos demais membros do conselho) fosse encarregada de executar aquelas ações sem as quais a pastoral urbana e o próprio conselho não poderiam funcionar a contento. Seria um similar, em nível de pastoral urbana, da coordenação diocesana de pastoral, que também não deveria reduzir-se a uma única pessoa, o coordenador de pastoral.

Função importantíssima do Conselho Urbano de Pastoral é a articulação dos vários projetos e atividades: "A unidade da pastoral urbana exige uma conciliação de todos os programas particulares. A unidade pastoral não exige um planejamento racional rigoroso em que cada grupo receberia a sua função. O centralismo não funciona mais na Igreja do que na sociedade. Cada comunidade, grupo ou movimento precisa de autonomia. Todos, porém, formam parte de uma só Igreja local. Por conseguinte, devem conciliar os seus programas de atividades e colaborar cada vez que a natureza do problema o torna desejável".[14]

O Conselho Urbano de Pastoral será espaço também para negociar interesses, evitar ou amenizar atritos, mediar conflitos,[15] que inevitavelmente

---

[13] Às vezes, a cidade não está nem física nem socialmente separada de seu entorno, mas forma, com outras cidades, maiores e/ou menores, uma conurbação. Em casos assim, é claro que convém ter um único Conselho Urbano de Pastoral, opção ditada pela própria realidade e pelos princípios da própria pastoral urbana, que busca contemplar e agir na "cidade" como um todo, evitando toda fragmentação.

[14] COMBLIN, *Pastoral urbana*, p. 50.

[15] Não deveria haver conflito por espaço na evangelização da cidade, pois esta é tão grande que caberiam todos, mas os grupos têm medo de perder os seus membros: "A competição não tem por objeto as massas abandonadas da cidade e, sim, as pessoas de boa vontade, sempre as mesmas que estão à disposição de tudo o que aparecer. Aquelas pessoas que se conquistam sem criatividade porque já estão aí no limiar da Igreja, aguardando. Ali está a disputa entre os grupos. Quem se lança na sociedade não teme a competição" (ibid., p. 51).

surgem, sobretudo quando um grupo pretende o monopólio: "Como em qualquer sociedade, na Igreja também todos os grupos querem ter o monopólio e acham que o maior obstáculo à sua atuação é a existência de outro grupo concorrente". Acontece, porém, que "os monopólios não são mais eficazes na Igreja do que na sociedade global. Os grupos que querem o monopólio são justamente aqueles que se sentem mais fracos, menos capazes de vencer na concorrência: pedem que a autoridade lhes garanta o que não são capazes de realizar por si mesmos".[16] Embora, num projeto de evangelização, caibam muitas iniciativas, estas não podem se anular ou se destruir mutuamente nem devem entrar em competição: "Em caso de conflito, compete ao 'Centro' Pastoral Urbano [que pode até existir, em nível de assessoramento, mas que, na minha releitura da proposta de Comblin, 'transformei' num Conselho de pastoral urbana] dirimir a questão e impor uma solução de conciliação depois de deliberar com todas as partes".[17]

O Conselho Urbano não tem função profética – o profeta é suscitado gratuita e imprevisivelmente por Deus –, mas pode perceber falhas, alertar, abrir espaço para pessoas com vocação profética, que podem renovar a instituição. Para tanto, o conselho dispõe de uma visão mais ampla e profunda da Igreja local: pode perceber suas forças e fraquezas, os desafios que a interpelam, seus recursos humanos e materiais, as deficiências e os valores dos grupos, serviços e movimentos que aí atuam. Portanto, está em condições de manifestar preocupações, fazer apelos, provocar intervenções nos setores mais necessitados ou abandonados, sempre consciente de que a Igreja tem "voluntários" e não "funcionários", de que possa dispor, a critério dos seus órgãos superiores, sem consulta, sem diálogo, sem participação dos envolvidos.[18]

O Conselho Diocesano e o Conselho Paroquial têm, analogamente, as mesmas atribuições, porém para a diocese toda ou só para a paróquia.[19] De

---

[16] Ibid.

[17] Ibid., p. 50.

[18] Cf. ibid., p. 52.

[19] O Código, que reflete a consciência eclesial num momento dado, não conseguindo captar o dinamismo evangelizador nem prever situações e evoluções futuras, diz: "A juízo do bispo diocesano,

modo geral, porém, a diocese é maior que a cidade, e a paróquia, menor que a cidade. Daí a necessidade de um organismo específico – além de típico – que reúna as pessoas, os serviços, as pastorais, as comunidades e os movimentos que atuam, de forma unitária ou, pelo menos, articulada, na cidade toda.

Esse conselho – o urbano – deve se reunir com regularidade, mas não deveria reunir-se sem necessidade: "Não precisa reunir um conselho quando não há novidades. Só serve para entediar os participantes e justificar a ausência dos que não vieram [...]. Reúne-se o conselho quando se trata de tomar decisões importantes que afetam todos os grupos da cidade. Para os problemas particulares, específicos de um grupo ou de uma categoria de grupos, não precisa reunir-se o conselho. Atualmente, há abuso de reuniões nas dioceses, o que cansa os agentes de pastoral e os desvia de suas tarefas".[20]

8.6. A transformação urbana da paróquia

Tudo isso, naturalmente, *questiona a paróquia atual* e exige que ela passe por profundas transformações: a profunda conversão pastoral e missionária de nossas comunidades, de que fala, como que recolhendo clamores, aspirações e indicações que vêm de toda parte, a V Conferência Geral do Episcopado da América Latina e do Caribe (cf. DAp, n. 384).

8.6.1. Concentrar-se no essencial

As paróquias, num contexto de pastoral urbana, teriam que ser redimensionadas: flexibilização do critério territorial; concentração em atividades essenciais, relativas à *martyría*, *koinonía* (que abrange também a *leitourghía*) e *diakonía*; manutenção e, em certos casos, até incremento daquelas instituições e atividades mais simples (ministros da sagrada

---

ouvido o Conselho Presbiteral, se for oportuno, seja constituído em cada paróquia o Conselho Pastoral, presidido pelo pároco, no qual os fiéis ajudem a promover a ação pastoral, juntamente com os que participam do cuidado pastoral em virtude do próprio ofício" (cân. 536).

[20] COMBLIN, *Pastoral urbana*, p. 50.

comunhão; visitas aos enfermos; visita domiciliar dos Vicentinos e da Legião de Maria; movimentos das capelinhas etc.) ou mais consentâneos ao território (grupos de base formados segundo o critério de proximidade física; comunidades de base ou pequenas comunidades existentes no território paroquial e articuladas com a paróquia; trabalhos pastorais ou sociais que necessitam de espaços físicos fixos para poderem funcionar: pastoral da sobriedade, serviços gratuitos de atendimento às pessoas necessitadas etc.).[21] Teríamos, assim, paróquias mais simples, menos sobrecarregadas, mais enxutas, concentradas no essencial – iniciação cristã; catequese; liturgia; ação social básica –, com uma boa articulação interna, garantidas pelo pároco e pelo Conselho Paroquial, e uma lúcida e generosa abertura para a pastoral urbana.

Para que isso possa ocorrer, a primeira estrutura que temos de mudar – além de desenvolvermos nossa "inteligência emocional" – é a nossa estrutura mental, ou seja, nossa concepção de paróquia, que não é, em primeiro lugar, conceito territorial, jurídico ou sociológico, mas uma grandeza teológica, passível de traduções sociais, canônicas e pastorais diversificadas, dependendo de vários fatores: pessoais, grupais, históricos, culturais etc. Diz *Christifideles laici*: "A paróquia não é principalmente uma estrutura, um território, um edifício, mas, sobretudo, 'a família de Deus, como uma fraternidade animada pelo espírito de unidade' (LG, n. 28), é 'uma casa de família, fraterna e acolhedora' (CT, n. 67), é a 'comunidade de fiéis' (*Código de Direito Canônico*, cân. 515, § 1). Em definitivo, a paróquia está fundada sobre uma realidade teológica, pois ela é uma comunidade eucarística" (ChrL, n. 26).

---

[21] Penso, por exemplo, nos ministros da comunhão eucarística, nas "capelinhas", no Apostolado da Oração, nas Congregações Marianas, nos Vicentinos, nos coroinhas, nos Irmãos do Santíssimo, na Pastoral da Sobriedade etc. Não quer dizer que esses serviços, pastorais e associações ficariam confinadas ao mundo paroquial, sem nenhuma articulação entre si, dentro da cidade. Ao contrário, devem e podem se articular. Em princípio, porém, não teriam uma presença significativa e determinante na estrutura explícita da pastoral urbana. A articulação entre elas, que certamente já existe hoje, deveria ser renovada e reassumida, para que possam desempenhar melhor as atividades que lhes são próprias, e que também são importantes. Além disso, ocasionalmente, dependendo dos trabalhos que a pastoral urbana estiver realizando num dado momento, poderão ser convocados e prestar seu serviço ao projeto da pastoral urbana.

8.6.2. Especializar-se num particular

As paróquias de uma cidade não precisam ser todas iguais em tudo, ter todas a mesma fisionomia e realizar todas as atividades evangelizadoras e pastorais. Aliás, nem convém que isto aconteça, pois os presbíteros, na pastoral urbana, além da função paroquial, deverão assumir, com o mesmo empenho e generosidade, uma responsabilidade especial em âmbito de cidade. Neste sentido, a paróquia ficaria, digamos, mais enxuta – focada em suas atividades essenciais, a serem claramente definidas –, pois várias atividades passariam a ser desenvolvidas em âmbito urbano. Pense-se, por exemplo, na formação de pessoas para algum serviço ou ministério. Em vez de cada paróquia desenvolver um projeto de formação só para os seus membros, esse tipo de atividade poderia ser planejado em nível de cidade, e também executado em âmbito de cidade, ou, pelo menos, de grandes áreas. Com isso, se poupariam tempo, energia e agentes, e, muito provavelmente, se ganharia em qualidade.

Algumas paróquias, portanto, se não todas – isso vai depender de cada situação –, além daquilo que não pode faltar em nenhuma, poderiam se especializar em algum campo da pastoral ou em alguma atividade particular. Assim como, no passado – permanecendo esta situação, em vários lugares, até hoje –, algumas paróquias se especializaram, por exemplo, na devoção à Eucaristia (santuários eucarísticos) ou na veneração de algum santo, alguma poderia se dedicar *mais* (não exclusivamente) à religiosidade popular, outra à pastoral social, uma terceira à catequese de adultos, e assim por diante, conforme sua vocação natural e os carismas de suas lideranças. Embora todas as paróquias devam dar atenção à religiosidade popular, à pastoral social e à catequese, alguma poderá priorizar de tal modo um desses aspectos que acabaria por se tornar, com a necessária modéstia e abertura ao todo, uma espécie de referência para as outras paróquias e para os fiéis em geral.

Aliás, ninguém deveria se escandalizar nem criar obstáculos a que os fiéis, na cidade, pudessem escolher livremente a sua comunidade de participação, não ficando em tudo sujeito ao fato de morar naquele lugar que, sem nenhuma escolha de sua parte, coincide com o território de determinada paróquia. A ligação com uma paróquia deve poder definir--se a partir de vários critérios e não só e necessariamente do territorial, que guarda, sim, ainda um seu sentido, mas não corresponde mais, em tudo, às estruturas, à organização e às dinâmicas da cidade e da vida na cidade. À escolha por afinidade dever-se-ia, porém, acrescer algum correspondente compromisso: participar de alguma atividade, na paróquia de opção, além da missa; contribuir financeiramente, a menos que a paróquia da frequência necessite menos que a paróquia de residência; dispor-se a colaborar com a paróquia territorial quando por esta convidado; apresentar-se ao pároco próprio, colocando-se à disposição para alguma atividade. Ou a paróquia por opção contribui com o fiel em seu desenvolvimento cristão e eclesial mais que a residencial ou, no limite, é indiferente participar de uma ou de outra.

8.6.3. Ser "comunidade de comunidades"

O maior desafio das paróquias urbanas, porém, está ligado à sua transformação em "comunidade de comunidades". Aqui, a forma social da "Igreja da casa" do cristianismo antigo – devidamente relida nas circunstâncias atuais – tem a chance de dar um validíssimo elemento estruturante à paróquia e um impulso inigualável à sua renovação pastoral e transformação missionária.

Se *Medellín* falou das comunidades de base como "célula inicial da estruturação eclesial", se *Puebla* afirmou todo o seu valor no contexto do tratamento da Igreja particular e da paróquia, sem, porém, integrá-las [as CEBs] necessariamente na paróquia, *Aparecida* fala da paróquia como "comunidade de comunidades", entendendo por comunidade, ao mesmo tempo, as CEBs, as pequenas comunidades e as novas comunidades.

Em alguns contextos, é normal que as comunidades estejam integradas à paróquia; em outros, estão inseridas numa área pastoral; em poucos, formam uma espécie de constelação própria, que recorre à paróquia para determinados serviços, sobretudo sacramentais.

Na cidade, poder-se-ia pensar em duas possibilidades: comunidades integradas às paróquias e comunidades referenciadas diretamente à Igreja local. O essencial não é a ligação à paróquia, mas a ligação à Igreja local. A paróquia é uma "parte" da Igreja local como também a "pequena comunidade". A comunidade não precisaria ser vista necessariamente como uma "parte" da paróquia, mas tem que ser considerada e considerar-se uma "parte" da Igreja local, que, sendo uma "porção" da Igreja universal, é plenamente Igreja, embora não seja a totalidade da Igreja. Na perspectiva da pastoral urbana, parece que os dois modelos poderiam coexistir – comunidades referenciadas diretamente à paróquia e comunidades referenciadas diretamente à Igreja local – ambos, finalmente, articulados em nível de Igreja local. Esta colocação é tanto mais pertinente quanto, numa cidade, as pessoas se relacionam seja segundo o critério da vizinhança, seja – na maioria dos casos – segundo outros. Estaríamos assim diante de um novo tipo de estrutura infradiocesana: uma "comunidade de comunidades" que, não estando integrada na paróquia, mas ligada diretamente à diocese, não seria mais uma "paróquia comunidade de comunidades", mas uma "comunidade de comunidades" com o mesmo peso institucional da paróquia?

Seja como for, "Igreja da casa", que começou como Igreja local (primeira fase da missão numa cidade do Império) ou ao menos como uma das comunidades da Igreja local urbana (fase da expansão da Igreja numa cidade do Império), e terminou, no Concílio, sob a expressão "Igreja doméstica", como a família cristã nuclear da atualidade, está, por diferentes caminhos, resgatando seu papel de elemento estruturante da Igreja. Poderíamos sonhar com uma Igreja local sem paróquias, totalmente organizada a partir de "comunidades", formando uma "rede de comunidades", uma constelação de "Igrejas da casa"? A Igreja antiga nos estaria dando mais um contributo para a renovação da Igreja? O monaquismo – pense-se em Pacômio (no Oriente) e em Bento (no Ocidente), que deram forma a comunidades monásticas praticamente autônomas em relação à própria Igreja local – depois de fugir para o deserto, estaria voltando às cidades, para revolucioná-las até institucionalmente?

Oitava conclusão parcial

Agir pastoralmente é projetar e executar ações. Sem ação, a fé é morta; a esperança, vã; e a caridade, falsa.

As ações, porém, exigem um suporte institucional, que são as estruturas, sempre tiradas da cultura que nos circunda, de preferência no contexto atual. Mestre aqui, além de Jesus, é Paulo, com seu ousado universalismo e seu não menos ousado realismo. Ele está de tal modo convencido de que a fé cristã deva e possa ser vivida no contexto da sociedade greco-romana, que não tem medo de assumir a "casa" – estrutura básica dessas sociedades – como base da comunidade cristã, imbuindo a "casa" de um novo espírito, gerador de novas e até revolucionárias atitudes, sem, todavia, a desfazer, enquanto possível, em virtude da adesão à fé.

No coração das estruturas pastorais e transcendendo-as, estão agentes – ou seja, pessoas concretas, rostos únicos, histórias inelimináveis, experiências intransferíveis, grandezas e mesquinharias – com seus carismas, serviços e ministérios específicos, enquanto mediações de serviço em ordem à evangelização.

Neste particular, se a letra explícita do Vaticano II não superou a dualidade hierarquia–laicato (que facilmente escorrega para o dualismo), sua letra implícita (desculpem o paradoxo) lançou os germes de uma compreensão da estrutura social da Igreja, exprimível em termos de comunidade/carismas, serviços e ministérios. Esta virada eclesiológica – uma das tantas do Concílio – privilegia o comum sobre o particular, o comum sobre o específico, o comum sobre o próprio e peculiar a cada um dos membros e dos ministérios da Igreja. Sujeitos eclesiais não são só os bispos, presbíteros e diáconos, mas todos os crentes, graças aos sacramentos de iniciação e aos carismas com os quais o Espírito os enriqueceu e os habilitou para a missão, previamente a qualquer chamado e a qualquer destinação. Se, pela "índole secular", que se dá de forma plena nos leigos, os cristãos leigos e as leigas têm no mundo "o campo próprio de sua atividade evangelizadora" (EN, n. 70), toda a Igreja, cada segmento da Igreja e cada um na Igreja têm uma laicidade pela qual estão no mundo, participam da vida e das atividades do mundo, e devem, no mundo, ser sinal e instrumento de sua transformação, no vigor e na direção do Reino de Deus. O bordão "à hierarquia, a Igreja; aos leigos, o mundo", além de falso teologicamente, é nocivo pastoralmente.

Em termos de estrutura, alguns princípios devem ficar claros e serem conscientemente assumidos: (1) o projeto de evangelização da cidade não pode ser nem paroquial, nem multiparoquial, nem diocesano, mas verdadeiramente urbano: deve ser um projeto da Igreja na cidade a serviço da vida da cidade no horizonte maior do Reino; (2) o plano de pastoral urbana deve estar integrado e ser coerente com o plano de ação evangelizadora e a pastoral da Igreja local, isto é, da diocese: cada cidade, dentro de uma Igreja local, não pode ter seu plano independente dos planos para outras cidades (e para a diocese toda) dentro da mesma Igreja local; a Igreja local, com plena participação das cidades nela existentes, precisa propiciar um plano de pastoral urbana em cada cidade e, por extensão, em outros espaços, sob a ótica da cultura urbana; (3) as estruturas da pastoral urbana não podem ser muitas nem muito poucas, e não precisam ser exatamente as mesmas em todas as cidades situadas numa Igreja local.

No que diz respeito à organização, três elementos parecem importantes: (1) instituir um Conselho Urbano de Pastoral, à semelhança do Conselho Diocesano, limitado, porém, à animação, reflexão, coordenação, acompanhamento e avaliação da ação evangelizadora e pastoral da Igreja na cidade; (2) distinguir ações de nível paroquial, urbano e diocesano; (3) "urbanizar"os serviços e as pastorais já existentes nas paróquias e comunidades, e eventualmente criar outras que forem absolutamente necessárias para a pastoral urbana.

Em relação aos agentes, há um particular que geralmente não é sequer nomeado quando se fala de evangelização da cidade: a presença espontânea, anônima, difusa e capilar dos leigos e leigas no tecido da cidade. Presença fundamental, que deve, entretanto, ser completada por aqueles e aquelas que explícita, formal e profissionalmente assumem a pastoral urbana: o bispo, os presbíteros, os diáconos, os leigos e as leigas engajados, os consagrados e as consagradas.

O suporte institucional será dado pelas estruturas paroquiais e pelas estruturas pastorais própria e tipicamente urbanas, com suas "redes" de grupos, serviços, pastorais, associações e movimentos, assumindo determinado "âmbito" da pastoral urbana, articulados pelo Conselho Urbano de Pastoral.

Se, de um lado, a pastoral urbana questiona a paróquia atual, de outro, oferece a oportunidade de a paróquia se renovar em três direções: concentrar-se no essencial, especializar-se num particular, transformar- -se em "comunidade de comunidades"... ou ceder seu lugar a "redes de comunidades" diretamente referenciadas à Igreja local. O futuro irá na direção em que o pudermos construir!

9. O ABSOLUTO
PRIMADO DAS PESSOAS

Mais importante, porém, que as estruturas, são as pessoas. Há um primazia das pessoas, não só teórica, mas, sobretudo, existencial e prática. A pastoral *stat aut cadit* ("fica de pé ou cai"), dependendo das pessoas e da relação entre as pessoas. A pastoral – mais ainda, a Igreja – tem sempre necessidade de conquistar e reconquistar as pessoas, criando laços antes de tudo afetivos.

As pessoas não podem ser reduzidas a função e a pura representação. Antes de ocuparem um lugar e de terem uma função, elas são alguém, um rosto outro, único, em relação ao qual eu também me defino, como outro, único. Funções são substituíveis, pessoas podem ser substituídas enquanto exercem uma função, mas não enquanto pessoas. Ninguém pode ser reduzido a portador de uma forma, a representante de uma instituição, ou, mesmo, de um valor. Somos mais que representantes. Somos nós mesmos. Pessoas não podem simplesmente ser colocadas diante de uma "instituição" objetiva que as transcende, mas, antes de tudo, numa relação interpessoal, só possível quando o "eu" e o "tu" aparecem em primeiro plano.

Infelizmente, muitas vezes, "se as pessoas dos pastores se anulam atrás do papel [da função], as pessoas do Povo de Deus se anulam atrás da observância".[1] A continuidade, a unidade e a operosidade da Igreja têm "leis e dogmas como instrumentos, mas não consistem na lei e no dogma, mas na fé e na comunhão de fé. E esta é constituída pelas pessoas na sua experiência pessoal e na comunhão interpessoal em que vivem. Este é o lugar em que age o Espírito, alma do corpo de Cristo [...]. O corpo de Cristo é criado pelo Espírito, que age no coração das pessoas. E serão

---

[1] DIANICH, *Teologia del ministero ordinato*, p. 279.

pessoas animadas pelo Espírito, irmãos entre irmãos, com toda a sua subjetividade, não tanto com normas, fórmulas, textos ou documentos, a agir para que a comunhão viva e prospere na fidelidade ao testemunho apostólico".[2]

As pessoas são mais e valem infinitamente mais do que aquilo que fazem e dos papéis que exercem. Importante não é aquilo que sublinha a diferença funcional e, aí, a superioridade, mas, ao contrário, "o que faz emergir a capacidade comunial, pois, só na comunhão real das pessoas, com toda a riqueza dos seus carismas e da sua liberdade",[3] o trabalho que temos que fazer efetivamente se realiza. A organização das estruturas eclesiais e eclesiásticas, por conseguinte, não pode ser pensada simplesmente em termos de eficiência; somente se pensadas respeitando o primado das pessoas, poderão também ter eficiência.

9.1. Descobrir e inventar relações

Se, para toda atividade evangelizadora e pastoral, deve-se ter em conta as relações que se estabelecem ou se devem estabelecer com as pessoas –, Jesus é mestre nisso também! – este princípio tem um significado especial na pastoral urbana.

9.1.1. "Acima de tudo, está o amor"

A pastoral é, antes de tudo, amar as pessoas. Sem amor, na pastoral, não há serviço evangélico, mas apenas poder meramente administrativo. Amar as pessoas significa arriscar algo de si por elas, aceitá-las como são, mas também chamá-las à responsabilidade, convidá-las a assumir alguma responsabilidade, sem jamais as privar de sua liberdade e imaginação. Pastoral e submissão passiva são coisas que não combinam. Amar as pessoas significa amar também sua vocação e seus carismas, reconhecendo nelas uma presença ativa de Deus.

---

[2]   Ibid.
[3]   Ibid.

É claro, porém, que amar as pessoas não quer dizer que *tudo mais é dispensável*. Amor às pessoas, cuidado com os vários campos da evangelização e organização não se opõem. Na verdade, temos que buscar uma articulação entre o amor às pessoas e "tudo o mais". O desafio é articular o amor, fundante, essencial, absolutamente necessário, com o bom senso, a firmeza e a flexibilidade, justamente para que o amor não seja um mero sentimento sem expressão prática... também evangelizadora e pastoral.

9.1.2. A tensão entre liberdade e institucionalização

Não se deve institucionalizar tudo. Sem dúvida, não se deve pedir aprovação prévia para toda iniciativa, nem reconhecer formalmente toda experiência, nem dar previamente "missão canônica" a toda pessoa que queira fazer algo na Igreja. Tais exigências, somadas à multiplicação de serviços, comissões e equipes muito formalizados, emperram ou atrasam a ação evangelizadora. Nossa pastoral merece a crítica que se lhe faz de crescente e excessiva burocratização.[4]

Ao mesmo tempo, porém, não se pode abrir mão da coerência no trabalho pastoral das comissões (serviços em todos os níveis da Igreja, mas, sobretudo, diocesanos), que assumem aspectos importantes da ação evangelizadora e colocam sua competência técnica – às vezes, porém, deixando muito a desejar – à disposição de todos e em vista da animação do conjunto. Se, em alguns lugares, há serenidade e respeito nas relações entre as diversas forças eclesiais, em outras, há desmedidas tensões, cada um lutando por sua autonomia. Se, por um lado, paróquias e comunidades não podem se encapsular – em nome da "nossa realidade", da legítima autonomia e da liberdade – definindo tudo a partir de si mesmas e de seus meios, por outro lado, os serviços dos níveis "superiores" devem também ajudar a perceber o sentido de sua intervenção, que não tem só um caráter técnico, mas também e principalmente eclesial.

---

4   Cf. COMBLIN, *Teologia da cidade*; COMBLIN, *Viver na cidade*; COMBLIN, *Desafios aos cristãos do século XXI*.

9.1.3. Pastoral não é só pedagogia

A pastoral supõe que sejamos educadores. Há, certamente, uma dimensão de pedagogia na relação pastoral, o que se manifesta, sobretudo, na catequese infantil, na iniciação de jovens e adultos, na preparação aos sacramentos e em outros âmbitos e momentos da pastoral, implicando escuta, intervenções sábias e a consciência de que a evolução é normalmente lenta e progressiva. Se *natura non facit saltum* ("a natureza não dá saltos"), não é por ser pessoa que o ser humano normalmente o faça, submetido que está ele também a precisas leis de evolução, que, claro, a consciência e a liberdade sempre podem "saltar" ou "fazer saltar".

Em todo caso, pastoral e pedagogia não são a mesma coisa, a menos que se queira tomar o caminho simplista e fácil do reducionismo. A relação pastoral não se limita à forma interpessoal para a qual tende a relação tipicamente pedagógica. Mais ainda: a pastoral não consiste apenas em explicar o sentido de certas maneiras de fazer ou em sugerir esta ou aquela tarefa; ela procura articular e manter unidos diversos parâmetros que caracterizam a vida, a missão e a atuação de uma comunidade eclesial.

9.1.4. Indivíduo ou massa? Ouvir ou falar?

Na ação pastoral, o essencial é escutar. Na evangelização e na pastoral, a escuta é essencial, mas não termina em si – nem é finalidade em si mesma –, pois se conjuga com a predisposição a anunciar. Quem procura o "agente pastoral" geralmente o procura porque precisa ser ouvido, é claro; mas, no decorrer da conversa ou das conversas, outros desejos podem emergir, que também devem ser tidos em conta e eventualmente valorizados, servindo, quem sabe, de "gancho" para o encontro entre o que o indivíduo busca e o que a comunidade eclesial lhe pode oferecer e que supera suas necessidades correntes e seus desejos pontuais. O escutar é fundamental, mas o falar também tem que ter seu lugar garantido, com o respeito e a fineza a que o outro tem direito. *Il ne m'a pas été demandé de vous le faire croire, mais de vous le dire* ("não me foi pedido para que vos fizesse crer, mas sim para vos dizer"), argumenta Bernadette Soubirous ao Pe. Pyramale a propósito da capela que a "mulher da gruta" pedia fosse levantada no local onde aparecia.

São muitos os que pensam que *não vale a pena "perder" tempo acompanhando poucas pessoas*: isso não vai mudar nada e nem há garantia de que elas continuem! É sabido que muitos agentes estão sobrecarregados: a personalização da pastoral e sua diversificação exigem múltiplas atividades e um sem-número de reuniões, que consomem realmente muito tempo dos agentes. Diante disso, uma atitude básica é não querer "fazer tudo" e, sobretudo, não fazer "tudo sozinho". Os bons pastores sabem que, quando se perde tempo para envolver pessoas nos trabalhos de evangelização, multiplica-se o tempo!

Além disso, o trabalho pastoral exige também que se invista tempo na oração pessoal, na reflexão, num sadio cuidado de si mesmo. Isso não é tempo perdido, pois é justamente este tipo de investimento temporal que dá sentido e energia aos encontros, às reuniões, aos diálogos e às atividades que fazem a trama do tecido pastoral.

9.1.5. Tempo para os outros e tempo para si

"Vamos a um lugar deserto", diz Jesus depois de dias de atuação maciça, massiva e extenuante. Não é demais insistir que *os responsáveis pastorais não podem cair nas garras do ativismo, da ansiedade e da impaciência*. A atitude contrária, porém, é igualmente nociva à evangelização: "devemos entregar tudo nas mãos de Deus", enquanto as nossas ficam ociosas e vazias; "se Deus já salvou o mundo, para que agitar-se tanto?"... Entre a correria ansiosa e a calmaria apática, será que não existe espaço para um ritmo adequado a cada um, ao tempo do Evangelho, e aos tempos de Deus?

Por isso, articular o pontual com o global, o transitório com o permanente, o "insignificante" com o significativo, é necessário, embora nem sempre seja fácil perceber como realizá-lo na prática.

9.1.6. Unidade e pluralidade

Finalmente, *compatibilizar o conjunto e o ministério da unidade (na diocese, em nível de cidade e nas paróquias)*[5] *com a diversidade e a "livre iniciativa" pessoal e comunitária* exige mais do que sabedoria ou bom senso. Exige fé teologal, sentido de Igreja e humildade. Duas coisas parecem verdade neste contexto: a constatação de que há certo "liberalismo pastoral" em certas "bases" (e cúpulas), de um lado, e resquícios de não menos frustrantes "centralismos" e "autoritarismos" de cúpula (e de base), de outro.

É evidente que a multiplicação de iniciativas, a diversificação da pastoral, a "complexificação" da ação evangelizadora trazem consigo o desabrochar de iniciativas locais e certa dessacralização da figura dos responsáveis, sobretudo padres e bispos. Por outro lado, a diocese e, no seu nível, a paróquia não podem renunciar à sua função – exercida concretamente pelo bispo e pelos padres – de zelar pela articulação entre as diversas instâncias e atividades, e pela unidade da ação evangelizadora.

Aqui, vale a pena lembrar – em nome do clássico adágio *lex orandi, lex credendi, lex agendi* ("lei do orar, lei do crer, lei do agir") – o princípio litúrgico de que "todos são responsáveis por tudo, mas não ao mesmo título nem do mesmo modo".[6] Todos são, de fato, responsáveis por tudo, em ordem à vida e à missão da Igreja, em nome da condição cristã comum a todos, dada pelo batismo. Mas não o são ao mesmo título, porque a condição cristã não vem pura e sem ulterior determinação: "A cada um é dada uma manifestação do Espírito para utilidade comum" (1Cor 12,7). A condição cristã comum a todos é enriquecida por elementos que são próprios a cada um: a história pessoal, as cir-

---

[5] "A figura 'comunial' do ministério ordenado significa que há necessidade de presbíteros que saibam apaixonar as pessoas para um caminho comum pelo Evangelho, que saibam encarná-lo dentro da sua história, que saibam abrir espaço a outras figuras, para que sejam protagonistas da missão e do testemunho. Sem um repensamento radical da figura do ministério, não emergirá a figura laical, com uma própria subjetividade para as formas mais diversificadas de apostolado" (BRAMBILLA, La parrocchia del futuro, p. 571).

[6] "Nas celebrações litúrgicas, seja quem for, ministro ou fiel, exercendo o seu ofício, faça tudo e só aquilo que pela natureza da coisa ou pelas normas litúrgicas lhe compete" (SC, n. 28; cf. n. 26).

cunstâncias de tempo e espaço em que cada um vive, as vantagens e os *handicaps* que cada um carrega consigo, chão pessoal onde o Espírito lança o seu carisma, *gratia gratis data* ("graça dada gratuitamente"), como ensinou Santo Tomás. O entrelaçamento desses elementos, de um lado, comuns, de outro, absolutamente pessoais, com as necessidades da Igreja, sejam permanentes, sejam contextualizadas, vai dar origem a funções ou atividades diferentes, que cada um assumirá e desempenhará em modalidades próprias a cada um.

Nesta sinfonia, bispo e presbítero têm uma função de síntese, que não é, em princípio e *ex officio* ("em razão da função"), do catequista, nem do militante social, nem do movimento X ou Y, ainda que todos devam visar à unidade e buscá-la. Ministros da unidade e coordenadores da ação evangelizadora deverão, em consequência, desenvolver atitudes de articulação e arbitragem que ajudem na construção de consensos. Aliás, nossas Igrejas precisariam mesmo "formar" pessoas com estas habilidades. Essas pessoas (esses "profissionais") – "negociadores" eclesiais? – deveriam receber de nossas Igrejas reconhecimento de seu carisma, incentivo, apoio, confiança, formação adequada para isso e... legítima autonomia de ação, pois negociação é diálogo, ceder aqui para ganhar ali, respeito e integração do diferente, acordos que não expressam o melhor, mas o possível naquela circunstância e com aquelas pessoas etc.

A busca de unidade passa pela elaboração, acolhida e execução de orientações pastorais comuns. É legítimo, necessário e aconselhável que essas orientações sejam construídas por todos, através de processos abertos, respeitosos das diferenças, sem perder de vista a unidade. Nesse contexto, é bom lembrar que diretrizes gerais pouco claras ou por demais abstratas não só não facilitam o consenso, mas podem paralisar a ação, não acrescentando nada à cultura comum indispensável ao trabalho. A opção por esse tipo de consenso parece ótima, mas é péssima. É absolutamente necessário ter orientações comuns, que indiquem eixos e, às vezes, até mesmo pistas concretas, por onde avançar e para se poder avançar, deixando a critério, digamos, das "bases" a tarefa também árdua de avaliar e de decidir como adaptá-las e realizá-las em seu espaço concreto.

A acolhida das decisões comuns também exige tempo, abertura aos outros, busca ativa da comunhão, pois a diretriz comum não representa a vontade de cada um, mas o consenso de todos ou, ao menos, da maioria, e, em todo consenso, para haver ganhos e avanços, é preciso encarar perdas e recuos pessoais. A execução deverá estar atenta às diretrizes comuns e, ao mesmo tempo, às características, necessidades e possibilidades locais, não se podendo, em princípio, sacrificar nem a instância da comunhão nem a instância da individualidade.[7]

9.2. Converter-se e deixar-se converter

O *Documento de Aparecida* é incisivo e insistente: a Igreja deve passar por profunda, intensa e extensa "conversão pastoral" para poder responder aos enormes desafios de sua vida e missão nestes inícios do terceiro milênio. Entre esses desafios, estão o mundo urbano, a sua evangelização, a pastoral urbana.

Que fale Aparecida, onde os apóstolos de hoje, com sinceridade e serenidade, procuraram ser fiéis ao Evangelho e aos sinais dos tempos, e estar à altura dos apóstolos da primeira e normativa hora. Que falem os apóstolos pela boca dos bispos da V Conferência, como, a seu tempo, falou Pedro pela boca de Leão Magno (440-461).[8]

"Conversão pastoral e renovação missionária das comunidades" (DAp, 7.2).

Os bispos estão nos convocando a uma profunda revisão de nossas prioridades eclesiais, projetos evangelizadores, atividades pastorais, maneira de levar adiante a vida e a missão da Igreja. Estamos voltados muito para nós mesmos, para a vida interna da Igreja, para o grande pequeno mundo de nossas paróquias, comunidades, pastorais, movimen-

---

[7] Para esta seção, cf. especialmente THOMAS, *Dynamiques pastorales*, pp. 215-227.

[8] No Concílio de Calcedônia (451), o *Tomo* (Carta 28) de Leão I ao Bispo Flaviano, desconsiderado pelo Concílio de Éfeso de 449, também conhecido como "latrocínio de Éfeso", "foi recebido com respeito e aprovado como padrão de ortodoxia e manifestação da 'voz de Pedro'! 'Pedro fala pela boca de Leão' foi uma das dezessete aprovações unânimes registradas nas minutas do concílio" (MCBRIEN, *Os papas*, p. 80).

tos. Precisamos de um choque de missão, de um empurrão para dentro dos problemas das pessoas e do mundo, em nome de Jesus e na força do Espírito, diferentemente enviados pelo Pai, para a vida das pessoas e do mundo. Conversão pastoral, evidentemente, não dispensa, ao contrário supõe, conversão pessoal. Esta, sem dúvida, é a mais importante, sempre necessária e, sem ela, não há nem pastoral nem missão. Aqui, porém, a questão é outra.

"Os bispos, sacerdotes, diáconos permanentes, consagrados e consagradas, leigos e leigas, são chamados a assumir uma atitude de permanente conversão pastoral, que envolve escutar com atenção e discernir 'o que o Espírito está dizendo às Igrejas' (Ap 2,29) através dos sinais dos tempos, nos quais Deus se manifesta" (DAp, n. 380).

Conversão é ato e ao mesmo tempo processo. O ato da conversão de Paulo, no caminho de Damasco, inaugurou uma caminhada que durou a vida toda. Assim a conversão pastoral. Tem um momento de *insight*, de intuição, de tomada de decisão, de mudança de consciência. Momento privilegiado de encontro com Deus. É também, todavia, para o *homo viator* ("o ser humano a caminho"), atitude permanente; ao pé da letra, "atitude de permanente conversão pastoral". Hoje – cada hoje da vida e da história – é tempo de graça, hoje é dia de salvação (cf. 2Cor 6,2), hoje é dia de partir, como se fosse ainda o começo de tudo.

"A conversão dos pastores nos leva também a viver e promover uma espiritualidade de comunhão e participação, 'propondo-a como princípio educativo em todos os lugares onde se forma o homem e o cristão, onde se educam os ministros do altar, as pessoas consagradas e os agentes pastorais, onde se constroem as famílias e as comunidades' (NMI, n. 43)" (DAp, n. 382).

Espiritualidade é espírito. É o Espírito de Deus em nós e do nosso espírito em Deus. Espírito que cria, vivifica, queima, ilumina, atrai, move. O Espírito habita na Igreja e nos corações dos fiéis, como num templo. Neles, ora e dá testemunho de que são filhos adotivos. Leva a Igreja ao conhecimento da verdade total. Unifica-a na comunhão e no ministério, dota-a com diversos dons hierárquicos e carismáticos, com os quais a dirige e embeleza. Com a força do Evangelho, faz rejuvenescer a Igreja, renova-a continuamente e eleva-a à união consumada com o seu Esposo (cf. LG, n. 4). É o Espírito que suscita e sustenta a fé, que abre caminhos para a esperança, que desata a criatividade da caridade. Uma espiritualidade de comunhão brota de Deus, nos envolve nele e nos leva para ele. Que, sendo Amor, só pode ser um (o amor une); que, sendo amor, só pode ser três (quem ama, quem é amado, e o amor que circula entre os dois). Uma espiritualidade de comunhão nos leva aos irmãos e irmãs, gerando todas aquelas atitudes próprias do amor (cf. 1Cor 13,1-13). Comunhão que é unidade, mas não uniformidade e nivelamento; comunhão que é união de diferentes, jamais oposição e separação; que suscita participação e, mais ainda, corresponsabilidade.

"A conversão pastoral requer que a Igreja se constitua em comunidades de discípulos missionários ao redor de Jesus Cristo, Mestre e Pastor" (DAp, n. 382).

O centro da Igreja não é uma ideia, uma doutrina, uma ética, uma disciplina, uma ideologia, uma agenda de trabalho. O centro da Igreja é uma pessoa, a de Jesus, o Filho, que, no Espírito, nos faz filhos e filhas do Pai. O centro da Igreja, que nasceu do conjunto da história de Jesus em nossa história, é o Mestre, que, hoje como outrora, chama livre e gratuitamente discípulos e discípulas. O centro da Igreja é o Pastor, que conhece cada ovelha por nome, que cura a ferida e levanta a fraca, que vai atrás da ovelha perdida, que de tal modo se identificou conosco que se tornou o Cordeiro de Deus que tira o pecado do mundo. Os discípulos seguem o Mestre; o Pastor segue as ovelhas. A mística une os discípulos ao Mestre; a misericórdia une o Pastor às ovelhas. Discípulos e ovelhas que, ao redor de Jesus e em Jesus, se tornam comunidade, se multiplicam em comunidades, comunidades de discípulos missionários. O verdadeiro discípulo não pode não ser missionário; o autêntico missionário é, primeiro e sempre, discípulo.

"A conversão pastoral de nossas comunidades exige que se vá além de uma pastoral de mera conservação para uma pastoral decididamente missionária" (DAp, n. 384).

Conservação só é boa quando casada com renovação. É preciso sempre renovar para ser fiel ao que se deve conservar: o Evangelho, a fé, a esperança, a caridade, a comunhão, a missão. A missão, que está na origem da Igreja, tem que impregnar toda a sua vida e todas as suas estruturas, para que ela seja sempre a mesma e sempre outra. A missão, que atraiu discípulos, precisa, pela força do Espírito, contagiar cada um dos membros do Corpo de Cristo, para que o testemunho de Jesus chegue aos últimos confins da terra e às profundezas de cada coração, de cada grupo, de toda a humanidade, para que todos tenham vida, e vida em plenitude (cf. Jo 10,10).

9.3. O absoluto primado do Espírito Santo

A percepção existencial e a prática real do primado das pessoas repousa sobre a liberalidade do Espírito e a liberdade das pessoas. Por isso, no Creio, o confessamos "Senhor e fonte de vida", e, no *Veni Creator*, "Espírito Criador", "fonte viva", "caridade que inflama", e lhe pedimos: "Ilumina, vivifica as mentes, nos corações infunde a vontade de amar". Num texto inspirado, o metropolita Ignatios de Lattaquié nos convida a reconhecer a prioridade do Espírito – o único a garantir o primado das pessoas – como princípio vital da Igreja:

"Sem o Espírito Santo, Deus está longe,
Cristo fica no passado,
o Evangelho é letra morta,
a Igreja não passa de mera organização,
a autoridade se converte em domínio,
a missão, em propaganda,
o culto, em evocação,
e os deveres dos cristãos, em moral própria de escravos.
Porém, nele, o cosmo se desperta e
geme na infância do Reino,
Cristo ressuscitou,
o Evangelho aparece como potência de vida,

a Igreja, como comunhão trinitária,
a autoridade é um serviço libertador,
a missão, um Pentecostes,
a liturgia, memorial e antecipação,
a ação humana, algo divino".[9]

Nona conclusão parcial

A pastoral parece se esgotar em estruturas, organizações, ações e agentes, quando, na verdade, em última análise, é questão de pessoas. Pessoas são os que, crendo, acolhem a Palavra – que é uma Pessoa – e, vivendo, a testemunham, condição sem a qual nem o anúncio nem a celebração nem a própria caridade têm sentido. O coração da Igreja são as pessoas, as divinas Três, que a criam [a Igreja], as milhões de humanas, que a compõem. O que são as comunidades, os grupos, os serviços, as pastorais, as associações, os movimentos, os conselhos, as assembleias, senão pessoas, buscando, acolhendo, respondendo, interagindo, plane- jando, criando, propondo, fazendo, avaliando, planejando, começando tudo de novo, não terminando nunca?

Com a pastoral urbana, não é diferente. A pastoral urbana fica de pé ou cai, dependendo das pessoas. As pessoas são sua razão de ser, seu princípio, seu meio, seu fim. O primado cabe às "pessoas": numa ponta, ao Espírito, que é a porta pela qual Deus sai de si e vem a nós, e pela qual nós saímos de nós e vamos a ele; na outra, aos seres humanos, ci- dadãos e cidadãs da cidade, especialmente os mais amados de Deus – os pequenos, os pobres, os pecadores – e aos membros e agentes da Igreja, cujo primado será tanto maior quanto mais forem capazes de servir: "Aquele que quiser ser o primeiro seja servo de todos"!

Estruturas são importantes e necessárias, mas a estrutura absoluta- mente indispensável e insuperável e insubstituível é o ser humano, criado à imagem e semelhança de Deus, criado homem e mulher, chamado a

---

[9] *Informe de Upsala 1968*. Genebra: Conselho Mundial das Igrejas, 1969. p. 297, citado por SUENENS, *Un nuevo Pentecostés?*, p. 30.

personalizar-se na comunhão com Deus e com os irmãos, encontrando no amor dado e recebido – pura graça! – a sua plena realização.

As cidades são vistas como lugares em que a massa sufoca o povo, e o indivíduo se sente impotente para se tornar povo, também porque não consegue ser ele mesmo, ter estável identidade própria, encontrar um espaço digno onde ser e expandir sua divina natureza humana. A pastoral urbana, em definitivo, só terá sentido se for capaz de entrar na casa dos homens e das mulheres urbanas, estender-lhes as mãos, levantá-los, para que a febre passe, e os homens e as mulheres da cidade comecem a servir. O milagre da cura da sogra de Pedro, um milagre humilde, simples, escondido, abre o Evangelho de Marcos, que se fecha com a viúva pobre, que, dando duas moedas, deu tudo o que tinha. Essas duas mulheres, a primeira pondo-se a servir, a última dando tudo o que tinha, são, sem abrir a boca, as duas primeiras escribas do Evangelho. Bem que poderiam simbolizar a pastoral urbana, que, como diz sábio ditado judaico, deve "fazer muito, falar pouco e ser afável com todos".

Conclusão

A Conferência de Aparecida lança uma luz de valor inestimável sobre a pastoral urbana. Sob a égide da "conversão pastoral e renovação missionária das comunidades" (DAp, 7.2), alinha as *atitudes pastorais* que as comunidades – entre elas, a paróquia – devem assumir para efetivar essa virada pastoral e missionária.

Primeira: o despertar missionário deve colocar a Igreja "em estado permanente de missão" (DAp, n. 551).

Segunda: "esta firme decisão missionária deve impregnar todas as estruturas eclesiais e todos os planos pastorais de dioceses, paróquias, comunidades religiosas, movimentos e de qualquer instituição da Igreja. Nenhuma comunidade deve isentar-se de entrar decididamente, com todas as forças, nos processos constantes de renovação missionária e de abandonar as ultrapassadas estruturas que já não favoreçam a transmissão da fé" (DAp, n. 365).

Terceira: "a conversão pastoral de nossas comunidades exige que se vá além de uma pastoral de mera conservação para uma pastoral decididamente missionária. Assim será possível que 'o único programa do Evangelho continue introduzindo-se na história de cada comunidade eclesial' (NMI, n. 12) com novo ardor missionário, fazendo com que a Igreja se manifeste como mãe que vai ao encontro, uma casa acolhedora, uma escola permanente de comunhão missionária" (DAp, n. 370).

Em poucas palavras: toda comunidade e a comunidade toda são chamadas a se colocar em estado permanente de missão, o que exige uma radical conversão pastoral e uma decidida renovação missionária, e, consequentemente, a passagem de uma pastoral de manutenção a uma pastoral decididamente missionária. O que vale para toda pastoral vale especialmente para a pastoral urbana, radical e necessariamente missionária!

Não estamos começando em matéria de pastoral urbana. Há algumas experiências em curso e pertinentes reflexões sobre ela. A CNBB realizou, por anos, seminários nacionais ricos e estimulantes – coordenados pelo inesquecível Pe. Alberto Antoniazzi – sobre este assunto, que seria oportuno resgatar.[1]

Modelos acabados de pastoral urbana não há, mas algumas referências – que podemos encontrar em cidades como São Paulo (SP),[2] Campinas (SP), Belo Horizonte (MG), por exemplo – são muito válidas e valeria a pena conhecê-las melhor. Não para copiá-las ou transplantá-las. Com certeza, para nos convencer de que pastoral urbana é possível, desejável, urgente e pode ser bem feita e exitosa, quando se investe – com o coração e a mente, com todas as forças e meios adequados – nas pessoas, e, a partir delas, nas ações, nas estruturas, nos agentes, nos planos, nos projetos. Como nos ensinou um dos maiores evangelizadores modernos, Inácio de Loyola: "Devemos fazer tudo como se tudo dependesse de nós; confiar totalmente em Deus como se tudo dependesse dele"! De fato, é a graça que toca o nosso coração, ilumina a nossa mente, desata nossas energias, disponibiliza os meios, abre as mãos ressequidas e destrava as pernas paralíticas, levando nossos pés ao encontro do outro, na cidade, que é a sua vida, vida que Deus quer digna, livre, feliz: "Eu vim para que todos tenham vida, e vida em plenitude" (Jo 10,10).

É hora de passar da reflexão à ação para, no processo e depois dele, voltar à nova reflexão. Não se devem esperar reflexões completas, acabadas, perfeitas para agir. (Se fosse assim, nunca publicaria este livro.) Nem se deve agir às cegas, por algum impulso generoso, mas, às vezes, pouco lúcido e fundamentado. Ação e reflexão, como aprendemos nos velhos tempos, têm que andar juntas, alimentar-se reciprocamente, criticar-se oportunamente, estar permanentemente abertas ao novo, incluindo, se necessário, até mudanças de rumo, de estratégias e de táticas.

---

[1] Cf. ANTONIAZZI; CALIMAN (eds.), *A presença da Igreja na cidade*.

[2] Cf. N. DE SOUZA, Catolicismo e a expansão da cidade de São Paulo (1970-1980). In: SOARES; PASSOS (eds.), *A fé na metrópole*, pp. 117-146.

Não pretendi traçar um caminho para a pastoral urbana, mas simplesmente indicar algumas pistas. O caminho, na verdade, terá que ser buscado a caminho e com todos os participantes da caminhada. Como diz o poeta sevilhano Antonio Machado (1875-1939), "caminante, son tus huellas el camino y nada más; caminante, no hay camino, se hace camino al andar. Al andar se hace camino, y al volver la vista atrás se ve la senda que nunca se ha de volver a pisar. Caminante, no hay camino, sino estelas en la mar".[3]

Pe. Antonio José de Almeida – Diocese de Apucarana (PR)
e-mail: ajacatedral@uol.com.br

---

[3] "Caminhante, são teus rastos o caminho, e nada mais; caminhante, não há caminho, faz-se caminho ao andar. Ao andar faz-se o caminho, e ao olhar-se para trás vê-se a senda que jamais se há de voltar a pisar. Caminhante, não há caminho, somente sulcos no mar" (MACHADO, *Antologia poética*).

REFERÊNCIAS BIBLIOGRÁFICAS

Fontes

1) Concílio de Trento

SCHROEDER, H. J. *Disciplinary Decrees of the General Councils*. Saint Louis/London: Herder, 1937.

_____. *Canons and Decrees of the Council of Trent*; original Text with English Translation. Saint Louis/London: Herder, 1950.

2) Concílio Vaticano II

KLOPPENBURG, B. (ed.). *Compêndio do Vaticano II*; constituições, decretos, declarações. Petrópolis: Vozes, 1968.

Documentos do Concílio Ecumênico Vaticano II. São Paulo: Paulus, 1997.

3) Magistério pontifício

PIO V. *Catechismus ex decreto Concilii Tridentini ad Parochos Pii Quinti Pont. Max. iussu editus ad editionem Romae A. D. MDCLVI publici iuris factam accuratissime expressus*. Petrópolis: Vozes, 1951.

PIO IX. *Encíclica Quanta Cura (Syllabus)*, 12/08/1864.

PIO X. *Vehementer nos*. In: AAS 39 (1906), 11/02/1906.

JOÃO XXIII. *Gaudet Mater Ecclesia*. In: AAS 54 (1962), pp. 785-795.

PAULO VI. *Exortação Apostólica Evangelii nuntiandi sobre a evangelização no mundo de hoje*. In: AAS 68 (1976).

PAULO VI. Discorso nel venticinquesimo anniversario della Provida Mater. In: *Insegnamenti di Paolo VI*, vol. X, 1972, pp. 102ss.

JOÃO PAULO II. *Exortação Apostólica Catechesi tradendae*. In: AAS 71 (1979).

_____. *Exortação Apostólica Christifideles laici*. In: AAS 81 (1989) sobre a vocação e missão dos leigos na Igreja e no mundo. 6. ed. São Paulo: Paulinas, 1990.

_____. *Encíclica Redemptoris Missio*. In: AAS 83 (1991), pp. 249-340.

_____. *Exortação Apostólica Pastores dabo vobis*. In: AAS 84 (1992).

_____. *Carta Apostólica Dies Domini*. In: AAS 90 (1998).

_____. *Exortação Apostólica Ecclesia in America*. In: AAS 91 (1999).

CONGREGAÇÃO PARA A DOUTRINA DA FÉ. *Communionis Notio*; de aliquibus aspectibus Ecclesiae prout est communio, 28/05/1992. In: EV 13, pp. 1.774-1.807.

4) Magistério episcopal

a) Continental

II CONFERÊNCIA GERAL DO EPISCOPADO LATINO-AMERICANO. *A Igreja na atual transformação da América Latina à luz do Concílio*. 4. ed. Petrópolis: Vozes, 1971.

III CONFERÊNCIA GERAL DO EPISCOPADO LATINO-AMERICANO. *A evangelização no presente e no futuro da América Latina*; texto oficial da CNBB. 6. ed. Petrópolis: Vozes, 1985.

IV CONFERÊNCIA GERAL DO EPISCOPADO LATINO-AMERICANO. *Nova evangelização, promoção humana e cultura cristã*. São Paulo: Loyola, 1992.

V CONFERÊNCIA GERAL DO EPISCOPADO LATINO-AMERICANO E DO CARIBE. Brasília/São Paulo: CNBB/Paulus/Paulinas, 2007.

b) Nacional

CONFERÊNCIA EPISCOPAL ESPANHOLA, COMISSÃO EPISCOPAL PARA A DOUTRINA DA FÉ. Nota doctrinal sobre usos inadecuados de la expresión modelos de Iglesia. In: *Fe y moral*; documentos publicados de 1974 a 1993. Madrid: Conferencia Episcopal Española, 1993. pp. 135-145.

CONFÉRENCE ÉPISCOPALE FRANÇAISE. *Tous responsables dans l'Église?* Le ministère presbytéral dans l'Église tout entière ministérielle. Lourdes/Paris: Le Centurion, 1973.

CONFERÊNCIA EPISCOPAL ITALIANA (CEI). *"Rigenerati per una speranza viva" (1Pt 1,3)*; testimoni del grande "sì" di Dio all'uomo 23-26.

CONFERÊNCIA NACIONAL DOS BISPOS DO BRASIL (CNBB). *Plano de Pastoral de Conjunto. 1966-1970*. Rio de Janeiro: Livraria Dom Bosco Editora, 1966.

_____. *Vida e ministério do presbítero*; Pastoral Vocacional. São Paulo: Paulinas, 1981.

_____. *Catequese Renovada*; orientações e conteúdo. São Paulo: Paulinas, 1983.

_____. *Para onde vai a cultura brasileira?* São Paulo: Paulinas, 1990. (Coleções Estudos da CNBB, n. 58).

_____. *É hora de mudança*; planejamento pastoral dentro do projeto Rumo ao Novo Milênio. São Paulo: Paulus, 1998.

_____. *Missão e ministérios dos cristãos leigos e leigas.* Paulinas: São Paulo, 1999.

_____. *Plano de Emergência para a Igreja do Brasil.* 2. ed. São Paulo: Paulinas, 2004. (Cadernos da CNBB, n. 1, 1963).

_____. *Leigos e participação na Igreja*; reflexão sobre a caminhada da Igreja no Brasil. São Paulo: Edições Paulinas, 1986. (Coleção Estudos da CNBB, n. 45).

_____. *Os leigos na Igreja e no mundo.* São Paulo: Paulus, 1987. (Coleção Estudos da CNBB, n. 47).

c) Individual

MARTINI, C. M. Conduzione pastorale unitaria nelle città diverse da Milano aventi più parrocchie. *Rivista Diocesana Milanese* 79 (1988), pp. 537-540.

_____. Il Concilio è sempre e ancora davanti a noi. *Jesus* 15 (1993/2).

MINCUZZI, M. *Parla al mio popolo.* Lecce: Edizioni Rosso di Sera, 1986.

_____. *Servi di tutti schiavi di nessuno*; le pastorali della Messa Crismale (1981-1988). Lecce: Capone, 1989.

SUHARD, E. C. *Essor ou déclin de l'Église (Lettre Pastorale. Carême de l'an de Grace).* Paris: A. Lahure, 1947.

Bibliografia

ACTA Synodalia Sacrosancti Concilii Oecumenici Vaticani II. Vaticano: Typis Poliglottis Vaticanis, 1971ss.

AA.VV. *Código de Derecho Canónico y legislación complementaria*; texto latino y versión castellana, con jurisprudencia y comentarios. Madrid: BAC, 1951.

AA.VV. *Chiesa e parrocchia.* Torino: LDC, 1989.

ADOLFS, R. *Igreja, túmulo de Deus?* Rio de Janeiro: Paz e Terra, 1968.

AGUILAR, J. C. *Conquista espiritual*; a história da evangelização na Província Guairá na obra de Antônio Ruiz de Montoya, S. I. (1585-1652). Roma: Editrice Pontificia Università Gregoriana, 2002.

AGUIRRE, R. *Del movimiento de Jesús a la Iglesia cristiana*; ensayo de exégesis sociológica del cristianismo primitivo. Estella: Verbo Divino, 2001.

_____. *Ensayo sobre los orígenes del cristianismo*; de la religión política de Jesús a la religión doméstica de Pablo. Estella: Verbo Divino, 2001.

ALBERIGO, G. (ed.). *História dos concílios ecumênicos*. São Paulo: Paulus, 1995.

ALDAZÁBAL, J. *A Eucaristia*. Petrópolis: Vozes, 2002.

ALMEIDA, A. J. de. *Os ministérios não-ordenados na Igreja latino-americana*. São Paulo: Loyola, 1989.

_____. *Teologia dos ministérios não-ordenados na Igreja da América Latina*. São Paulo: Loyola, 1989.

_____. *Igrejas locais e colegialidade episcopal*. São Paulo: Paulus, 2001.

_____. *Lumen gentium*; a transição necessária. São Paulo: Paulus, 2005.

_____. *Sois um em Cristo Jesus*. São Paulo: Paulinas, 2009.

ANTÓN, A. Lo sviluppo della dottrina sulla Chiesa nella teologia dal Vaticano I al Vaticano II. In: FACOLTÀ TEOLOGICA INTERREGIONALE MILANO. *L'ecclesiologia dal Vaticano I al Vaticano II*. Milano: Editrice La Scuola, 1973.

ANTONIAZZI, A.; CALIMAN, C. (eds.). *A presença da Igreja na cidade*. Petrópolis: Vozes, 1994.

ARNOLD, F. X. (ed.). *Handbuch der Pastoraltheologie*. Wien: s.n., 1964s.

ARNS, P. E. (ed.). *Cartas de Santo Inácio de Antioquia*. 2. ed. Petrópolis: Vozes, 1978.

AUGSTEN, S. Der restaurative Charakter der kirchlichen Arbeit seit 1945. *LS* 2 (1951), pp. 14-24.

AZEVEDO, M. C. Dinâmicas atuais da cultura brasileira. In: CNBB. *Para onde vai a cultura brasileira?* São Paulo: Paulinas, 1990 (Coleções Estudos da CNBB, n. 58).

BANKS, R. *Paul's Idea of Community*. Exeter: Paternoster, 1990.

BARDY, G. *La conversion au christianisme durant les premiers siècles*. Paris: Aubier, 1947.

BASTIAENSEN, A. A. R. (ed.). Atti di Giustino. In: *Atti e passioni dei martiri*. Milano: Mondadori, 1995.

BEAUDUIN, L. L'esprit paroissial autrefois et aujourd'hui. *Questions de Liturgie* 2 (1911/2).

BENZ, F. Die neue französischen Seelsorgemethoden und ihre Bedeutung für Deutschland. *ThQ* 12 (1951).

_____. *Missionarische Seelsorge*; die missionarische Seelsorgebewegung in Frankreich und ihre Bedeutung für Deutschland. Freiburg im Breisgau: Herder, 1958.

BERNSTEIN, R. (ed.). Habermas y la Modernidad. Madrid: Ediciones Cátedra, 1988.

_____. *El discurso filosófico de la Modernidad*. Madrid: Taurus, 1989.

BESEN, J. A. A missão cristã e a plantação da Igreja. *Jornal da Arquidiocese de Florianópolis*, outubro de 2005.

BIHLMEYER, K.; TUECHLE, H. *Storia della Chiesa*; v. 1: L'antichità cristiana; v. 2: Il Medioevo. Brescia: Morcelliana, 1969.

BO, V. *La parrocchia tra passato e futuro*. Assisi: Cittadella, 1977.

_____. *Chiesa e parrocchia*. Torino: LDC, 1989.

_____. *Scommessa sulla parrocchia*. Milano: Ancora, 1989.

_____. *Storia della parrocchia*; v. 1: secoli IV-V. I secoli delle origini; v. 2: secoli VI-XI. I secoli dell'infanzia. Roma: EDB, 1992.

BO, V.; DIANICH, S.; CARDAROPOLI, G. *Parrocchia e pastorale parrocchiale*. Bologna: EDB, 1986.

BOFF, C.; BOFF, L. *Como fazer teologia da libertação*. Petrópolis: Vozes, 1980.

_____. L. Igreja, Reino de Deus, CEBs. In: BEOZZO, J. O. (ed.). *Curso de Verão*; ano II, Cesep. São Paulo: Paulinas, 1988.

BORRAS, A. *La parrocchia*; diritto canonico e prospettive pastorali. Bologna: EDB, 1997.

BOULARD, F. *Problèmes missionnaires de la France rurale*. Paris: Cerf, 1945.

_____. *Paroisse, chrétienté communautaire et missionnaire*. Congrès National de Besançon: s.n., 1946.

_____. Exigences sociologiques. In: *Pastorale, oeuvre commune*. Congrès National Versailles: Paris, 1956.

_____. Iniziative e movimenti attuali della pastorale d'insieme. In: *La pastorale oggi*; atti del I Congresso Internazionale di Teologia Pastorale. Friburgo (Svizzera) 10-12 ottobre 1961. Milano: s.n., 1963.

BOURDIEU, P. Uma interpretação da teoria da religião de Max Weber. In: *A economia das trocas simbólicas*. São Paulo: Perspectiva, 1992.

BRAMBILLA, F. G. *La parrocchia oggi e domani*. Assisi: Cittadella Editrice, 2003.

_____. La parrocchia del futuro. Instantanee di una transizione. *Il Regno* (15 de setembro de 2001).

BRIGHENTI, A. *Reconstruindo a esperança*; como planejar a ação da Igreja em tempos de mudança. São Paulo: Paulus, 2000.

_____. *A pastoral dá o que pensar*; a inteligência da prática transformadora da fé. São Paulo: Siquem/Paulinas, 2006.

BROWN, R. E. The New Testament Background for the Concept of Local Church. *Proceedings of the Catholic Traditional Society of America 36*.

BUARQUE, C. *A revolução nas prioridades*; da modernidade técnica à modernidade ética. Rio de Janeiro: Paz e Terra, 1994.

BUENO DE LA FUENTE, E.; CALVO PÉREZ, R. *La Iglesia local*; entre la propuesta y la incertidumbre. Madrid: San Pablo, 2000.

CABRAL, E. P.; RAMALHO, J. A. *Magnum Lexicon Latinum et Lusitanum*. Lisboa: Antonio José da Rocha, 1857.

CALVO, F. J. Teología pastoral. In: FLORISTÁN, C.; TAMAYO, J.-J. (eds.). *Conceptos fundamentales de pastoral*. Madrid: Cristiandad, 1983.

CANGIOTTI, M. *Modelli di religione civile*. Brescia: Morcelliana, 2002.

CARDIJN, J. Jeunesse Ouvrière, 05 de abril de 1925. In: FIÉVEZ, M.; MEERT, J. *Cardijn*. Bruxelas: Éditions Vies Ouvrières, 1969.

CARVAJAL, L. G. *Ideas y creencias del hombre de hoy*. Madrid: Sal Terrae, 1991.

CASTELLUCI, E. *La famiglia di Dio nel mondo*; manuale di ecclesiologia. Assisi: Cittadella Editrice, 2008.

CATECISMO ROMANO (Catechismus ex decreto Concilii Tridentini ad Parochos Pii Quinti Pont. Max. iussu editus ad editionem Romae A. D. MDCLVI publici iuris factam accuratissime expressus). Petrópolis: Vozes, 1951.

CATTANEO, A. *La Chiesa locale*; i fondamenti ecclesiologici e la sua missione nella teologia postconciliare. Città del Vaticano: Libreria Editrice Vaticana, 2003.

CENTRO DI STUDI FILOSOFICI DI GALLARATE. *Dizionario dei filosofi*. Firenze: Sansoni, 1976.

CHARUE. A. M. In: *Acta synodalia* III.

CHÂTELLIER, L. *La religione dei poveri*; le missioni rurali in Europa dal XVI al XIX secolo e la costruzione del cattolicesimo moderno. Milano: Garzanti, 1994.

CHENU, M.-D. Die Erneuerung der Seelsorgewissenschaft. *Anima* 1 (1946-1947).

_____. *La teologia nel XII secolo*. Milano: Jaca Book, 1983.

CHIAPPETTA, L. *Il Codice di Diritto Canônico*; commento giuridico-pastorale. Roma: Edizioni Dehoniane, 1996.

_____. *Temi pastorali nel magistero di Paolo VI*. Napoli: Dehoniane, 1980.

COCCOPALMERIO, F. Il concetto di parrocchia nel Vaticano II. *Scuola Cattolica* 106 (1978).

_____. Il concetto di parrocchia. In: AA.VV. *La parrocchia e le sue strutture*. Bologna: EDB, 1987.

_____. Il parroco e gli altri fedeli soggetti attivi nella parrocchia. In: AA.VV. *La parrocchia*. Città del Vaticano: Libreria Editrice Vaticana, 1997.

_____. La consultività del consiglio pastorale e del consiglio per gli affari economici della parrocchia (cann. 536-537). *Quaderni di diritto ecclesiale* 1 (1988).

_____. *La parrocchia tra Concilio Vaticano II e Codice di Diritto Canônico*. Milano: San Paolo, 2000.

_____. Questiones de paroecia in novo Códice. *Periodica de re morali canonica liturgica* 73 (1984).

CODINA, V. *Para compreender a eclesiologia da América Latina*. São Paulo: Paulinas, 1983.

_____. *Cristãos em festa*. São Paulo: Paulinas, 1994.

COHN, G. (ed.). *Max Weber*; Sociologia. 2. ed. São Paulo: Ática, 1982.

COLSON, J. *L'évêque dans les communautés primitives*; tradition paulinienne et tradition johannique de l'épiscopat des origines à saint Irénée. Paris: Cerf, 1951.

_____. *Les fonctions ecclésiales aux deux premiers siècles*. Paris: Cerf, 1956.

_____. Organisation ecclésiastique aux deux premiers siècles. In: MONACHINO, V.; MACCARRONE, M.; ZEREBI, P. (orgs.). *Problemi di Storia della Chiesa*; la Chiesa Antica – Secoli II-IV. Milano: Vita e Pensiero, 1970.

COMBLIN, J. A paróquia ontem, hoje e amanhã. In: GREGORY, A. F. (ed.). *A paróquia ontem, hoje e amanhã*. Petrópolis: Vozes, 1967.

_____. *Teologia da cidade*. São Paulo: Paulinas, 1991.

_____. *Pastoral urbana*; o dinamismo na evangelização. Petrópolis: Vozes, 1999.

_____. *Viver na cidade*; pistas para a pastoral urbana. São Paulo: Paulus, 1996.

_____. *Desafios aos cristãos do século XXI*. São Paulo: Paulus, 2000.

_____. *Os desafios da cidade no século XXI*. São Paulo: Paulus, 2003.

CONGAR, Y. Mission de la paroisse. In: AA.VV. *Structures sociales et pastorale paroissiale*; Congrès de Lille 1948. Paris: Union des Oeuvres Catholiques de France, 1949. pp. 48-65.

_____. *Vaste monde ma paroisse*; vérité et dimension du Salut. Paris: Temoignage Chretien, 1959.

_____. *La tradition et les traditions*; essai historique. Paris: Arthème Fayard, 1960.

_____. *Ministeri e comunione ecclesiale*. Bologna: EDB, 1973.

_____. Place et vision du laïcat dans la formation des prêtres après le Concile Vatican II. *Seminarium* 28 (1976), pp. 59-75.

COUNTRYMAN, L. W. *The Rich Christian in the Church on the Early Empire*; Contradictions and Accomodations. New York: Edwin Mellen, 1980.

DANIÉLOU, J. Mission de l'Église et pastorale d'ensemble. In: *Pastorale, oeuvre commune*. Congrès National Versailles: Paris, 1956.

DANIÉLOU, J.; MARROU, H. *Nuova storia della Chiesa*. Torino: Marietti, 1970. v. 1 (Appendice di G. D. Gordini, pp. 531-545).

DAVID, B. Les conseils paroissiaux. *CDE* 3 (1986), p. 29.

DELHAYE, Ph.; GUERET, M.; TOMBEUR, P. *Concilium Vaticanum Secundum*; concordance, index, liste de fréquence, tables comparatives. Louvain: Université Catholique de Louvain, 1974.

DELLA GIUSTINA, E. *A paróquia renovada*; participação do conselho pastoral paroquial. São Paulo: Paulinas, 1986.

DELORME, J. (ed.). *Le ministère et les ministères selon le Nouveau Testament*; dossier exégétique et réflexion théologique. Paris: Éditions du Seuil, 1974.

DEMO, P. Problemas sociológicos da comunidade. In: CNBB. *Comunidades*; Igreja na base. São Paulo: Paulinas, 1974. pp. 67-110. (Estudos da CNBB, n. 3).

DE SMEDT, Ch. L'organisation des églises chrétiennes au IIIe siècle. In: *Revue de questions historiques* (1891).

DIANICH, S. *Teologia del ministero ordinato*; una interpretazione ecclesiologica. Roma: Paoline, 1984.

_____. *Chiesa in missione*; per una ecclesiologia dinamica. Cinisello Balsamo (MI): Paoline, 1985.

_____. *Una Chiesa per vivere*. Cinisello Balsamo (MI): Paoline, 1990.

DI BERARDINO, A. *Dizionario patristico e di antichità cristiane*. Genova: Marietti, 1984.

DI GIORGIO, F. *Il brutto anatroccolo*; il laicato cattolico in Italia. Milano: Paoline, 2008.

DIONÍSIO PSEUDO-AREOPAGITA. *Tutte le opere*; Gerarchia celeste – Gerarchia ecclesiastica – Nomi divini – Teologia Mistica – Lettere. SCAZZOSO, P. (ed.). Milano: Rusconi, 1981.

DUPRÉEL, E. G. *Le rapport social*. Paris: Alcan, 1912.

DOMÍNGUEZ, L. M.; MORÁN, S. A.; DE ANTA, M. C. *Código de Derecho Canónico y legislación complementaria*; texto latino y versión castellana; bilingüe y comentado (1917). Madrid: BAC, 1951.

DUCHESNE, L. *Le Liber Pontificalis*. Paris: Cyrille Vogel (ed.), 1892-1896. 3 vv.

DULLES, A. *Models of the Church*; a critical Assessment of the Church in all its Aspects. New York: Doubleday, 1974.

DURKHEIM, E. *De la division du travail social*. Paris: Alcan, 1893.

_____. *Les formes élémentaires de la vie religieuse*. Paris: Plon, 1912.

DUSSEL, E. *Historia de la Iglesia en América Latina*; coloniaje y liberación (1492-1972). Barcelona: Editorial Nova Terra, 1972.

ENGELS, F. Contribuição para a história do Cristianismo primitivo. *Die Neue Zeit* (1894-1895).

ESTEVEZ LÓPEZ, E. Leadership femminile nelle comunità dell'Asia Minore. In: VALÉRIO, A. (ed.). *Donne e Bibbia*; storia ed esegesi. Bologna: EDB, 2006.

FAIVRE, A. *I laici alle origini della Chiesa*. Cinisello Balsamo (Milano): Paoline, 1989.

FAVALE, A. Genesi storico-dottrinale del paragrafo 28 della Costituzione dogmatica "Lumen gentium" e del Decreto "Presbyterorum ordinis". In: *I sacerdoti nello spirito del Vaticano II*. Torino: LDC, 1968.

FICHTER, J. H. *Dynamics of a City Church*; Southern Parish. Chicago: University of Chicago Press, 1951.

_____. *Social Relations in the Urban Parish*. Chicago: University of Chicago Press, 1954.

_____. *Sociologia*. São Paulo: Herder, 1969.

FIÉVEZ, M.; MEERT, J. *Cardijn*. Bruxelas: Éditions Vies Ouvrières, 1969.

FLICK, M.; ALSZEGHY, Z. *Antropología teológica*. Salamanca: Sígueme, 1972.

FLORISTÁN, A. *La parroquia, comunidad eucarística*. Madrid: Marova, 1961.

_____. Crisis de la parroquia y comunidades de base. *Phase* 8 (1969).

_____. *La evangelización, tarea del cristiano*. Madrid: Cristiandad, 1978.

_____. *Teología práctica*; teología y praxis de la acción pastoral. Salamanca: Sígueme, 1991.

FLORISTÁN, C.; TAMAYO, J.-J. (eds.). *Conceptos fundamentales de pastoral*. Madrid: Cristiandad, 1983.

FORTE, B. *La Chiesa icona della Trinità*. Brescia: Queriniana, 1984.

_____. *Igreja ícone da Trindade*; breve eclesiologia. São Paulo: Loyola, 1987.

_____. *Perché andare a messa la domenica?* L'Eucaristia e la bellezza di Dio. Cinisello Balsamo (MI): San Paolo, 2005.

FREYER, H. *Einleitung in die Soziologie.* Leipzig: Quelle & Meyer, 1931.

_____. *Herrschaft, Planung und Technik*; Aufsätze zur politischen Soziologie. Aufsätze zur politischen Soziologie. Weinheim: Acta Humaniora/VCH Verlagsges, 1987.

GABRIEL, K. *Christentum zwischen Tradition und Postmoderne.* Freiburg i. Breisgau: Herder, 1992.

GALEANO, E. *As veias abertas da América Latina.* São Paulo: Paz e Terra, 1989.

GIDDENS, A. *Capitalism and Modern Social Theory*; an Analysis of the Writings of Marx, Durkheim and Max Weber. Cambridge: Cambridge University Press, 1971.

GIRAUDO, C. *Num só corpo*; tratado mistagógico sobre a Eucaristia. São Paulo: Loyola, 2003.

GODIN, H.; DANIEL, Y. *La France, pays de mission?* Paris: Cerf, 1943.

GOLDIE, R. *Laici, laicato, laicità*; bilancio di trent'anni di bibliografia. Roma: Ave, 1986.

GONZÁLEZ DORADO, A. Situación y perspectivas del clero nativo en América Latina. *Medellín. Teología y pastoral para América Latina* 77 (1994), pp. 41-58.

GONZÁLEZ FAUS, J. I. *"Ningún obispo impuesto" (San Celestino, papa)*; las elecciones episcopales en la historia de la Iglesia. Santander: Sal Terrae, 1992.

GROENEN, H. E. Na Igreja, quem é povo? *REB* 39 (1979) fasc. 154, pp. 61-81.

GREINACHER, N. Soziologie der Pfarrei. In: RAHNER, K. (ed.). *Handbuch der Pastoraltheologie.* Freiburg im Breisgau: Herder, 1968.

GUIMARÃES, A. R. *Comunidades de base no Brasil*; uma nova maneira de ser Igreja. Petrópolis: Vozes, 1978.

GURVITCH, G. D. *La vocation actuelle de la sociologie*; vers une sociologie différentielle. Paris: Presses Universitaires de France, 1950.

HABERMAS, J. *Theorie des kommunikativen Handelns.* Frankfurt: Suhrkamp, 1981.

_____. Criticismo neoconservador de la cultura en EE.UU. y en Alemania Oriental. In: BERNSTEIN, R. (ed.). *Habermas y la Modernidad.* Madrid: Ediciones Cátedra, 1988.

_____. *Ensayos políticos.* Barcelona: Edicions 62, 1989.

_____. *El discurso filosófico de la Modernidad.* Madrid: Taurus, 1989.

_____. *Between Facts and Norms*; Contributions to a Discourse Theory of Law and Democracy. Cambridge, Mass.: MIT Press, 1992.

HADAS-LEBEL, M. *Flávio Josefo, o judeu de Roma*. Rio de Janeiro: Imago, 1992.

HAINZ, J. *Ekklesía*; Strukturen paulinischer Gemeinde-Theologie und Gemeinde-Ordnung. Regensburg: Pustet, 1972.

HENRIOT, P. J.; DEBERRI, E. P.; SCHULTHEIS, M. J. *Ensino social da Igreja*; nosso grande segredo. Petrópolis: Vozes, 1993.

HERVIEU-LÉGER, D.; CHAMPION, F. *Verso un nuovo cristianesimo?* Introduzione alla sociologia del cristianesimo occidentale. Brescia: Queriniana, 1989.

HILTNER, S. *Pastoral Counseling*. New York: Abingdon, 1949.

_____. *The Counselor in Counseling*. New York: Abingdon, 1950.

HÖFFNER, J. Um das Pfarrprinzip. *Trierer Theologische Zeitschrift* 56 (1947), pp. 60-62.

_____. Nochmals das Pfarrprinzip. *Trierer Theologische Zeitschrift* 57 (1948), pp. 236-239.

HORTAL, J. *Novo Código de Direito Canônico*. São Paulo: Loyola, 1983.

_____. *Código de Direito Canônico*; notas, comentários e índice analítico – Pe. Jesús Hortal. São Paulo: Loyola, 1987.

INÁCIO DE ANTIOQUIA. *Cartas de Santo Inácio de Antioquia*. 2. ed. Petrópolis, Vozes, 1978.

ISTITUTO GIOVANNI PAOLO II PER STUDI SU MATRIMONIO E FAMIGLIA DELLA PONTICIA UNIVERSITÀ LATERANENSE. *Il laicato*; rassegna bibliografica in lingua italiana, tedesca e francese. Città del Vaticano: Libreria Editrice Vaticana, 1987.

JAKOBS, K. Das Mysterium als Grundgedanke der Seelsorge. *Bonner Zeitschrift für Theologie und Seelsorge* 5 (1928), pp. 364-371.

JEDIN, H. *Riforma cattolica o Controriforma?* Brescia: Morcelliana, 1970.

JEDIN, H.; ALBERIGO, G. *Il tipo ideale di vescovo secondo la Riforma Cattolica*. Brescia: Morcelliana, 1985.

JEFFERS, J. S. *Conflito em Roma*; ordem social e hierarquia no cristianismo primitivo. São Paulo: Loyola, 1995.

JOÃO CRISÓSTOMO. *Sur le sacerdoce*. MALINGREY, A.-M. (ed.). Paris: Du Cerf, 1980.

JOÃO PAULO II. *Cruzando o limiar da esperança*. Rio de Janeiro: Francisco Alves, 1994.

JOURNET, Ch. *L'Église du Verbe Incarné*. Bruges: Desclée de Brouwer, 1951.

JUNGMANN, J. A. *Die Frohbotschaft und unsere Glaubensverkündigung.* Regensburg: Pustet, 1936.

LE GOFF, J.; RÉMOND, R. *Histoire de la France religieuse.* Paris: Seuil, 1991. v. 2.

KING, M. L. *La forza di amare.* Torino: SEI, 1973.

KIRSCH, J. P. *Die römischen Titelkirchen im Altertum.* Paderborn: F. Schöningh, 1918.

_____. *Die Stationskirchen des Missale Romanum.* Freiburg: Herder, 1926.

KNITTER, P. *Nessun altro nome?* Un esame critico degli atteggiamenti cristiani verso le religioni mondiali. Brescia: Queriniana, 1991.

KNOWLES, D.; OBOLENSKY, D. *Nova História da Igreja*; a Idade Média. Petrópolis: Vozes, 1974.

LAFONT, G. *Immaginare la Chiesa cattolica*; linee e approfondimenti per un nuovo dire e un nuovo fare della comunità cristiana. Milano: San Paolo, 1998.

LANZA, S. *La nube e il fuoco*; un percorso di teologia pastorale. Roma: EDB, 1995.

LATOURELLE, R. *Théologie, science du salut.* Bruges/Paris/Montréal: Desclée de Brouwer/Les Éditions Bellarmin, 1968.

LE BRAS, G. Pour un examen détaillé et pour une explication historique de l'état du Catholicisme dans les diverses régions de la France. *Revue d'histoire de l'Église de France* 17 (1931). Repris dans Études de sociologie religieuse. Paris: Presses Universitaires de France, 1955. t. 1.

_____. Statistique et histoire religieuse. *Revue d'histoire de l'Église de France,* Tomo 17, n. 77 (1931), pp. 425-449.

_____. Influence des structures sociales sur la vie religieuse en France. In: *Structures sociales et pastorale paroissiale.* Paris: Congrès de Lille, 1948.

_____. *Studi di sociologia religiosa.* Milano: Feltrinelli, 1969.

LEGRAND, H.-M. La Iglesia local. In: LAURET, B.; REFOULÉ, F. *Iniciación a la práctica de la teología*; dogmática 2. Madrid: Cristiandad, 1985.

_____. Ministerios de la Iglesia local. In: LAURET, B.; REFOULÉ, F. *Iniciación a la práctica de la teología*; dogmática 2. Madrid: Cristiandad, 1985.

LIBANIO, J. B. *Teologia da libertação*; roteiro didático para um estudo. São Paulo: Loyola, 1987.

_____. *As lógicas da cidade*; o impacto sobre a fé e sob o impacto da fé. São Paulo: Loyola, 2001.

LIBANIO, J. B.; MURAD, A. *Introdução à teologia*; perfil, enfoques e tarefas. São Paulo: Loyola, 1996.

LOBINGER, F.; ZULEHNER, P.-M. *Padres para amanhã*; uma proposta para comunidades sem Eucaristia. São Paulo: Paulus, 2007.

LOHFINK, G. *Como Jesus queria as comunidades?* A dimensão social da fé cristã São Paulo: Paulinas, 1987.

LUBAC, H. de. *Meditazione sulla Chiesa*. Milano: Paoline/Jaca Book, 1979.

MACHADO, A. *Antologia poética*; selecção, tradução, prólogo e notas de J. Bento. Lisboa: Cotovia, 1999.

MAERTENS, J.-Th. *Los grupos pequeños y el futuro de la Iglesia*. Salamanca: Sígueme, 1973.

MARCOCCHI, M. *La Riforma Cattolica*. Brescia: Morcelliana, 1970.

MAYER, A. Il solo battesimo. Un saggio di ecclesiologia ecumenica. *Il Regno Attualità* (2008/8), pp. 273-279.

MCBRIEN, R. P. *Os papas*; de São Pedro a João Paulo II. São Paulo: Loyola, 2000.

MCDONNEL, K. The Ratzinger/Kasper Debate: the Universal Church and Local Churches. *Theological Studies* 63 (2002), pp. 227-250.

MICHONNEAU, G. *Paroisse, communauté missionnaire*; conclusion de cinq ans d'expérience. Paris: Cerf, 1945.

MIDALI, M. *Teologia Pastorale o Pratica*; cammino storico di una riflessione fondante e scientifica. Roma: Las, 1991.

MINCUZZI, M. *Parla al mio popolo*. Lecce: Edizioni Rosso di Sera, 1986.

_____. *Servi di tutti schiavi di nessuno*; le pastorali della Messa Crismale (1981-1988). Lecce: Capone, 1989.

MÖHLER, J. A. *L'unità nella Chiesa*; il principio del cattolicesimo nello spirito dei Padri della Chiesa dei primi tre secoli. Roma: Città Nuova, 1969.

MONTOYA, A. R. de. *Conquista espiritual feita pelos religiosos da Companhia de Jesus nas províncias do Paraguai, Paraná, Uruguai e Tape*. Porto Alegre: Martins Livreiro, 1997.

MONZEL, A. N. Die Kirche als Gemeinschaft. *Wort und Wahrheit* 4 (1949), pp. 525-530.

MOUNIER, E. *Feu la Chrétienté*. Paris: Éditions du Seuil, 1950.

NOUWEN, H. J. M. *Nel nome di Gesù*; riflessioni sulla leadership cristiana, Brescia: Queriniana, 1992.

NUESSE, C. J.; HARTE, T. J. (eds.). *The Sociology of the Parish*. Milwaukee: Bruce Publishing Co, 1951.

O'DONNELL, C.; PIÉ-NINOT, S. *Diccionario de eclesiología*. Madrid: San Pablo, 2001.

PARRA, A. *Os ministérios na Igreja dos pobres*. Vozes: Petrópolis, 1991.

PARSCH, P. *Volksliturgie*; ihr Sinn und Umfang. Wien: Klosterneuburg, 1940.

PEREIRA DA SILVA, A. *L'équipe sacerdotale, pourquoi faire?* Une étude de théologie pastorale. Thèse presenté à l'École des Gradues de l'Université Laval (Canadá) pour obtenir le doctorat en théologie. Février 1975.

PÉRISSET, J.-Cl. Curé et presbyterium paroissial. *Analecta Gregoriana*, Pontificia Università Gregoriana, Roma, 1982.

PERRINI, M. (ed.). *A Diogneto*; alle sorgenti dell'esistenza cristiana. Brescia: Editrice La Scuola, 1984.

PESCH, O. H. *Il Concilio Vaticano Secondo*; preistoria, svolgimento, risultati, storia post-conciliare. Brescia: Queriniana, 2005.

PINSK, J. Die religiöse Wirklichkeit von Kirche, Diözese und Pfarrei. *Der katholische Gedanke* 6 (1933), Paderborn.

POULAT, É. *L'era post-cristiana*; un mondo uscito da Dio. Torino: Società Editrice Internazionale, 1996.

PUECH, H.-Ch. *Histoire des religions*. Paris: Gallimard, 1972.

RAHNER, K. Zur Theologie der Pfarre. In: RAHNER, H. (ed.). *Die Pfarre*; von der Theologie zur Praxis. Freiburg: Herder, 1956.

_____. (ed.). *Handbuch der Pastoraltheologie*; praktische Theologie der Kirche in ihrer Gegenwart. Freiburg im Breisgau: Herder, 1964-1969.

_____. Teologia della parrocchia. In: *La parrocchia*; dalla teologia alla prassi. Roma: Paoline, 1965. pp. 39-57.

_____. Pacifiche considerazioni sul principio parrocchiale. In: *Saggi sulla Chiesa*. Roma: Paoline, 1966. pp. 337-394.

RAMOS-REGIDOR, J. *Il sacramento della penitenza*; riflessione teologica biblico-storica-pastorale alla luce del Vaticano II, Elle Di Ci, Torino-Leumann, 1970.

RATZINGER, J. *Theologische Prinzipienlehre*; Bausteine zu einer Fundamentaltheologie. München: Erich Wewel, 1982.

_____. *Rapporto sulla fede*; un dialogo con Vittorio Messori. Cinisello Balsamo: San Paolo, 1984.

RECASÉNS SICHES, L. *Tratado de sociologia*. Porto Alegre: Globo, 1970.

RIGAL, J. *L'Église en chantier*. Paris: Du Cerf, 1994.

ROLNIK, R. *O que é cidade*. São Paulo: Brasiliense, 2004.

ROMANELLI, M. M. *Il fenomeno religioso*; manuale di sociologia della religione. Bologna: EDB, 2002.

ROSMINI, A. *Delle cinque piaghe della Chiesa*. Brescia: Morcellliana, 1962.

RUBIO, A. G. *Unidade na pluralidade*; visão bíblico-cristã do ser humano. São Paulo: Paulinas, 2001.

_____. *Elementos de antropologia teológica*; salvação cristã: salvos de quê e para quê? Petrópolis: Vozes, 2004.

RUIZ BUENO, D. (ed.). *Actas de los mártires*. Madrid: BAC, 2003.

SALA, G. B. *Essere cristiani e essere nella Chiesa*; il problema di fondo di un recente libro di Hans Küng. Alba: Paoline, 1975.

SALVINI, G. Preti che "abbandonano", preti che "ritornano". *La Civiltà Cattolica* II (2007), pp. 148-155.

SANTOS, J. L. Parroquia, comunidad de fieles. MANZANARES, J. (ed.). *Nuevo derecho parroquial*. Madrid: BAC, 1990.

SANTOS, M. *A urbanização brasileira*. São Paulo: Edusp, 1993.

_____. *Metamorfoses do espaço habitado*. 5. ed. São Paulo: Hucitec, 1997.

SARTORI, L.; MOLARI, C.; FABRIS, R. *Credo la Chiesa*. Roma: Borla, 1979.

SCHMIDT, K. L. Pároikos, paroikía, paroikêin. In: *Theologisches Wörterbuch des Neuen Testaments*. Stuttgart: Kohlhammer, 1954-1974.

SCHRECK, Ch. Neue Wege in der französischen Volksmission. *Paulus* 22 (1950), pp. 252-263.

SÉGUY, J. Charisme de fonction et charisme personnel: le cas de Jean-Paul II. In: AA.VV. *Voyage de Jean-Paul II en France*. Paris: Éditions du Cerf, 1998.

SCHURR, V. Theologie der Umwelt. In: AUER, J.; VOLK, H. (eds.). *Theologie in Geschichte und Gegenwart*. München: Zink Verlag, 1957.

_____. *Konstruktive Seelsorge*; Gemeinschaft und Sendung. Freiburg: Seelsorge, 1962.

_____. *Pastorale costruttiva*. Roma: Edizioni Paoline, 1962.

_____. Teologia Pastorale. In: VANDER GUCHT, R.; VORGRIMLER, H. (eds.). *Bilancio della teologia del secolo XX*. Roma: Città Nuova, 1972. v. 3.

SOBRINO, J. L. Revelación, fe, signos de los tiempos. In: ELLACURÍA, I.; SOBRINO, J. *Mysterim liberationis*; conceptos fundamentales de la teología de la liberación. Madrid: Trotta, 1999. pp. 443-466.

_____. Teologia e realidade. In: SUSIN, L. C. (ed.). *Terra prometida*; movimento social, engajamento cristão e teologia. Petrópolis: Vozes/Soter, 2001. pp. 277-309.

SOUSA COSTA, A. *Commento al Codice di diritto canonico (can. 537)*. Roma: Urbaniana University Press, 1985.

SOUZA, M. L. *Mudar a cidade*; uma introdução crítica ao planejamento e à gestão urbanos. Rio de Janeiro: Bertrand Brasil, 2002.

SOUZA NOGUEIRA, P. A. de. *O Evangelho dos sem-teto*; uma leitura da Primeira Carta de Pedro. São Paulo: Paulinas, 1993.

SUENENS, L.-J. *A co-responsabilidade na Igreja de hoje*. Petrópolis: Vozes, 1969.

_____. *Un nuevo Pentecostés?* Bilbao: Desclée De Brouwer, 1975.

SCHASCHING, J. *Katholische Soziallehre und modernes Apostolat*. Innsbruck: Tyrolia Verlag, 1956.

_____. *Seelsorge, Volk und Staat*. Innsbruck: Tyrolia Verlag, 1958.

_____. Soziologie der Pfarrei. In: RAHNER, K. (ed.). *Handbuch der Pastoraltheologie*. Freiburg im Breisgau: Herder, 1968.

SCHULZ, M. L'ecclesiologia attuale: la sua tendenza filosofica, trinitaria ed ecumenica. *Rivista Teologica di Lugano* VIII (2003/3).

SILVA, A. A. *A presença da religiosidade afro no centro de São Paulo*; relatório final de pesquisa. São Paulo: Pibic-Cepe/PUC-SP, 2004.

SOARES, A. M. L.; PASSOS, J. D. (eds.). *A fé na metrópole*; desafios e olhares múltiplos. São Paulo: Educ/Paulinas, 2009.

SPOSATI, A. *Vida urbana e gestão da pobreza*. São Paulo: Cortez, 1988.

_____. *Cidade em pedaços*. São Paulo: Brasiliense, 2001.

STONNER, A. *Kirche und Gemeinschaft*. Köln/München/Wien: s.n., 1927.

SUESCUN, J. M. *A missa me dá tédio*; diálogo com jovens. São Paulo: Paulus, 2003.

TANA, P. Comunidad, infraestructura y ministerio. *Phase* 14 (1974), pp. 289-406.

_____. La ciudad como unidad pastoral. *Pastoral Misionera* 10 (1974), pp. 722-734.

THOMAS, P. *Dynamiques pastorales*; un art qui se renouvelle. Paris: Desclée de Brouwer, 1997.

TÖNNIES, F. *Gemeinschaft und Gesellschaft*. Leipzig: Fues's Verlag, 1887.

TOURRAINE, A. *Crítica da Modernidade*. Petrópolis: Vozes, 1994.

TÜCHLE, G.; BOUMAN, C. A. *Nova História da Igreja*; Reforma e Contra-Reforma. Petrópolis: Vozes, 1971.

VALDRINI, P. La constitution hiérarchique de l'Église. In: VALDRINI, P. (ed.). *Droit canonique*. Paris: Dalloz, 1989.

VERAS, M. P. B. (ed.). *Hexapolis*; desigualdades e rupturas sociais em metrópoles contemporâneas: São Paulo, Paris, Nova Iorque, Varsóvia, Abidjan, Anatananarivo. São Paulo: EDUC, 2004.

VERRENGIA, G. *Parrocchia, urbanesimo e secolarizzazione.* Nápoli: EDB, 1978.

VILANOVA, E. *Storia della teologia cristiana.* Borla: Roma, 1991.

VILLAR, J. R. *Teología de la Iglesia particular;* el tema en la literatura de lengua francesa hasta el Concilio Vaticano II. Pamplona: Ediciones Universidad de Navarra, 1989.

VON NELL-BREUNING, O. Pfarrgemeinde, Pfarrfamilie, Pfarrprinzip. *Trierer Theologische Zeitschrift* 56 (1947), pp. 257-262.

VON BALTHASAR, H. U. *Abbattere i bastioni.* Roma: Borla, 1966.

VON HARNACK, A. *Die Mission und Ausbreitung des Christentums in den ersten drei Jahrhunderten.* Leipzig: J. C. Hinrichs'sche Buchhandlung, 1902.

WASSELYNCK, R. *Les prêtres;* elaboration du décret "Presbyterorum ordinis" du Vatican II. Paris: Desclée, 1968.

WEBER, L. M. Celibato. In: RAHNER, K. (ed.). *Sacramentum Mundi.* Brescia: Morcelliana, 1974. v. 2.

WEBER, M. *Économie et société.* Paris: Plon, 1971.

_____. *Sociologia delle religioni.* Torino: Utet, 1976.

WINTERSIG, A. Pfarrei und Mysterium. *Jahrbuch für Liturgiewissenschaft* 5 (1925), pp. 136-143; 426-437.

YSEBAERT, J. *Die Amtsterminologie im Neuen Testament und in der Alten Kirche;* eine lexikographische Untersuchung. Eureia: Breda, 1994.

ZERFASS, R. Praktische Theologie als Handlungswissenschaft. *Theologische Revue* 69 (1973), pp. 89-98.

ZIRKER, H. *Ecclesiologia.* Brescia: Queriniana, 1987.

ZULEHNER, P.-M. *Teologia Pastorale;* v. 1: pastorale fondamentale; la Chiesa fra compito e attesa; v. 2: pastorale della comunità; luoghi di prassi cristiana. Brescia: Queriniana, 1992.

Sumário

Abreviaturas... 5

Apresentação da coleção 7

Prefácio... 13

Introdução 17

1. A trajetória histórica da paróquia.. 21
   1.1. O termo: raízes bíblicas 22
   1.2. A gênese, a evolução e os desdobramentos 27
   1.3. As "igrejas próprias" e o feudalismo 47
   1.4. A partir da extraordinária fecundidade do século XII............ 51
   1.5. Trento: Contra-Reforma ou Reforma Católica?............. 54
   1.6. A paróquia no ciclo das revoluções.............................. 57
   Primeira conclusão parcial.. 60

2. A paróquia submetida à análise da Sociologia 63
   2.1. Instituição de Cristandade 65
   2.2. Organização de massa 69
   2.3. Caráter territorial 72
   2.4. Centralidade do culto 76
   2.5. Arquiteta de unidade 79
   2.6. Liderança sacerdotal.. 81
   2.7. Instituição econômico-financeira 85
   Segunda conclusão parcial.. 88

3. Os "modelos" ajudam a captar as diferenças......................... 91
   3.1. Paróquia de Cristandade.. 93
   3.2. Paróquia de Nova Cristandade 96
   3.3. Paróquia conciliar renovada 101
   3.4. Paróquia "pós-conciliar" 104

3.5. Paróquia popular libertadora 109

3.6. Paróquia pós-moderna 112

3.7. Paróquia de mediação 118

Terceira conclusão parcial 123

4. A paróquia entre renovação e resistência 125

4.1. Paróquia, comunidade litúrgica 126

4.2. Paróquia, comunidade missionária 127

4.3. Paróquia, comunidade substitutiva 129

4.4. Paróquia, encruzilhada e concretização da pastoral
de conjunto 131

Quarta conclusão parcial 136

5. A palavra do Magistério recente sobre a paróquia 139

5.1. Vaticano II: paróquia e Igreja local 139

5.2. Puebla: paróquia, centro de comunhão e participação 151

5.3. Propostas da V Conferência: uma consistente "via média" .. 154

5.4. Paróquia aberta a "uma nova pastoral urbana" 172

Quinta conclusão parcial 175

6. O que diz a teologia pastoral? 181

6.1. Criar comunidades que vivam a fé e abracem a missão 183

6.2. Definir uma "linha pastoral" afinada com o Concílio...
e com Aparecida 184

6.3. Abrir-se à realidade própria da cidade 185

6.4. Explorar com sabedoria a função simbólica do culto 186

6.5. Despertar pessoas para os carismas, serviços e ministérios... 187

6.6. Dar sentido evangélico, eclesial e missionário às finanças 190

6.7. Dotar a paróquia de um Conselho Pastoral consciente,
corresponsável e eficaz 192

Sexta conclusão parcial 194

7. Atuais desafios da pastoral urbana 197

7.1. No nível da pessoa 199

7.2. No nível dos grupos 202

7.3. No nível da sociedade 205

Sétima conclusão parcial 209

8. Estruturas novas para uma pastoral nova 211
  8.1. Um projeto de evangelização da cidade 212
  8.2. Ações evangelizadoras e pastorais 215
  8.3. Agentes eclesiais na cidade 216
  8.4. Estruturas paroquiais e urbanas 226
  8.5. O Conselho Urbano de Pastoral 229
  8.6. A transformação urbana da paróquia 232
  Oitava conclusão parcial 237

9. O absoluto primado das pessoas 241
  9.1. Descobrir e inventar relações 242
  9.2. Converter-se e deixar-se converter 248
  9.3. O absoluto primado do Espírito Santo 251
  Nona conclusão parcial 252

Conclusão 255

Referências bibliográficas 259

Impresso na gráfica da
Pia Sociedade Filhas de São Paulo
Via Raposo Tavares, km 19,145
05577-300 - São Paulo, SP - Brasil - 2009